평화적 세력전이의 국제정치

서울대학교 아시아연구소총서 기초연구시리즈 5

평화적 세력전이의 국제정치

19-20세기 영-미 관계와 21세기 미-중 관계의 비교

초판 1쇄 발행 2016년 3월 15일
초판 2쇄 발행 2021년 9월 30일

편저자 정재호

펴낸곳 서울대학교출판문화원
주소 08826 서울 관악구 관악로 1
도서주문 02-889-4424, 02-880-7995
홈페이지 www.snupress.com
페이스북 @snupress1947
인스타그램 @snupress
이메일 snubook@snu.ac.kr
출판등록 제15-3호

ISBN 978-89-521-1811-0 94340
978-89-521-1475-4 (세트)

이 연구는 서울대학교 아시아연구소 아시아기초연구사업 연구비에 의하여 수행되었음.

서울대학교 아시아연구소총서
기초연구시리즈 5

19-20세기
영-미 관계와
21세기
미-중 관계의 비교

평화적 세력전이의 국제정치

정재호 편

서울대학교출판문화원

International Politics of Peaceful Power Transition

Jae Ho Chung ed.

Seoul National University Press

편집자 서문

중국이 일상의 화두가 된 지 이미 여러 해가 흘렀다. 신문 지면에서 중국 관련 기사가 차지하는 비중 또한 한 해가 다르게 늘어가는 것 같아 보인다. 탈냉전 시기, 국제정치학 분야를 견인해온 주요 주제들 중 하나가 미국 중심의 패권적 질서가 앞으로도 얼마나 더 지속될지에 대한 것이었고, 21세기 미국 패권에 대한 가장 큰 도전이 '중국의 부상'으로부터 올 것이라는 점에 대해 대체로 이견이 없다. GDP 규모로 볼 때, 2003년 7위이던 중국이 2007년에 독일을 따라잡고 세계 3위의 경제대국이 된 지 3년 만인 2010년 2위국 일본을 추월했으며, 2014년에는 '구매력 환산 지수'(PPP) 기준으로 이미 미국을 넘어섰기 때문이다. 2025년 이전에 GDP 절대액 기준으로도 미국을 넘어설 것으로 전망되고 있다. 뿐만 아니라, 최소한 동아시아라는 지역적 맥락에서는 중국이 군사적으로도 미국의 '지역적 동급 경쟁자'(regional peer competitor)에 가깝다는 평가를 이미 받고 있으며, 2030-2035년경에는 전 지구적 경쟁자로 자리매김할 것이라는 예측까지 나오고 있다.

이와 같은 상황에서—20세기 전반 영-미 간에 세력전이가 이뤄진 후—처음으로 미국과 중국 사이에서 다시 한번 패권의 교체가 일어날 가능성에 대한 논쟁이 세계 각지에서 분분하다. 특히, 역사의 비극적인 반복을 피하기 위해 미국과 '새로운 대국관계'(新型大國關係)의 정립 필요성을 강조하며 '화평굴기'(和平崛起)를 주장해온 중국을 감안할 때, 그 선례(先例)로서의 영-미 간 평화적인 세력전이가 21세기의 미-중 관계에 주는 함의가 무엇인지를 분석하는 것은 학술적으로나 정책적으로 매우 큰 의미가 있다는 판단하에 이 책의 저술 작업을 시작하게 되었다.

지금까지 국문서, 영문서를 포함해 도합 11권의 책을 편집해보았지만 사실 이번 작업만큼 여러 모로 '도전적'인 경우도 별로 없었던 것 같다. 2004년 학술진흥재단의 지원으로 '중국의 강대국화: 비교 및 국제정치적 접근'이라는 공동 연구를 2년간 수행하면서 그 난이도를 경험한 적이 있었지만, 전 지구적 함의를 가진 영-미 간의 세력전이가 배양되고 또 숙성되었던 긴 과정(19-20세기를 아우르는 시기)에 대해서뿐만 아니라 영국과 미국의 국내적 환경에 관해서까지 심도 있는 이해가 필요했던 이번 작업에서는 그 어려움이 훨씬 컸기 때문이다. 돌이켜보면, 그와 같은 심도 있는 이해의 부족으로 인해 2014년 초에 시작된 책 작업의 기획단계에서 19, 20, 21세기를 관통하는 일련의 구조 및 과정의 핵심 테마들을 만족스럽게 포착해내지 못한 점이 있었던 것 같아 아쉬움이 남는다.

이 책을 처음 기획하던 당시, 사실은 현재의 그것보다 훨씬 더 큰 규모의 작업을 구상하고 있었다. 즉, 역사상 존재하는 다수의 세력전이 사례 중 두세 가지(성공 및 실패 사례)를 골라 이를 체계적으로 비교·분석한 후 이들이 21세기의 미-중 관계에 던지는 학술적·정책적 함의의 도출을 의도했던 것이다. 그러나—자주 느끼는 것이지만—아쉽게도 한국 학계에서 그 당시의 기획의도에 딱 맞아떨어지게, 시간에 맞춰, 그리고 적정한 수준의 결과를 도출해낼 수 있는 동학들을 구하기란 그리 쉬운 일이 아니었다. 결국 이런저런 이유로 편집자가 선택하게 된 책의 구조는 하나의—어쩌면 매우 특이하고도 예외적인(outlier)—사례라고도 할 수 있는 19-20세기 영-미 간의 패권 이전을 21세기 미-중 관계의 역학과 비교하는 주된 대상으로 삼는 것이었다. 따라서 전체적인 범주(class of events) 내에서의 유형화를 통해 특정 사례가 선정된 것은 아니었지만, 미-중 관계가 향후에도 평화적으로 유지되었으면 하는 바람을 전제로 하는 본 연구에 있어 19-20세기 영-미의 사례는 그 어느 것보다도 가장 적절한 비교대상이라고 보게 된 것이었다.

물론 이 책의 작업은 몇 개의 추가적인—일부는 심사위원들의 논평에서도 지적되었던—문제들과도 직면하게 되었다. 무엇보다도 우선 영-미 간에 일어난 '특수 상황'을 과연 세력전이로 볼 수 있는가 하는 문제가 있었다. 그러나 이 책에서는 '평화적인 주도권 교체' 역시—직접적인 양자 전쟁의 발발 여부를 떠나—세력전이의 주요한 하나의 유형이라고 보았다. 또 다른 문제는 역사와 미래가 비교 가능한가에 대한 것이었다. 즉, 중국의 부상이 당초 예상보다 훨씬 빨리 이뤄지고 있으며 전 지구적 여파가 느껴지는 것도 사실이지만, 현재 중국이 미국의 GDP도 추월하지 못한 상태이기에 영-미 간 세력전이 사례와의 비교가 실제로 타당한 것인지 그 자체에 대한 문제가 제기될 수도 있기 때문이었다. 여전히 불확실성이 큰 사안이기는 하지만 혹시라도 미국에서 중국으로의 패권 이전이 거스를 수 없는 역사의 한 흐름이라면 가장 중요한 질문은 이를 어떻게 하면 가능한 한 평화적으로 유도할 것인가이다. 바로 여기에 이 책의 유용성이 조금이라도 있을 것으로 보고 작업이 진행되었던 것임을 밝힌다.

그다음으로 많은 고민을 안겨주었던 문제는 "왜 인식을 봐야 하는가"라는 것이었다. 국제정치에서 주기적으로 나타나는 세력전이를 대체로 체제적(system) 차원에서의 구조적 역량 및 위계의 변화가 가져오는 필연적 결과로 보는 것이 타당하다면 구태여 인식을 볼 필요가 있는지의 문제의식이 있었기 때문이다. '쫓기는 자'와 '쫓는 자' 사이의 체제 차원에서의 경쟁이 세력전이이론에서는 전자(패권국/선도국)가 구축하고 수호하려는 기존의 국제질서 및 규범에 대해 후자(부상국/도전국)가 가진 불만의 수준이라는 개념을 통해 주로 설명되지만, 그 역동적 동학이 관련 양국 간의 직접적 상호인식이라는 측면에서는 별로 다뤄지지 않았다는 점에 천착하고자 한 것이다. 즉, 패권국-부상국 사이에서 '우호적'(benign) 인식을 만들어내기—또는 비우호적 인식을 제어하기—위해서는 어떤 관계적·정책적 요인들이 필요한가에 초점을 맞출 필요가 있다고 본 것이다.

더 나아가 이 책에서 다루고 있는 인식에는 '균형성'의 문제가 일부 내포되어 있는 것이 사실이다. 예컨대 19세기 영-미 간 세력전이의 '배양기'에 대한 논의(1장)에서는 영국의 대미국 인식에 주된 초점이 맞춰져 있는 반면, 20세기 영-미 세력전이의 구현에 대한 논의(2장)에서는 미국의 대영국 인식이 주로 다뤄지고 있기 때문이다. 그러다 보니 전자에서는 영국의 대미국 인식이 주로 전략적 고려의 틀 안에서 그려지고 있는 반면, 후자에서는 그뿐 아니라 다른 몇몇 요인들(예컨대 미-영 간 비공식적 협약 등)까지 포함해 담아내고 있다. 21세기 미-중 간의 전략적·규범적 인식을 분석하는 부분(3장과 4장)에서도 인식의 양방향성을 충분히 균형 있게 살려내지 못한 부분이 있어 아쉬움이 남는다.

1년 반이 넘는 기간 동안 공동 작업의 과정을 거쳤지만 각 장의 저자들 사이에 세력전이와 인식의 문제를 해석하고 평가함에 있어 일정 부분 견해의 차이가 있었던 것이 사실이며, 이 때문에 각 장에서 각자가 이해하는 세력전이에 대한 설명이 중복 제시된 부분도 있다. 그러나 편집자로서는 각 장 저자들의 견해가 반드시 일치하거나 획일적

일 필요는 없다고 생각한다. '다름' 그 자체가 새로운 연구의 어젠다를 제시하고 보다 진솔한 토론의 새 장을 연다고 믿기 때문이다. 그럼에도 불구하고 한 권의 책 안에서 뭔가 '얻어가는 것'(takeaway)이 반드시 있어야 한다고 믿기에 네 사람의 저자들이 고민을 나누며 함께 쓴 5장을 말미에 추가하였다. 어찌 보면 5장이야말로 이 책의 노른자로서 영-미 간의 세력전이가 21세기 미-중 관계에 던지는 함의를 가장 잘 축약한 부분이라 할 것이다.

책 작업을 다 끝내고 난 후 드는 느낌은 여전히 높은 수준의 '불확실성'에 대한 것이다. 19세기 말 영국이 미국을 서반구의 지역패권으로 인정하고 '제국 유지를 위한 협조자'(imperial partner)로 간주할 수밖에 없었던 핵심 요인이 대서양이라는 지리적 거리가 파생시킨 막대한 방위비용이었다면 지금의 태평양은 미국에게 어떻게 다가오고 있는가? 진정한 패권국이 되려면 먼저 자신이 속한 지역 내의 패권을 장악해야 하는데—미국의 '재균형'을 직면한—중국이 과연 역내 패권을 얻어낼 수는 있을까? 또 19세기 후반-20세기 초반처럼 경제패권의 핵심이 산업이나 무역보다는 금융에 있다면 중국 위안화의 국제화는 어떤 결말을 가져올 것인가? 영-미 간 공유했던 앵글로-색슨 문화 및 인종적 유대감이라는 것도 냉혹한 국가이익 앞에서 그다지 큰 힘을 발휘하지 못했다면 미-중 간의 이질성은 향후 어떤 작용을 할 것인가? '공포의 균형'하에서 패권의 전이를 좌우할 핵심변수가 장기적으로는 경성권력(hard power)을 넘어서는 연성권력(soft power) 요인이라면 미-중 간 규범·가치관·표준의 경쟁은 어떻게 전개될 것인가? 제1차 세계대전에서 보았듯이, 예상외의 '아주 작은 일들'(little things)이 강대국 간의 직접적인 충돌을 야기할 수도 있다면 과연 미-중 간에는 이를 피할 수 있을 것인가?

위에서 제시한 여러 가지 매우 중요한 질문들을 이 한 권의 책에서 다 상세히 다룰 수는 없는 일이다. 다만 이 편집서가 새로운 질문보따리를 크게 열고 향후 연구의 어젠다를 설정했다는 평가를 받을 수만 있다면 소기의 목적을 달성했다고 하겠다. 너무도 바쁜 유능한 소장학자 세 분과 함께 연구 및 공동 작업을 할 수 있어 보람이 컸으며 많은 것을 새로이 배울 수 있는 과정이었음을 밝히고 싶다.

이 책이 나오기까지 여러 분들의 도움과 지원 그리고 격려가 있었다. 우선 이 책의 출간은 미-중 관계 연구센터에 대한 서울대학교 아시아연구소의 '아시아연구 기반구축사업'(과제번호: 0448A-20150016)의 지원을 통해 이뤄질 수 있었다. 아시아연구소의 소장님 이하 연구 및 출간을 지원해준 여러 관계자들께 감사드리며, 심사과정에서 자세하고도 유용한 논평을 제공해준 두 분의 심사위원들께 심심한 사의를 표하는 바이다. 책의 준비과정에 있어 자료조사에서부터 행정보조에 이르기까지 여러 모로 큰 도움을 준 이한나 박사생, 김지은 박사생, 그리고 백종윤 석사생에게도 고마움을 표한다. 또 출간 과정에서 많은 도움을 준 서울대학교출판문화원의 김미진 편집자에게도 감사의 인사를 보낸다. 마지막으로 아내 혜경, 딸 유진에게 다시 한번 고맙고 미안하다는 말을 전하고 싶다.

2016년 3월
관악 연구실에서
편집자 서

차례

1장

19세기 영국의 대미국 인식: 적대적 공존에서 유화적 승인으로

안두환

1. 또 다른 세계대전?

1980년대 말 출판되어 1990년대 혼란스러운 탈냉전의 시대를 풍미한 『강대국의 흥망: 경제 변화와 군사 충돌, 1500-2000』에서 저자 케네디(P. Kennedy)는 중국의 미래는 얼마나 오랫동안 군사대국으로 발돋움하지 않고 경제대국에 머무를 수 있는지, 그리고 이와 더불어 얼마나 오랫동안 타협적인 외교정책을 지속할 수 있는지에 달려있다고 예언했다.[1] 한동안 중국은 케네디의 조언을 따르는 듯 보였다. 1990년대 소련은 붕괴되고, 일본은 불황에 빠지고, 독일은 통일과 유럽 연합의 탄생에 따른 막대한 비용으로 고생하는 동안 중국은 미국과의 불화를 피하며 매년 10퍼센트를 넘는 고도성장을 이룩했다.[2] 2015년 달러 기준으로 1991년 중국의 국내총생산은 4,113억 달러로 미국의 1/15 정

1 Paul Kennedy, *The Rise and Fall of the Great Powers: Economic Change and Military Conflict from 1500-2000* (New York: Vintage Books, 1999), pp. 457-458.

2 Keith Fray, "China's Leap Forward: Overtaking U.S. as the World's Biggest Economy," *Financial Times* (October 8, 2014). 이하 모든 수치는 세계은행(www.databank.worldbank.org)과 IMF(www.data.imf.org)의 자료를 참조했다.

도였던 데 반해, 1999년 중국의 국내총생산은 1조 895억 달러로 미국의 1/8로 늘어났다. 1991년 캐나다와 이탈리아에도 훨씬 미치지 못했던 중국의 경제 규모는 1999년을 지나며 이 두 국가를 넘어서면서 영국과 프랑스에 이어 세계 제6위에 올라섰다. 반면 같은 시기 중국의 군사화는 상대적으로 더디게 진행되었다. 중국의 1991년 군비 지출은 208억 달러로 미국의 군비 지출의 1/20에 불과했으며, 1999년에는 1.6배가량 증가하여 344억 달러를 기록했지만 여전히 미국의 군비 지출의 1/11에도 미치지 못했다.[3]

2000년대 접어들면서부터 중국은 달라지기 시작했다. 우선 중국의 경제 규모는 더욱 위협적으로 확대되었다. 독일을 넘어선 지 3년 후인 2010년 중국은 일본을 제치고 세계 제2의 경제대국으로 등극했으며, 마침내 2014년 중국은 미국을 따돌렸다. 2014년 중국의 구매력평가 기준 국내총생산은 미국보다 2,000억 달러 더 많은 17조 6,000억 달러를 기록하며 세계 경제의 16.48퍼센트를 점했다. 군사적인 측면에서의 변화는 이보다 훨씬 더 위협적이었다. 2004년 400억 달러에 불과했던 중국의 군사비는 4년 뒤인 2008년 두 배 이상 늘어 900억 달러를 상회했다. 5년 뒤인 2013년 중국의 군사비는 또다시 두 배 늘어 1,884억 달러에 달했다. 물론 미국의 군비 지출도 9/11 테러 이후 빠른 속도로 늘어났다. 2004년 미국은 5년 전에 비해 두 배가량 늘어난 4,646억 달러를 군사비로 지출했으며, 2013년에는 6,402억 달러를 사용했다. 그러나 지난 20여 년 동안 증가 속도를 비교해볼 때 미국의 군비 지출이 대략 2.5배 정도 늘어났다면, 중국의 군비 지출은 무려 18배나 늘어

3 이하 군비 관련 수치는 모두 SIPRI, "The SIPRI Military Expenditure Database, 1988-2013" (Stockholm: SIPRI, 2014); IISS, *The Military Balance: The Annual Assessment of Global Military Capabilities and Defence Economics* (London: IISS, 2014)를 비교, 참조하여 추출했다.

났다. 양국의 기술력과 정보력의 격차를 고려하더라도 1990년대 이후 중국의 군사적 성장은 지극히 위협적이며, 이러한 추세로 볼 때, 중국은 향후 20여 년 내에 미국을 제치고 세계 제1의 군비 지출 국가가 될 것이 분명하다.[4]

본격적인 군비 확충과 발맞추어 중국의 외교정책도 '화평굴기'(和平崛起, peaceful rise)의 기조에도 불구하고 2000년대 접어들면서 점차 공세적으로 변했다.[5] 대표적으로 남동중국해를 둘러싼 영토 분쟁은 1970년대 초반부터 지속된 오래된 갈등이지만, 2000년대 들어 중국이 자국의 영유권 주장을 위해 공공연히 물리력을 동원함에 따라 한층 더 빈번히, 또 한층 더 악화된 양상으로 전개되고 있다.[6] 특히 중국의 군비 확충과 지역문제를 대하는 태도 변화는 탈냉전 이후에도 미국의 핵심 우방으로 동아시아 지역 질서 유지를 담당해온 일본의 지역패권에 대한 위협으로 인식되었으며, 이에 양국의 외교적 마찰은 일본의 정상국가화 노력과 더불어 나날이 고조되고 있는 실정이다.[7]

케네디의 예측처럼 중국의 본격적인 군사화는 미국을 위시한 동아시아 주변국뿐만 아니라 국제적으로 즉각적인 우려를 샀다.[8] 중국의

4 "China's Military Rise: The Dragon's New Teeth," *Economist* (April 7, 2014).

5 미어샤이머의 공격적 현실주의에 입각한 비판은 이러한 점에서 타당하다. John Mearsheimer, "China's Unpeaceful Rise," *Current History*, Vol. 106, No. 690 (2006), pp. 160-192; (with Zbigniew Brezinski), "Debate: Clash of the Titans," *Foreign Policy* (October 22, 2009); "The Gathering Storm: China's Challenge to U.S. Power in Asia," *The Chinese Journal of International Politics*, Vol. 3, No. 4 (2010), pp. 381-396; "Imperial by Design," *The National Interest* (January/February 2011), pp. 16-34.

6 Min Gyo Koo, *Island Disputes and Maritime Regime Building in East Asia: Between a Rock and a Hard Place* (Dordrecht: Springer, 2010), pp. 103-166.

7 Christopher W. Hughes, "Japan's Response to China's Rise: Regional Engagement, Global Containment, Dangers of Collision," *International Affairs*, Vol. 85, No. 4 (2009), pp. 837-856; Kent E. Calder, "China and Japan's Simmering Rivalry," *Foreign Affairs*, Vol. 85, No. 2 (2006), p. 129.

8 Kennedy, *The Rise and Fall of the Great Powers*, pp. 457-458

급속한 부상으로 인해 미국 중심의 안정적인 단극 체제가 흔들리면서 또다시 격돌의 시대로 접어들 수도 있다는 비관적인 분석이 2000년대 들어 봇물 터지듯 쏟아졌으며,[9] 특히 분석의 틀로서 세력전이론에 대한 관심이 폭증했다.[10] 1958년 세력균형론이 간과한 국제질서의 장기적 변화를 포착하기 위해 오르간스키(A. F. K. Organski)에 의해 주창된 세력전이론은 국가별 성장속도의 차이에 따른 국가 간 위계질서의

9 예를 들어, Orville Schell and John Delury, *Wealth and Power: China's Long March to the Twenty-First Century* (New York: Random House, 2014); Martin Jacques, *When China Rules the World: The End of the Western World and the Birth of a New Global Order* (New York: Penguin Books, 2012); Peter L. Katzenstein (ed.), *Sinicization and the Rise of China: Civilizational Processes beyond East and West* (London: Routledge, 2012); Aaron L. Friedberg, *A Contest for Supremacy: China, America, and the Struggle for Mastery in Asia* (New York: W. W. Norton & Company, 2011); Steven W. Mosher, *Hegemon: China's Plan to Dominate Asia and the World* (San Francisco: Encounter Books, 2000); Alastair I. Johnston and Robert S. Ross (eds.), *Engaging China: The Management of an Emerging Power* (London: Routledge, 1999); Richard Bernstein and Ross H. Munro, *The Long Conflict with China* (New York: Alfred A. Knopf, 1997). 중국의 부상에 따른 국제질서의 불안정성 고조는 이제 일상이 되었다. 예를 들어, Gideon Rachman, "When China Becomes Number One," *Financial Times* (June 6, 2011); Arvind Subramanian, "The Inevitable Superpower: Why China's Dominance is a Sure Thing," *Foreign Affairs*, Vol. 90, No. 5 (2011), pp. 66-78. 국내 연구로는 정재호 편, 『중국의 강대국화: 비교 및 국제정치적 접근』(길, 2006); 문정인, 『중국의 내일을 묻다』(삼성경제연구소, 2010)를 보라.

10 예를 들어, Denny Roy, "The 'Power Transition': A Spot Check," *PacNet*, No. 71 (September 11, 2013); David Lai, *The United States and China in Power Transition* (Carlisle, PA: Strategic Studies Institute Book, 2011); Robert S. Ross and Zhu Feng (eds.), *China's Ascent: Power, Security, and the Future of International Politics* (Ithaca: Cornell University Press, 2008); Steve Chan, *China, the U.S. and the Power-Transition Theory: A Critique* (London: Routledge, 2008); Avery Goldstein, "Power Transitions, Institutions, and China's Rise in East Asia: Theoretical Expectations and Evidence," *Journal of Strategic Studies*, Vol. 30, No. 4-5 (2007), pp. 639-682; Ronald L. Tammen and Jacek Kugler, "Power Transition and China-U.S. Conflicts," *The Chinese Journal of International Politics*, Vol. 1, No. 1 (2006), pp. 35-55; David Shambaugh (ed.), *Power Shift: China and Asia's New Dynamics* (Berkeley: University of California Press, 2005); Douglas Lemke and Ronald L. Tammen (eds.), "Special Issue: Power Transition Theory and the Rise of China," *International Interactions*, Vol. 29, No. 4 (2003)를 보라.

변동에 주목하고 있어 높은 적실성을 지니고 있다고 판단되었다.[11] 사실 오르간스키의 세력전이론은 미국과 중국 사이 패권 전쟁의 가능성에 대한 이론적 토대를 마련하고자 한 선구자적 시도였다. 같은 해 개시된 중국의 '대약진 운동'(Great Leap Forward)의 처참한 실패와 소련의 베를린 봉쇄에 따른 위기(Berlin Crisis)로 인한 변화에 묻혀 한동안 빛을 잃었지만 오르간스키의 다음의 발언은 놀라울 따름이다. "문제는 중국이 지구상에서 가장 강한 국가가 될 수 있을 것인가가 아니라, 얼마나 빨리 중국이 이 지위에 오를 수 있을 것인가이다.… 미국은 적어도 20세기 남은 기간 동안 혹은 그보다 더 오래 세계를 지도할 것이다. 하지만 결국 그 지위는 중국에게로 넘어갈 것이다."[12]

문제는 세력전이론에 내재된 패권국과 부상국 사이의 패권 전쟁의 불가피성에 있다. 부상국의 성장이 본질적으로 국내정치 및 경제 발전에 따라 이루어지며, 부상국의 국력이 패권국의 국력에 근접할수록 패권국에 의해 지도·관리되고 있는 위계적인 국제질서에 대한 불만족도(level of dissatisfaction)는 높아질 수밖에 없다는 가정은 패권국과

11 이 장에서는 A. F. K. Organski, *World Politics*, 2nd ed. (New York: Alfred A. Knopf, 1968)을 참조한다. 세력전이론에 대한 간략한 소개로는 Ronald L. Tammen, Jacek Kugler, and Douglas Lemke, "Power Transition Theory," *Oxford Bibliographies Online* (검색일: 2015년 2월 9일), 국문 소개로는 김우상, "세력전이이론," 우철구, 박건영 편, 『현대 국제관계이론과 한국』(사회평론, 2004), pp. 118-152를 보라. 세력전이론에 관한 주요 논저 및 논문으로는 A. F. K. Organski and Jacek Kugler, *The War Ledger* (Chicago: University of Chicago Press, 1980); Jacek Kugler and Douglas Lemke (eds.), *Parity and War: Evaluations and Extensions of the War Ledger* (Ann Arbor, MI: University of Michigan Press, 1996); Ronald Tammen, Jacek Kugler, and Douglas Lemke, *Power Transitions: Strategies for the 21st Century* (Washington, D.C.: CQ Press, 2000); Ronald Tammen, "The Organski Legacy: A Fifty-Year Research Program," *International Interactions*, Vol. 34, No. 4 (2008), pp. 314-332; Jacek Kugler (ed.), "Special Issue: Power Transitions," *International Transactions*, Vol. 38, No. 5 (2011) 등을 들 수 있다.

12 Organski, *World Politics*, pp. 486-487.

부상국 사이의 평화적인 관계 설정을 위한 구체적인 대안 마련보다 양자 사이의 갈등 폭발을 정확히 예언하는 데 더 주목하도록 만든다. 이러한 점에서 볼 때, 두 차례의 세계대전으로 표출된 부상국 독일의 팍스 브리타니카(Pax Britannica)에 대한 불만이 세력전이론의 핵심 사례라는 사실은 결코 놀랍지 않다. 일례로, 2014년 제1차 세계대전 발발 100주년을 맞이해 이루어진 여러 회고적 고찰의 근저에 놓인 고민은 미국과 중국 사이의 군사적 마찰 가능성이었다.[13] 그러나 지나간 과거가 아니라 다가올 미래를 분석의 대상으로 할 경우 도전전쟁과 예방전쟁에 착목한 사고는 일면적이며, 따라서 자기충족적 예언(self-fulfilling prophecy)이 될 수 있는 한계를 분명히 노정한다.

그에 반해 이 장에서는 패권국 미국과 부상국 중국의 향후 관계 설정의 비교 대상으로 20세기 초 평화적으로 패권 교체를 이루었을 뿐만 아니라 이후 '특별한 관계'(special relationship)로 발전된 영국과 미국의 사례를 택하여 살펴보고자 한다.[14] 아래에서 상세히 다루겠지만 오르간스키는 영국과 미국의 경우를 자신의 세력전이론에 부합하지 않는 예외적인 경우로 간주하였다. 즉, 양국의 관계는 영국의 쇠퇴와 미국의 부상이 명백해진 19세기 말에조차 지극히 우호적으로 유지되었으며, 이에 양차 세계대전 이래 양국의 협력은 자연스러웠다는 주장이다. 이 장에서는 이와 정반대의 주장을 하고자 한다. 이 장의 핵심 주

13 대표적으로 Richard N. Rosecrance and Steven E. Miller, *The Next Great War? The Roots of World War I and the Risk of U.S.-China Conflict* (Cambridge, MA: The MIT Press, 2015)를 보라. 국내 논의로는 고광영, 이근욱, "1914년 7월에 대한 새로운 해석: 과장 그리고 압박을 통한 협상과 실패," 『국제정치논총』, 55권, 2호(2015), pp. 75-109를 보라.

14 양차 대전 이후 영-미 관계를 '특별한 관계'로 규정하는 일반적인 경향에 대한 비판으로는 John Baylis, "The 'Special Relationship': A Diverting British Myth?" in Cyril Buffet and Beatrice Heuser (eds.), *Haunted by History: Myths in International Relations* (Providence: Berghahn Books, 1998), pp. 118-134를 보라.

장은 19세기 줄곧 영-미 관계는 다양한 수준의 갈등으로 점철되었으며, 바로 그러한 이유에서 오늘날 미-중 관계의 미래를 조망하는 데 파국으로 치달은 영국과 독일의 관계보다 더 유용한 역사적 교훈을 제공할 수 있다는 것이다.[15]

특히 이 장에서는 패권국과 부상국의 국력 차이와 더불어 세력전이론의 양축을 구성하고 있는 패권국 중심의 국제질서에 대한 부상국의 불만족도 측정의 한 방법으로 영국의 대미국 인식에 주목하고자 한다.[16] 구체적으로 이 장에서는 왜 패권국 영국은 미국의 부상에 대해 확실한 선제적 조치, 즉 예방전쟁을 취하지 않았는지에 대한 답을 찾기 위해 영국의 대미국 인식의 변화를 살펴보고자 한다. 다시 말해, 이 장의 목적은 독립 이후부터 미국의 부상을 바라보는 영국의 인식 변화를 역사적으로 추적함으로써 어떠한 이유에서 영국이 미국으로의 평화적인 패권 이전을 수용하였는지 밝히는 데 있다. 본격적인 논의에

15 근래 영국학파(English School)의 영향을 받은 중국학자들을 중심으로 이와 유사한 시도가 활발히 이루어지고 있다. 예를 들어, Barry Buzan and Michael Cox, "China and the US: Comparable Cases of 'Peaceful Rise'?" *The Chinese Journal of International Politics*, Vol. 6, No. 2 (2013), pp. 109-132; Feng Yongping, "The Peaceful Transition of Power from the UK to the US," *The Chinese Journal of International Politics*, Vol. 1, No. 1 (2006), pp. 83-108; Zhiqun Zhu, *U.S.-China Relations in the 21st Century: Power Transition and Peace* (London: Routledge, 2006), pp. 54-87을 보라. 하지만 이들 연구는 미국이 평화적으로 부상할 수 있었던 요인에 더 집중하고 있다는 점에서 오르간스키의 전통적인 설명을 따르고 있다. 유사한 국내 연구로는 손병권, "미국의 강대국화와 중국에 대한 함의," 『중국의 강대국화』, pp. 111-149가 있다.

16 세력전이이론에 있어 패권국과 부상국 간 인식의 문제는 그 중요성에도 불구하고 여전히 간과되고 있는 실정이다. 이 장에서는 이에 Judith Goldstein and Robert O. Keohane, "Ideas and Foreign Policy: An Analytical Framework," Judith Goldstein and Robert O. Keohane (eds.), *Ideas and Foreign Policy: Beliefs, Institutions, and Political Change* (Ithaca: Cornell University Press, 1993), pp. 3-30과 Robert Jervis, *Perception and Misperception in International Politics* (Princeton: Princeton University Press, 1976), pp. 13-31의 외교정책과 인식에 관한 논의를 이론적 초석으로 삼아 이를 보완하고자 한다.

앞서 이 장에서 비판적으로 재구성하고자 하는 영-미 간 세력전이에 대한 오르간스키의 상식화된 설명을 살펴보도록 한다.[17]

2. 유일한 예외?

오르간스키의 세력전이론은 위계적인 국제질서와 위계의 변동을 두 축으로 하여 이루어져 있다. 우선 오르간스키는 국제정치의 본질이 각 국가의 국력의 차이로 인해 발생된 위계에 있다고 가정한다. 개별 국가의 능력은 기본적으로 해당 국가의 인구와 정치적 발전의 수준, 그리고 경제적 능력의 세 요소에 의해 결정되며, 이 외에 국민의 사기와 자연 자원, 그리고 지리적 위치가 변수로 고려된다.[18] 특히 오르간스키는 산업혁명에 따라 국제정치의 본질이 위계적으로 변화했다고 누차 강조한다.[19] 국가 간 동등한 힘의 분배를 전제로 하는 세력균형이론은 산업화 이전 왕조 시대에나 어울리는 이론이었다. 다시 말해, 오르간스키는 국제정치의 위계에 있어 개별 국가의 위치는 각 국가가 산업화를 위해 다른 국가보다 얼마나 더 효율적으로 더 많은 노동력을 동원할 수 있는지에 따라 정해진다고 보았다.[20]

17 오르간스키의 세력전이론에 입각한 영-미 관계 연구로는 William R. Thompson, "The Evolution of a Great Power Rivalry: The Anglo-American Case," William R. Thompson (ed.), *Great Power Rivalries* (Columbia: University of South Carolina Press, 1999), pp. 201-221; Stephen R. Rock, *Why Peace Breaks Out: Great Power Rapprochement in Historical Perspective* (Chapel Hill: University of North Carolina Press, 1989), pp. 24-63; Peter J. Hugill, "Transitions in Hegemony: A Theory Based on State Type and Technology," William R. Thompson (ed.), *Systemic Transitions: Past, Present, and Future* (New York: Palgrave Macmillan, 2009), pp. 31-54 등이 있다.

18 Organski, *World Politics*, pp. 202-207.

19 *Ibid.*, pp. 339-344.

20 *Ibid.*, pp. 215-219.

다음으로 오르간스키는 위계의 상위로 올라갈수록 자신의 입장에 따라 국제정치를 운영할 수 있기에 모든 국가는 이를 위해 경주한다고 전제한다. 즉, 위계의 최상위에 위치한 패권국은 자신의 이익과 형상에 따라 국제질서를 구축하고 지도해나갈 수 있기에 현상 유지를 추구하는 반면, 위계의 하위로 내려갈수록 국제질서에 대한 불만족도는 높아질 수밖에 없다고 오르간스키는 주장한다.[21] 하지만 위계질서를 전복시키고 새로운 국제질서를 구축할 수 있는 국가는 패권국의 국민총생산(GNP)으로 계산한 국력의 80퍼센트 이상을 성취한 강대국뿐이다.[22] 오르간스키는 이에 예방전쟁을 피하기 위해 강대국은 패권국의 지위를 위협하지 않는 범위 내에서 이러한 능력을 보유하고자 시도하며, 패권국은 도전전쟁을 피하기 위해 이러한 능력을 보유한 강대국의 불만을 적정 수준으로 유지시키기 위해 노력한다고 강조한다.[23] 이에 오르간스키는 패권국과 강대국의 국력 지수 비교와 강대국의 불만족도 측정에 연구의 초점을 맞춘다.[24]

따라서 오르간스키에게 있어 양차 대전을 거치며 완결되는 영국에서 미국으로의 평화적인 세력전이는 영국의 패권에 대한 독일의 두 차례의 폭력적 도전과 더불어 경험적 연구의 시발점을 제공한다.[25] 하지만 독일의 도전이 세력전이론의 기본 가정을 충실히 따라 이루어졌다면, 영국에서 미국으로의 패권 이전은 전혀 그렇지 않았다. 오르간

21 *Ibid.*, pp. 363-371.
22 Organski and Kugler, *The War Ledger*, pp. 42-49.
23 Organski, *World Politics*, pp. 369-371.
24 예를 들어, *Ibid.*, pp. 13-63; Kugler (ed.), "Special Issue: Power Transitions," Tammen, Kugler, and Lemke et al., *Power Transitions*, pp. 6-10. 하지만 대표적인 연구는 Bruce Bueno de Mesquita, *The War Trap* (New Haven and London: Yale University Press, 1981)이다.
25 Organski, *World Politics*, pp. 355-359.

스키의 표현을 따르자면, 후자는 "유일한 예외"였다.[26] "영국이 [예방] 전쟁을 감행하지 않고 미국이 자신을 앞지르도록 내버려 둔" 것은 "자신을 대체하고자 하는 강대국을 대하는 패권국의 일반적인 행동 양태는 아니었다."[27] 왜 이러한 "기이한" 현상이 발생하였는지에 대해 오르간스키는 다음의 다섯 가지 이유를 제시한다.

첫째, "미국은 세계 지도력을 추구하지 않았다."[28] "미국은 자신의 국력이 패권국의 수준에 달하였을 때에도 이를 획득하고자 하지 않았으며," "이러한 태도는 미국의 부상을 덜 위협적인 것으로 인식되도록 만들었다." 둘째, "미국의 급속한 국력의 성장은 거의 전적으로 영국을 위협하지 않는 내적 발전에 의해 이루어졌다." "미국의 영토 팽창은 미국 원주민과 멕시코의 희생하에 추진되었으며," "미국의 제국주의 시도는 영국이 아니라 스페인에 맞서 이루어졌다." "심지어 미국의 산업 발전은 영국에게 이득이 되었는데, 왜냐하면 상당한 양의 영국 자본이 미국 산업에 이미 투자되었기 때문이다." "미국은 영국에 도전하지도 영국을 굴복시키지도 않으며, 단지 능가하였을 따름이다." 셋째, "미국은 영국과 프랑스에 의해 주도되는 국제질서를 수용했다." "미국은 당시 국제질서의 규칙을 위반하지 않았다." "미국은 새로운 경제 혹은 정치 제도, 심지어는 새로운 이데올로기조차 제시하지 않았다." "미국은 영국과 프랑스가 자신들이 구축한 국제질서를 더 이상 지탱할 힘을 상실했을 때 이를 지키기 위해 새로운 활력을 불어넣어 주었다." 넷째, "영국의 미국 지배 인정은 양국이 수년 동안 우방으로 지내왔으며 양차 대전에서 함께 싸웠다는 사실과 더불어 양국이 정

26 *Ibid.*, pp. 361, 363.

27 *Ibid.*, p. 356.

28 이 문단의 모든 인용은 Organski, *World Politics*, pp. 362-363에서 따왔다.

치·경제적으로만 연결되어 있는 것이 아니라 언어와 문화, 그리고 공통의 역사에 의해 연결되어 있기에 수월히 이루어질 수 있었다." 끝으로, "영국이 미국의 부상을 막고자 했어도 달리 방법이 없었다". "미국의 부상은 이를 제어하기에는 너무나 뒤늦게 파악되었다." "미국이 영국을 대체할 패권국이 될 것이 분명해졌을 때 영국은 독일의 첫 도전에 대응하느라 바빴으며, 미국은 영국의 최상의 동맹국이었다."

요약하자면, 영국에서 미국으로의 평화로운 패권 이전이 가능했던 이유로 오르간스키는 부상국 미국이 패권국 영국의 국력을 확실히 추월한 이후에도 지위의 이전을 적극적으로 요구하지 않았다는 점을 꼽고 있다. 바꿔 말해, 영국의 입장에서 볼 때 양차 대전 이전 미국의 부상은 위협적이지 않았으며, 양차 대전 이후 미국의 패권국으로의 도약은 또 다른 부상국인 독일의 공격적인 도전에 함께 맞선 앵글로-색슨 형제 국가의 등장에 다름 아니었다.

양국의 국력 수치 변화는 오르간스키의 이러한 주장을 뒷받침하는 듯 보인다.[29] 우선 미국의 인구가 영국의 인구를 추월한 시점은 대략 1861년 남북 전쟁이 발발하기 직전이었다. 1830년 영국 인구의 절반에 불과했던 미국의 인구는 1860년 2.5배가량 늘어 3,000만 명을 넘어섰다. 당시 영국의 인구는 2,900만 명으로 30년 전에 비해 500만 명 정도 늘어났다. 이러한 추세는 이후 더욱 강화되어 40년이 지난 1900년 영국의 인구는 4,100만 명에 머물렀지만, 미국의 인구는 7,700만 명으로 그 두 배에 근접했다.

다음으로 1830년 영국의 절반에도 미치지 못했던 미국의 국민총

29 이하 통계 수치는 Angus Maddison, *The World Economy: Historical Statistics* (Paris: OECD Development Centre, 2003)와 Kennedy, *The Rise and Fall of the Great Powers*, pp. 149, 170, 199, 201, 203의 도표에 의거한다.

생산은 1990년 미국 달러로 환산했을 때 1860년 4배가량 증가하여 6,934억 달러에 달해 8,176억 달러를 기록한 영국을 놀라운 속도로 추격하고 있었다. 1865년 남북 전쟁의 종결 이후 미국의 추격은 더욱 가속화되어 1880년 영국을 완전히 추월한다. 1880년 미국의 국민총생산은 1조 6,000억 달러로 영국의 국민총생산에 비해 4,000억 달러가량 많았다. 20년 후 1900년 미국의 국민총생산은 3조 1,250억 달러로 1조 8,486억 달러를 달성한 영국에 비해 약 1.7배 많았다. 국내총생산의 경우는 이보다 조금 더 늦은 1870년을 기점으로 미국이 영국을 추월하였으며, 1913년 제1차 세계대전 직전에 이르면 미국이 5조 1,738억 달러로 2조 2,461억 달러의 영국을 두 배 이상 앞섰다. 물론 이러한 괄목할 성장에도 불구하고 미국은 영국에 비해 여전히 농업 국가였다. 1900년 영국을 100으로 기준할 때 1880년 영국의 산업화 정도는 87인 데 반해 미국은 38에 지나지 않았다. 산업 잠재력에 있어서도 영국은 73.3인 데 반해 미국은 46.9에 머물렀다.

셋째, 미국의 군사력은 일반적으로 미국의 제국주의적 팽창의 시작이라 지적되는 1898년 스페인과의 전쟁 이후에도 영국의 군사력에 비해 매우 초라한 수준에 머물러 있었다. 육군과 해군 병력은 1890년 영국이 대략 42만 명인 데 반해, 미국은 이의 1/10 정도인 3만 9,000명에 불과했다. 미서 전쟁을 거치며 미육군과 해군은 9만 6,000명으로 대폭 증강되었지만, 그럼에도 62만 4,000명에 달하는 영국 육군과 해군에 비해 여전히 미약한 수준이었다. 당시 군사력의 국제적 투사의 중핵이었던 전함의 톤수(tonnage)에 있어서도 이는 마찬가지였다. 미서 전쟁 이후 미국의 총 전함 톤수는 24만 톤으로 전쟁 이전에 비해 두 배가량 늘었지만, 영국은 68만 톤으로 확실한 우위를 점하고 있었다. 10년이 지난 1900년에도 상황은 다르지 않았다. 영국은 106만 톤을 넘었지만, 미국은 33만 톤에 불과했다. 1910년이 되어서야 미해군력은 824만 톤으로, 2,174만 톤으로 증가한 영국 해군력의 1/2 수준으로 올라왔다.

넷째, 오르간스키에 이어 근래 자카리아(F. Zakaria) 등이 지적하였듯이, 영국을 추월할 당시 미국의 정치 체제는 제대로 중앙집권화되어 있지 않았다.[30] 연방정부와 주정부의 갈등적 관계 속에서 관료제의 성장은 매우 더디었으며, 이로 인해 1898년 스페인과의 전쟁 이후에도 영국을 비롯한 다른 유럽의 국가에 비해 국내정치가 외교문제를 압도했다.[31]

끝으로, 영국 자본의 대미국 투자는 영국의 두 주요 식민지 캐나다와 인도보다 많았다. 1913년 12월 기준으로 미국에 투자된 영국 자본은 7억 5,000만 파운드로 캐나다의 5억 1,000만 파운드, 인도의 3억 8,000만 파운드보다 월등히 많았다.[32] 특히 영국의 자본은 남북 전쟁 이후 가속화된 미국 서부 철도 사업의 주된 동력이었다. 1889년 이래 유니언 퍼시픽 철도 회사(Union Pacific Railroad)에 투자된 해외 자본의 3/4 이상이 영국 자본이었으며, 이는 뉴욕 자본에 버금가는 수준이었다.[33]

정리하자면, 미서 전쟁 이전 미국은 독립 이래 유지된 반식민지 고립주의 전통에 따라 팽창을 할 의지도, 또한 빠른 속도로 증대되는 국력에 비해 훨씬 덜 발달된 중앙정부로 인해 팽창을 할 능력도 없었다. 자카리아의 표현을 빌리자면, 1898년 전쟁 이전 미국은 놀라운

30 Tammen, Kugler, and Lemke et al., *Power Transitions*, p. 50; Fareed Zakaria, *From Wealth to Power: The Unusual Origins of America's World Role* (Princeton, NJ: Princeton University Press, 1998).

31 19세기 후반 미국의 관료제 성장에 대해서는 Stephen Skowronek, *Building a New American State: The Expansion of National Administrative Capacities, 1877-1920* (Cambridge: Cambridge University Press, 1982)를 참고하라.

32 William N. Goetzmann and Andrey D. Ukhov, "British Investment Overseas 1870-1913: A Modern Portfolio Theory Approach," *Review of Finance*, Vol. 10 (2006), p. 270.

33 Dorothy R. Adler, *British Investment in American Railways, 1834-1898*, Muriel E. Hidy (ed.) (Charlottesville: University Press of Virginia, 1970), p. 154.

성장에도 불구하고 패권국 영국의 이익을 위협하지 않는 "미숙한 제국"(imperial understretch)이었다.[34] 미국의 부상국으로의 확실한 부상은 1901년 시어도어 루스벨트(Theodore Roosevelt)의 대통령 취임 이후 시작되었으며, 이미 이때에 이르면 미국은 군사력을 제외한 모든 부문에서 패권국 영국을 월등히 추월한 상태였다. 따라서 영국은 미국으로의 패권전이를 승인할 수밖에 없었으며, 군사적 대응은 앵글로-색슨 공동의 문화적 유대와 더불어 미국에 투자된 막대한 영국 자본의 이익에 배치되어 취할 수 없었다. 마지막으로 때맞춰 터진 또 다른 부상국 독일의 무력 도전은 영국에서 미국으로의 평화적인 패권의 교체를 확정하였다. 바꿔 말해, 영국은 줄곧 미국을 위협적으로 인식하지 않았다는 주장이다.

그러나 이 장에서는 그와 정반대의 주장을 하고자 한다. 물론 미국이 나폴레옹(Napoléon Bonaparte)이 이끄는 프랑스의 편에서 싸운 1812년 전쟁을 마지막으로 양국 사이에는 어떠한 중대한 무력 충돌도 없었다. 하지만 양국은 서로 우호적이지 않았다. 양국 사이는 미국의 지역패권 추구로 인해 경제, 군사, 정치 모든 분야에서 갈등으로 점철되었으며, 패권국으로서 미국에 대한 영국의 공식적인 인정은 2차 대전 이후에야 이루어졌다. 따라서 이 장의 중심 질문은 만약 영국이 미국의 부상을 오래전부터 인지하고 있었다면 영국은 어떠한 이유로 미국에 대한 적극적인 예방 조치를 취하지 않았는지라 할 수 있으며, 이에 대한 답을 남북 전쟁을 전환점으로 하여 영국의 대미국 인식을 적대적 공존과 유화적 승인의 두 시기로 나누어 살펴봄으로써 구할 것이다. 이를 통해 궁극적으로 미국과 중국 간 평화적인 패권전이를 위한 역사적 교훈을 제공함과 동시에, 세력전이론이 핵심적인 사례를 연구

34 Zakaria, *From Wealth to Power*, pp. 10-12, 44-89, 181-192.

대상에서 예외로 규정하고 제외함으로써 이론적 적실성을 스스로 부정하는 행위를 교정하는 데 일조하고자 한다.[35]

3. 적대적 공존, 1783–1861

오르간스키의 분석과 달리 19세기 전반 미국의 영토 팽창은 영국의 이익을 직접적으로 위협하며 이루어졌으며, 이로 인해 양국의 관계는 1794년 제이 조약(Jay Treaty)이라 통칭되는 런던 조약(Treaty of London)에서 1812년 전쟁 사이를 제외한다면 남북 전쟁 시기까지 극도의 긴장 상태로 유지되었다.[36]

1789년 파리 조약(Treaty of Paris)으로 독립을 쟁취한 미국에 대한

35 앞서 지적하였듯이, 오르간스키의 세력전이론이 주된 연구 대상으로 삼는 산업혁명 이후 국제질서의 변화에 있어 가장 핵심적인 변동은 의심할 여지없이 영국에서 미국으로의 패권 이전이다. 이러한 점에서 영-미 관계의 예외성을 의문시하지 않고 산업혁명 이전으로 연구 범위를 확대하여 국력 지수 산출 비교에 착목하는 이후 세력전이론 연구보다 더 설득력이 있는 설명은 국제금융패권 전이에 주목하는 아리기(G. Arrighi) 등에 의해 재해석된 근래 세계체제론의 분석이라 할 수 있다. Giovanni Arrighi, *The Long Twentieth Century: Money, Power and the Origins of Our Times*, New and updated ed. (New York: Verso, 2010); Giovanni Arrighi, Po-keung Hui, Krishnendu Ray, and Thomas Ehrlich Reifer, "Geopolitics and High Finance," in Giovanni Arrighi and Beverly J. Silver (eds.), *Chaos and Governance in the Modern World System* (Minneapolis: University of Minnesota Press, 1999), pp. 37-96. 물론 후자 역시 구조적 변화에 착목함으로써 이 장에서 비스마르크 사후 독일 외교정책의 변화와 연관되어 강조할 미시적 변화의 중요성을 간과하고 있다. 이에 대해서는 이 책의 5장, "영-미 간 세력전이의 21세기 미-중 관계에의 함의"를 보라.

36 Bradford Perkins, *The First Rapprochement: England and the United States, 1795-1805* (Berkeley and Los Angeles: University of California Press, 1967). 남북 전쟁 이전 영-미 관계에 대한 정리로는 A. P. Newton, "United States and Colonial Developments, 1815-1846," *The Cambridge History of British Foreign Policy, 1783-1919: Volume 2, 1815-1866*, Adolphus William Ward and George Peabody Gooch (eds.), 3 Vols. (Cambridge: Cambridge University Press, 1923), pp. 220-283을 보라.

영국의 입장은 이중적이었다.[37] 무엇보다 미국은 모국을 배신한 식민지이고, 영국의 최대 식민지 캐나다를 군사적으로 위협하는 존재였다. 물론 미국은 농업 공화국의 이상을 따라 민병대 체제를 고수했고, 독립전쟁에서의 승리도 사실 프랑스를 비롯한 다른 유럽 열강의 지원이 없었다면 불가능한 일이었다. 하지만 영국의 캐나다 방비는 지리적 거리와 더불어 자연 요새의 부족으로 인해 천문학적인 비용이 필요한 일이었다. 반면 런던 조약으로 양국의 무역이 재개된 이래 영국의 미국 수출은 영국의 프랑스를 포함한 북유럽 수출의 절반에 달했으며, 당시 영국의 전체 식민지 수출의 두 배가 넘었다.[38] 미국은 영국의 주요 상품 시장이었다.

따라서 본(K. Bourne)이 밝혔듯이, 당시 영국 정부의 입장에서 가장 이상적인 북미 대륙의 상황은 유럽 열강 중 영국만이 유일한 균형자의 역할을 하는, 유럽 대륙에서와 유사한 세력균형 체제가 북미 대륙에 구축되는 것이었다.[39] 미국을 견제할 다른 북미 국가가 존재한다면, 캐나다의 안전은 세력균형의 원칙에 따라 저비용으로 보장될 수 있었으며, 영국은 지정학적으로 더 중요한 유럽 대륙에 집중할 수 있었다. 영국의 이와 같은 아메리카 대륙 전략 구상은 실제로 미국의 독립 이후부터 1812년 전쟁 때까지 캐나다 국경 방비를 위해 오대호 주

37 Frank Thistlethwaite, *The Anglo-American Connection in the Early Nineteenth Century* (Philadelphia: University of Pennsylvania Press, 1959), pp. 3-38. 미국의 영국에 대한 태도 역시 마찬가지였다. 예를 들어, Sam W. Haynes, *Unfinished Revolution: The Early American Republic in a British World* (Charlottesville and London: University of Virginia Press, 2010), pp. 106-176; Kinley J. Brauer, "The United States and British Imperial Expansion, 1815-60," *Diplomatic History*, Vol. 12, No. 1 (1988), pp. 19-37을 보라.

38 B. R. Mitchell, *British Historical Statistics* (Cambridge: Cambridge University Press, 1988), pp. 492-495.

39 Kenneth Bourne, *Britain and the Balance of Power in North America, 1815-1908* (Berkeley and Los Angeles: University of California Press, 1967).

변 인디언 부족과 간헐적으로 맺었던 동맹 조약으로 구체화되었다.[40] 심지어 영국 정부는 1812년 전쟁을 공식적으로 종결하는 1814년 겐트 조약(Treaty of Ghent) 체결 당시 오하이오와 위스콘신 지역에 인디언 완충 국가(Indian buffer state)를 제안하기도 했다.[41] 하지만 미국의 반대로 영국의 첫 번째 시도는 실패했고, 이후 미국의 인디언 부족에 대한 대대적인 척결 사업으로 영국은 당분간 미국과 적대적 공존을 할 수밖에 없었다. 또한 1812년 전쟁 이후 미국에 대한 더 이상의 군사적 조치는 프랑스 혁명 전쟁과 나폴레옹 전쟁에 따른 막대한 부채로 인한 재정상의 문제로 불가능했다.[42]

1812년 전쟁에서의 치욕적인 패배에도 불구하고 미국은 북미 지역의 패권으로 발돋움하고자 모든 노력을 기울였다. 영국을 위시한 유럽 열강에 맞서 반식민주의를 외쳤지만 19세기 전반 미국 외교정책의 목표는 줄곧 서반구에서 확고한 지역패권으로 자리 잡는 데 있었으며, 이를 위해 활용 가능한 모든 자원과 수단을 동원했다.[43] '명백한 운명'(Manifest Destiny)은 유럽 제국에 반하였지만 미국의 팽창에 반하지 않았다. 남북 전쟁 이전 팽창만 열거하자면, 미국은 1803년 나폴레

40 Reginald Horsman, "British Indian Policy in the Northwest, 1807-1812," *The Mississippi Valley Historical Review*, Vol. 45, No. 1 (1958), pp. 51-66; Robert S. Allen, *His Majesty's Indian Allies: British Indian Policy in the Defence of Canada, 1774-1815* (Toronto: Dundurn Press, 1993).

41 겐트 조약에 대해서는 William Archibald Dunning, *The British Empire and the United States: A Review of Their Relations during the Century of Peace Following the Treaty of Ghent* (New York: Charles Scribner's Sons, 1914), pp. 1-45를 보라.

42 1815년 부채 비용은 전체 정부 지출의 26.6%에 달했으며, 이는 10년 후 54.4%로 수직 상승했다. 영국 재정 상태에 대해서는 Julian Hoppit, "Checking the Leviathan, 1688-1832," *The Political Economy of British Historical Experience, 1688-1914*, Donald Winch and Patrick O'Brien (eds.) (Oxford: Oxford University Press, 2002), pp. 267-294를 보라.

43 Richard W. Van Alstyne, *The Rising American Empire* (New York: W. W. Norton & Company, 1974).

옹 전쟁 와중 전비 마련에 급급했던 프랑스로부터 루이지애나를 매입했으며, 1819년에는 남미 식민지 독립 운동으로 인해 심각한 재정난에 시달리고 있었던 스페인으로부터 플로리다를 매입했다. 미국은 이어 1845년 멕시코에 항거한 1836년 혁명으로 탄생한 텍사스 공화국을 병합했으며, 이에 반발하여 침공한 멕시코와의 전쟁에서 대승을 거두면서 1848년 알타 캘리포니아와 뉴멕시코를 이양받았다.[44] 이에 1845년 4월 15일자 『타임스』 사설에서는 "군대도 없고 자금도 없는 나라가 이렇게 광활한 영토를 침공하고 정복한 일은 역사상 처음 있는 일이다"라고 하며 놀라움을 금치 못했다.[45]

바꿔 말해, 영국의 캐나다와 서인도 제도 식민지는 1814년 이래 미국의 군사적 위협에 지속적으로 노출되어 있었다. 1812년 전쟁 이전 미국의 기습적인 침공에 대한 우려가 미시시피 강 동편에 주로 집중되었다면, 전후에는 1818년 오대호 주변의 비무장화를 약속한 러시-배고트 조약(Rush-Bagot Treaty)에도 불구하고 미국의 루이지애나 매입과 함께 미시시피 강 서편으로 범위가 확대되었다.[46]

먼저 캐나다 국경과 관련해서 보자면, 겐트 평화 조약이 체결된 지 겨우 3개월밖에 지나지 않은 1815년 2월, 당시 전쟁장관이었던 먼로(James Monroe)는 제이콥 브라운(Jacob Brown) 장군에게 영국과의 만

44 미국의 서부 팽창에 대한 간략한 정리로는 Peter Maslowski, "To the Edge of Greatness: The United States, 1783-1865," Williamson Murry, MacGregor Knox, and Alvin Bernstein (eds.), *The Making of Strategy: Rulers, States, and War* (Cambridge: Cambridge University Press, 1994), pp. 205-241을 보라.

45 H. C. Allen, *Great Britain and the United States: A History of Anglo-American Relations (1783-1952)* (New York: St. Martin's Press, 1955), p. 408에서 재인용.

46 Bourne, *Britain and the Balance of Power in North America*, pp. 3-51. 구체적인 예로는, Thomas Le Duc, "The Maine Frontier and the Northern Boundary Controversy," *The American Historical Review*, Vol. 53, No. 1 (1947), pp. 30-41; Ephraim D. Adams, "English Interest in the Annexation of California," *The American Historical Review*, Vol. 14, No. 4 (1909), pp. 744-763을 보라.

일의 사태에 철저히 대비하고 있어야 한다고 강조하며 “가장 중요한 점은 전쟁을 캐나다에서 치루는 것입니다. 거기서 영국을 가능한 한 완전히 박살내야 합니다”라고 덧붙였다.[47] 미국의 전쟁 준비 태세를 눈치챈 총리 웰링턴 공작(Duke of Wellington)은 막대한 비용 부담에도 불구하고 1819년 군수 물자 수송의 편의를 도모하고, 전략상 우위를 점하기 위해 오타와와 온타리오 호를 연결하는 리도 운하(Rideau Canal)의 건설을 명하였다.[48] 또한 웰링턴은 1825년 캐나다 방위에 대한 전면적인 재조사의 실시를 명했으며, 캐나다에 파견된 조사단은 수적 열세에 놓인 캐나다 민병대와 육군이 아니라 미국 독립전쟁 때보다 더 강력한 해군을 동원해 “롱아일랜드와 스테튼 섬(Staten Island)을 점령하여 뉴욕과 미국 해안 대부분을 해상 봉쇄”함으로써 미국을 제어해야만 한다고 조언했다.[49]

양국의 대립은 1820년대 미국의 서부 팽창에 따라 대서양 연안에서 태평양 연안으로 확장되었다. 무엇보다 영국은 1818년 조약으로 10년 동안 공동 점유지로 선포된 오리건 지역에 대한 미국의 야욕을 우려했다. 1826년 재정상의 이유를 들어 조약의 연장이 아니라 이 지역의 미국 할양을 주장한 일부 논자에 대해 외무성 장관 조지 캐닝(George Canning)은 “이 광활한 아메리카 대륙의 북서 연안이 중국과 엄청난 양의 직접 무역을 함으로써 얻을 수 있는 막대한 이익을 저버린 정치인으로 결코 기록되고 싶지 않다”라고 맞서며 공동 점유 원칙

47 “Monroe to Major General Brown (February 10, 1815),” C. P. Stacey, “Documents: An American Plan for a Canadian Campaign: Secretary James Monroe to Major General Jacob Brown, February 1815,” *The American Historical Review*, Vol. 46, No. 2 (1941), p. 356.

48 *Ibid.*, pp. 355-356.

49 “A Secret Military Document, 1825,” James J. Talman, *The American Historical Review*, Vol. 38, No. 2 (1933), pp. 298-300.

을 고수했다.[50] 오리건 지역문제는 다시 10년 뒤 양국의 극한적인 외교적 대립을 초래한다.[51] 특히 얼마 후 외무성 장관이 될 파머스턴(Henry John Temple, 3rd Viscount Palmerston)은 밴쿠버 섬을 얻는 대신 콜롬비아강 서편을 포함한 북위 49도 이남에 대한 미국의 주권 주장을 인정한 로버트 필(Sir Robert Peel) 내각에 대해 "항복 선언을 한 것에 다름없다"고 비판하며, 영국의 이익을 위해서는 전쟁도 불사해야 한다고 주장했다.[52] 파머스턴이 경고했듯이, 밴쿠버 섬을 둘러싼 분쟁은 1846년 오리건 조약(Treaty of Oregon) 이후에도 되풀이하여 일어났으며, 1859년에는 '돼지전쟁'(Pig War)이라 일컬어지는 일촉즉발의 군사적 대치 상황이 벌어지기도 했다.[53] 군사적 충돌은 발생하지 않았지만 캐나다 국경을 둘러싼 양국의 대립은 1867년 미국의 러시아령 알래스카의 매입으로 캐나다가 남과 서에서 완전히 봉쇄되어 상황이 완전히 뒤바뀐 이후에도 치열히 지속되었으며,[54] 미국의 군사적 침공에 대비한 영국의 캐나다 국경에 대한 방비 시설 건설 사업은 1871년 워싱턴 조약(Treaty of Washington)으로 미국과 캐나다 국경 지대의 완전한 비무장화가 합의

50 "Canning to Liverpool (July 7, 1826)," E. J. Stapleton (ed.), *Some Official Correspondence of George Canning*, 2 Vols. (London: Longmans, Greens, 1887), Vol. 2, p. 75.

51 Frederick Merk, "British Government Propaganda and the Oregon Treaty," *The American Historical Review*, Vol. 40, No. 1 (1934), pp. 38-62.

52 Frederick Merk, "British Party Politics and the Oregon Treaty," *The American Historical Review*, Vol. 37, No. 4 (1932), pp. 653-677.

53 Scott Kaufman, *The Pig War: The United States, Britain, and the Balance of Power in the Pacific Northwest, 1846-72* (Lanham: Lexington Books, 2004).

54 Frank A. Goldar, "The Purchase of Alaska," *The American Historical Review*, Vol. 25, No. 3 (1920), pp. 411-425; Victor J. Farrar, "The Background of the Purchase of Alaska," *The Washington Historical Quarterly*, Vol. 13, No. 2 (1922), pp. 93-104; Thomas A. Bailey, "Why the United States Purchased Alaska," *Pacific Historical Review*, Vol. 3, No. 1 (1934), pp. 39-49.

될 때까지 계속 진행되었다.[55]

영국의 서인도 제도 식민지도 비슷한 처지였다. 시작은 1819년 미국의 플로리다 매입이었다. 이미 2년 전 캐슬레이(Robert Stewart, Viscount Castlereagh)는 특명 전권 대사 찰스 배고트(Sir Charles Bagot)에게 "의문의 여지없이 우리는 영국의 서인도 제도 영토에 미국의 영토가 근접해 있는 것보다 스페인이 동플로리다에서 영국의 이웃으로 남는 편을 원한다"고 강조한 바 있다.[56] 1823년 양국은 스페인 식민지에서의 반란에 대한 신성 동맹(Holy Alliance)의 반동주의적 개입을 저지하고자 잠시나마 협력 관계를 유지했다.[57] 영국은 미국과 함께 신성 동맹에 맞서길 원했지만, 먼로 독트린(Monroe Doctrine)을 주저없이 승인했다.[58] 이유인즉, 영국의 중남미 수출 시장은 어떠한 피해도 입지 않았을 뿐만 아니라, 반세기 전 톰 페인(Tom Paine)의 확신에 찬 예언과 달리,[59] 미해군은 아직 연안 방위조차 제대로 할 수 없는 초라한 수준에 머무르고 있었기 때문이다.[60] 먼로 독트린의 실질적인 집행자는 영

55 C. P. Stacey, "The Myth of the Unguarded Frontier, 1815-1871," *The American Historical Review*, Vol. 51, No. 1 (1950), pp. 1-18. 워싱턴 조약과 그 배경에 대해서는 Reginald C. Stuart, *United States and British North America, 1775-1871* (Chapel Hill: University of North Carolina Press, 1988), pp. 238-261을 보라.

56 "Castlereagh to Bagot (November 10, 1817)." C. K. Webster, *The Foreign Policy of Castlereagh, 1815-1822*, 2nd ed. (London: G. Bells & Sons, 1934), p. 449에서 재인용.

57 Dexter Perkins, "Europe, Spanish America, and the Monroe Doctrine," *The American Historical Review*, Vol. 27, No. 2 (1922), pp. 207-218; *The Monroe Doctrine, 1823-1826* (Cambridge, MA: Harvard University Press, 1927); Jay Sexton, *The Monroe Doctrine: Empire and Nation in Nineteenth-Century America* (New York: Hill and Wang, 2011), pp. 47-84.

58 Kenneth Bourne, *The Foreign Policy of Victorian England, 1830-1902* (Oxford: Clarendon Press, 1970), pp. 15-17.

59 Tom Paine, "Common Sense," *Political Writings*, Bruce Kuklick (ed.) (Cambridge: Cambridge University Press, 1989), pp. 30-33.

60 Rebecca Berens Matzke, *Deterrence through Strength: British Naval Power and Foreign Policy under Pax Britannica* (Lincoln and London: University of Nebraska Press,

국이었다. 그럼에도 불구하고 점증하는 미국의 팽창 욕구에 대한 영국 정부의 우려는 줄어들지 않았다. 이듬해 총리 리버풀(Robert Jenkinson, 2nd Earl of Liverpool)은 캐닝에게 다음과 같이 지역패권으로 도약하고자 하는 미국에 대한 근심을 표명했다.

> 지난 4세기 넘게 우리 나라 외교정책의 가장 중요하고 주된 목표는 우리 해군력의 토대인 해운업을 키우고 북돋우는 것이었다. 이 국가적 산업에 있어 미국인들은 지금까지 다른 어떤 나라보다 더 위협적인 대항자가 되고 있다.… 북미인들의 생각과 정책은 아메리카 대륙 근처 바다에서만이 아니라 지구 모든 곳에서 우리를 대신해 해운업을 장악하는 데 있는 듯하다.[61]

미국의 중남미에 대한 야심은 1850년 니카라과 운하 건설 참여 시도로 다시 표출된다. 다행히 영국은 서인도 제도의 해군을 앞세워 클레이턴-불워 조약(Clayton-Bulwer Treaty)을 맺음으로써 이를 저지하는 데 성공했다. 하지만 이 역시 임시처방에 불과했다.

캐나다와 서인도 제도를 포함한 중남미를 둘러싼 미국과의 외교 분쟁으로 골머리를 앓고 있던 영국 정부의 입장에서 볼 때, 1860년 에이브러햄 링컨(Abraham Lincoln)의 대통령 당선은 희소식이었다. 1848년 멕시코와의 전쟁에서의 대승으로 획득한 영토에 있어 노예제 합법화문제로 점화된 남북 갈등은 1852년 해리엇 비처 스토(Harriet Beecher Stowe)의 『톰 아저씨의 오두막』 등 논쟁적인 출판물로 인한 여론 분열로 심

2011), pp. 65-103.

61 Bourne, *Britain and the Balance of Power in North America*, p. 65에서 재인용.

화되었으며, 남부 일부 주는 분리 독립을 부르짖었다.[62] 만약 분리 독립이 이루어진다면 미국의 팽창은 자체적으로 제어될 터이고, 영국은 이에 따라 자국의 안보와 제국의 팽창에 있어 훨씬 더 중요한 유럽 대륙에 모든 심혈을 쏟을 수 있으리라 전망하였다.

4. 남북 전쟁과 영국, 1861–1865

남북 전쟁은 영국이 미국의 부상을 최저의 비용으로 저지할 수 있는 절호의 기회였다.[63] 1860년 미국의 인구는 1845년 감자 기근(Potato Famine) 이후 유입된 아일랜드 이민자와 1848년 유럽 혁명 이후 유입된 이민자 덕택에 영국의 인구를 빠르게 추월하고 있었다.[64] 하지만 미국은 아직 경제력이나 군사력 모두에 있어 영국의 적수가 아니었다.[65] 당시 영국은 세계 제조업 생산의 20퍼센트 이상을 차지하며 명실상부 '세계의 공장'(workshop of the world)으로 군림하고 있었다. 반면 미국의 제조업은 높은 성장세에도 불구하고 여전히 영국의 1/3의 수준밖에 되지 않았다. 군사력에 있어서 양국의 차이는 더욱 컸다. 1860년

62 Will Kaufman, *The Civil War in American Culture* (Edinburgh: Edinburgh University Press, 2006), pp. 1-20.

63 Bourne, *The Foreign Policy of Victorian England*, pp. 90-91. 남북 전쟁 당시 영-미 관계에 대한 소개로는 오래되었지만 Max Beloff, "Great Britain and the American Civil War," *History*, Vol. 37, No. 129 (1952), pp. 40-48; A. P. Newton, "Anglo-American Relations during the Civil War, 1860-1865," *The Cambridge History of British Foreign Policy*, pp. 488-521을 참조하라.

64 1840년 60만 명이었던 이민자 수는 1850년 170만 명으로 3배 가까이 증가했다. 당시 미국으로의 이민에 대한 개괄로는 Timothy J. Hatton and Jeffrey G. Williamson, *The Age of Mass Immigration: Causes and Economic Impact* (Oxford: Oxford University Press, 1988)를 보라.

65 Kennedy, *The Rise and Fall of the Great Powers*, pp. 149, 154.

영국의 병력은 무려 35만 명에 달했던 반면, 미국의 병력은 채 3만 명도 되지 않았다. 1년 전 프랑스가 대양 항해가 가능한 장갑함 글루아르(Gloire)호를 진수하여 잠시 흔들리는 듯 보였던 영국의 제해권은 이듬해 워리어(Warrior)호의 진수로 즉시 복원되었다.[66] 물론 미국 역시 곧바로 전함 경쟁에 뛰어들었으며, 1862년 북부와 남부는 각기 모니터(Monitor)호와 메리맥(Merrimack)호를 앞세워 햄프턴 로즈 만에서 유명한 해전(Battle of Hampton Roads)을 치루었다. 하지만 당시에도 미해군 전력은 영국 해군의 비교 대상조차 될 수 없는 형편이었다.[67] 이뿐만 아니라 당시 양국의 관계는 캐나다 국경문제와 미국의 중남미 진출 문제로 인해 악화일로로 치닫고 있었다.[68] 1861년 남북 전쟁이 발발했을 때, 영국 정부는 미국의 부상을 정확히 감지하고 있었으며 미국의 도전을 군사적으로 예방할 능력과 의지 모두 지니고 있었다. 금상첨화로 이제 미국은 완전히 분열된 나라였다. 영국의 세계 지배에 맞설 잠재적 부상국을 제어할 이보다 더 좋은 기회는 없었다.[69]

1858년 6월 다시 내각을 장악한 파머스턴은 8년전 클레이턴-불워 조약이 미봉책에 불과하다는 점을 정확히 인지하고 있었을 뿐만 아니라 북부 산업 지역에 기반을 둔 공화당에 대해서도 극히 부정적인

66 Paul Kennedy, *The Rise and Fall of British Naval Mastery* (London: Penguin Books, 1976), pp. 172-174.

67 Matzke, *Deterrence through Strength*, pp. 65-103.

68 Wilbur Devereux Jones, *The American Problem in British Diplomacy, 1841-1861* (London and Basingstoke: The Macmillan Press, 1974), pp. 186-211.

69 전전 양국 관계에 대한 정리로는 Duncan Andrew Campbell, *Unlikely Allies: Britain, America and the Victorian Origins of the Special Relationship* (London: Hambledon Continuum, 2007), pp. 115-141; Amanda Foreman, *A World on Fire: Britain's Crucial Role in the American Civil War* (New York: Random House, 2012), pp. 19-35를 보라. 이에 대한 국제정치학적 분석으로는 Peter Thompson, "The Case of the Missing Hegemon: British Nonintervention in the American Civil War," *Security Studies*, Vol. 16, No. 1 (2007), pp. 96-132를 보라.

자세를 취하고 있었다.[70] 1857년 12월 외무성 장관 클라렌든 경(George Villiers, 4th Earl of Clarendon)에게 보낸 다음의 편지는 당시 파머스턴의 두려움에 찬 반미 감정을 적나라하게 보여주고 있다.

> 양키들과는 아메리카 대륙과 관련된 어떠한 문제도 협상하고 싶지 않다. 이들은 정말 불쾌하기 짝이 없는 인간들이다. 그들은 아메리카 대륙에 자리하고 있을 뿐만 아니라 힘이 있다. 또한 아메리카 대륙과 관련된 모든 문제에 대해 지대한 관심을 가지고 있다. 게다가 양키들은 어떻게든 자신들이 원하는 바를 얻기 위해 양심을 완전히 저버린 정직하지 못한 족속들이다. 반면 우리는 아메리카 대륙에서 멀리 떨어져 있어 지리적으로 불리한 위치에 있다. 또한 영국의 국민 여론은 아메리카 대륙 문제에 무관심하며, 상공인 세력은 미국과의 평화가 지속되길 강력히 원하고 있다. 이로 인해 우리는 논란이 된 거의 모든 문제에 있어 북미인들에게 하나씩 하나씩 양보했으며, 캐나다와 서인도 제도를 제외한 다른 모든 문제에 있어서 이와 유사한 상황이 앞으로도 계속 발생될까 나는 두렵다. 오래전부터 나는 스페인과 포르투갈 식민지인들에 비해 월등한 앵글로-색슨 종족이 머지않아 북미와 남미 대륙 전체의 지배자가 될 것이라 내심 확신하고 있었다. 그렇게 될 경우 영국은 어떻게 될 것인가 미리 걱정하기보다 우리는 우선 이를 가능한 한 지연시켜야만 한다. 우리와 같은 종족이라고 양키들을 도와서는 절대 안 된다.[71]

70 G. F. Hickson, "Palmerston and the Clayton-Bulwer Treaty," *Cambridge Historical Journal*, Vol. 3, No. 3 (1931), pp. 295-303; Kenneth Bourne, "The Clayton-Bulwer Treaty and the Decline of British Opposition to the Territorial Expansion of the United States, 1857-60," *The Journal of Modern History*, Vol. 33, No. 3 (1961), pp. 287-291.

71 "Palmerston to Clarendon (December 31, 1857)." Richard W. Van Alstyne, "Anglo-American Relations, 1853-1857: British Statesmen on the Clayton-Bulwer Treaty and American Expansion," *The American Historical Review*, Vol. 42, No. 3

파머스턴에게 남북 전쟁은 천우신조였다. 미국의 팽창이 내전으로 인해 완전히 중단되었다. 사실 몇 달 전 클라렌든 경에게 보낸 또 다른 편지에서 파머스턴은 내전만이 미국의 중남미 진출을 확실히 제어할 수 있는 방법이라 토로한 바 있었다. "조만간 앵글로-색슨 종족[미국]은 확실히 남미로 진출하게 될 것이다. 우리는 벌떼들[남부 동맹]이 벌집[미 연방]으로부터 떨어져 나올 때까지 이를 저지해야만 한다."[72] 물론 글래드스턴(William Ewart Gladstone)이 후일 회상하고 있듯이 "파머스턴은 위협적인 열강[미국]을 약화시킬 방안으로 분단을 원했으나 신중하게 자신의 생각을 공개적으로 피력하지는 않았다."[73] 하지만 1861년 1월 남부 7개 주의 분리 독립 선언 소식을 들은 파머스턴은 회심의 미소를 지으며 당분간 사태를 관망하기로 결심했다. 파머스턴이 소망한 결과는 미국이 북부와 남부 두 국가로 분리되어 서로 견제하는, 이로써 영국이 유럽에서와 같이 북미 대륙에서도 균형자를 자처하며 경제적 이익을 모두 챙길 수 있는 상태였다.[74]

상황은 파머스턴 내각이 기원한 대로 돌아가는 듯 보였다. 전쟁 초기 남부와 북부 어느 쪽도 확실한 우세를 점하지 못했으며, 이에 양쪽 모두 영국의 협조를 절실히 필요로 했다. 영국의 지원을 얻기 위해 북부는 노예제문제를, 남부는 목화 수출문제를 협상의 전면에 내세웠다. 영국은 나폴레옹 전쟁 중인 1807년 노예무역법(Slave Trade Act)을 통해 제국 내 노예무역을 금지했으며, 1833년 노예해방법(Emancipation

(1937), p. 500에서 재인용.

72 "Palmerston to Clarendon (July 4, 1857)." *Ibid.*, p. 499에서 재인용.

73 John Morley, *The Life of William Ewart Gladstone*, 3 Vols. (New York and London: Macmillan, 1908), Vol. 1, p. 535에서 재인용.

74 예를 들어, "Granville to Russell (September 29, 1862)," Edmond Fitzmaurice, *The Life of Granville George Leveson Gower Second Earl Granville K. G. 1815-1891*, 2 Vols. (London: Longmans, Greens, and Company, 1905), Vol. 1, pp. 442-444를 보라.

Act)이라 통칭되는 노예폐지법(Slavery Abolition Act) 이래 반노예제 국제 운동을 주도하고 있었다. 북부의 호소는 이러한 빅토리아 시대 도덕주의적 영국 대외정책을 향했다.[75] 반면 전쟁과 함께 시작된 북부의 남부 해상 봉쇄는 남부의 목화 수출에 의존하고 있었던 영국의 면직 산업을 위협했으며, 이를 기회로 남부는 영국 정부에 도덕적 의무감이 아닌 이해 관계에 기초한 결정을 내리기를 간청했다.

영국과의 관계에서 먼저 우위를 점한 측은 남부였다. 결정적 계기는 1861년 11월 8일 터진 트렌트 사태(Trent Affair)였다.[76] 남부 분리 독립에 대한 국제사회의 승인을 얻고자 영국과 프랑스를 향하던 남부 외교관 제임스 메이슨(James Mason)과 존 슬라이델(John Slidell)이 북부의 해상 봉쇄를 피해 쿠바에서 승선한 영국 우편함 트렌트호를 북부 군함 샌 자신토(San Jacinto)호가 공해상에서 무단으로 수색하고 이들을 체포했다. 영국 언론은 즉시 이를 국제법상 중립국의 권리를 침해한 행위로 "트렌트 불법 행위"(Trent Outrage)라 명명하며 북부에 대한 확실한 보복 조치를 영국 정부에게 요구했다.[77]

그러나 트렌트 사태는 역설적인 결과를 낳았다. 트렌트 사태를 통해 미국 내 상황이 알려지면서 영국 여론이 점차 남부에서 북부로 돌

75 빅토리아 시대 영국 대외정책의 도덕적 근간에 대해서는 Jonathan Parry, *The Politics of Patriotism: English Liberalism, National Identity and Europe, 1830-1886* (Cambridge: Cambridge University Press, 2006)를, 특히 노예제 폐지 운동을 이끈 복음주의 경제 사상에 대해서는 Boyd Hilton, *The Age of Atonement: The Influence of Evangelicalism on Social and Economic Thought, 1795-1865* (Oxford: Clarendon Press, 1988)를 보라.

76 Duncan Andrew Campbell, *English Public Opinion and the American Civil War* (Woodbridge: The Boydell Press, 2003), pp. 58-65.

77 *Ibid*., pp. 65-69. 국제법적 문제에 대해서는 James P. Baxter, "The British Government and Neutral Rights, 1861-1865," *The American Historical Review*, Vol. 34, No. 1 (1928), pp. 9-29를 참고하라.

아선 것이다.[78] 특히 노예제를 고수하는 남부를 지원하고자 한 영국 정부의 이중적인 태도에 대한 북부 언론의 강도 높은 비판은 영국 지식층의 자성을 이끌어냈다. 예를 들어, 마르크스(Karl Marx)는 1861년 12월 24일자 『뉴욕 데일리 트리뷴』 기고문에서 노예제를 폐지하고자 싸우는 북부와의 전쟁을 준비하는 영국 정부의 모순적인 태도를 힐난했다.[79] 이에 응답이라도 하듯 존 스튜어트 밀(John Stuart Mill)은 1862년 2월 문학 잡지 『프레이저』에 장문의 기고문을 보냈다.[80] "미국에서의 전쟁"이란 제목의 이 기고문에서 밀은 "이 문제를 논하기에 앞서 우리는 트렌트 불법 행위뿐 아니라 이전부터 표출된 북부 신문기자들과 정치연설자들의 반영 감정에 의해 초래된 북부에 대한 우리의 적대감을 가능한 버려야만 한다"고 호소했다.[81] 밀은 또한 경제력에서 월등히 앞선 북부의 승리를 확신했다.

> 북부가 남부를 정복할 수(will) 있을 것인가에 대해 나는 답하고 싶지 않다. 하지만 나는 지금의 결의대로라면 북부가 남부를 정복할 수(can) 있다고 믿어 의심치 않는다. 왜냐하면 북부는 남부에 비해 인구가 두 배나 많고 남부에 비해 열 배에서 열두 배나 부유하기 때문이다. 북부는 남부의 영토를 점령하지 않아도 또는 남부의 영토로 군대를 보내지 않아도 승리할 수 있다. 북부는 남부의 자원을 고갈시키고, 남부가 안락한 삶을 누

78 Campbell, *English Public Opinion and the American Civil War*, pp. 96-133.

79 Karl Marx, "The Progress of Feeling in England," *New York Daily Tribune* (December 25, 1861).

80 John Stuart Mill, "The Contest in America," *Frazer's Magazine* (February 1862). 전문은 J. M. Robson, *Collected Works of John Stuart Mill*, 33 Vols. (London: Routledge and Kegan Paul, 1963-1991) 중 21권, *Essays on Equality, Law, and Education* (1984), pp. 125-142에서 찾아볼 수 있으며, 인용도 이에 기초한다.

81 *Ibid.*, p. 129.

리지 못하도록 하고, 남부의 노예로 하여금 도망가도록 부추기고, 남부가 외국과 교류를 하지 못하도록 하여 남부를 소진시켜 승리할 수 있다.[82]

밀은 이어 "전쟁은 분명 추악한 일이지만 … 다른 이들을 전제 정부의 폭압으로부터 보호하는 전쟁, 그들의 권리와 정의에 대한 생각이 옳다는 것을 보여주기 위한 전쟁, 그리고 자유 의지에 따라 올바른 목적을 위해 스스로 싸우는 전쟁은 … 썩어빠진 도덕성과 애국심보다 비교할 수 없을 정도로 바람직하며 … 이를 바로 잡을 수단이다"라고 부르짖었다.[83] 다시 말해 밀에 따르면, 남북 전쟁은 "정의의 전쟁이자 원칙을 위한 싸움"이었으며, 앞선 문명국 영국은 즉시 북부를 물심양면으로 지원해야 옳았다.[84]

북부에 우호적으로 변하는 영국 여론을 감지한 남부는 목화 수출 중단으로 인한 영국 면직 산업의 피해를 한층 더 강조했다. 이미 1858년 남캐롤라이나 상원 의원 제임스 헨리 해먼드(James Henry Hammond)는 다음의 유명한 경고를 한 바 있다.

만약 3년 동안 목화가 제공되지 않는다면 … 영국은 남부를 제외한 문명 세계 전체와 함께 곧바로 고꾸라질 것이 분명하다. 이래도 목화를 상대로 전쟁을 할 터인가. 지구상 어떤 나라도 목화를 상대로 전쟁을 할 수 없다. 목화는 왕이다(Cotton is King).[85]

82 *Ibid*., pp. 138-139.
83 *Ibid*., pp. 141-142.
84 *Ibid*., p. 142.
85 연설은 1958년 3월 4일 상원에서 행해졌으며, 전문은 James Henry Hammond, *Selections from the Letters and Speeches of the Honourable James H. Hammond of South Carolina* (New York: John F. Trow, 1866), pp. 311-322에서 볼 수 있다.

하지만 해먼드는 상황을 잘못 판단하고 있었다. 앨런(H. C. Allen)이 분석했듯이, 영국 면직 산업은 당시 이미 포화 상태였으며, 보관된 목화 역시 충분했기에 목화 수입의 중단으로 인한 피해는 예상외로 미약했다.[86] 또한 영국의 노동 계급과 산업 자본 계급은 남부의 희망과 달리 밀의 주장에 적극 동조하기 시작했다. 목화를 볼모로 한 남부의 외교는 처참히 실패했으며,[87] 영국을 비롯한 유럽 열강의 지원이 절실했던 남부는 급기야 1864년 지원의 대가로 노예제 폐지를 제안하기에 이른다.[88] 남부의 노예제 폐지 제안은 역으로 노예제문제가 빅토리아 시대 영국의 외교정책 결정에 있어 얼마나 막대한 비중을 차지하고 있었는지 단적으로 보여준다.[89]

1863년 여름 게티스버그 전투(Battle of Gettysburg)의 완패로 남부의 패색이 짙어질 무렵 벤저민 디즈레일리(Benjamin Disraeli)가 하원에

86 Allen, *Great Britain and the United States*, pp. 475-476.

87 목화를 볼모로 한 남부의 대유럽 외교에 대해서는 Frank Lawrence Owsley and Harriet Fason Chappell Owsley, *King Cotton Diplomacy: Foreign Relations of the Confederate States of America* (Chicago: University of Chicago Press, 1959)가 고전이지만, 국제정치사적 함의에 대해서는 Brian Schon, *The Fragile Fabric of Union: Cotton, Federal Politics, and the Global Origins of the Civil War* (Baltimore: The Johns Hopkins University Press, 2009)를 참고하라.

88 Sadie Daniel St. Clair, "Slavery as a Diplomatic Factor in Anglo-American Relations during the Civil War," *The Journal of Negro History*, Vol. 30, No. 3 (1945), pp. 272-275.

89 Kinley J. Brauer, "The Slavery Problem in the Diplomacy of the American Civil War," *Pacific Historical Review*, Vol. 46, No. 3 (1977), pp. 439-469. 노예제 못지않게 자유무역에 대한 빅토리아 시대 영국의 신념이 영국의 참전을 막았다는 주장도 있다. 예를 들어, Martin P. Claussen, "Peace Factors in Anglo-American Relations, 1861-1865," *The Mississippi Valley Historical Review*, Vol. 26, No. 4 (1940), pp. 511-522를 보라. 영국 대외정책 수립에 있어 자유무역이론이 차지하는 비중에 대해서는 Anthony Howe, *Free Trade and Liberal England, 1846-1946* (Oxford: Clarendon Press, 1997), pp. 70-110을 보라. 노예제, 무역, 정치 제도에 대한 양국의 입장 차이에 대한 정리는 이 책의 4장, "미-중 간 국제규범의 상호인식과 세력전이"를 보라.

서 행한 다음의 연설은 남북 전쟁의 결과를 초조하게 기다리는 당시 영국 정부의 심정을 정확히 대변한다.

> 남북 전쟁의 궁극적인 결과를 직접 볼 수 있을 만큼 아직 어리다면 분명 폭풍우가 가라앉은 후 우리의 선조가 알아왔던 미국과는 다른, 그리고 심지어는 우리 세대가 그렇게 많이 겪어왔던 미국과는 전혀 다른 미국을 보게 될 것입니다. 그 미국은 능력 있는 내각의 지도 아래 군대를 보유하고 외교력을 지닌 경쟁국으로 더 빈번히 소란을 야기할, 아니 더 빈번한 전쟁을 행할 국가일 것입니다.[90]

디즈레일리를 비롯한 영국 정부 내 남부 지지 세력의 우려에 찬 목소리는 나날이 힘을 잃었다. 이제 영국 여론은 남북 전쟁을 이익의 문제가 아니라 도덕의 문제로 보고 있었다. 밀의 언급처럼 공개적으로 북부를 지원하지 못한 것이 후회될 따름이었다.[91] 남부의 연이은 패배와 반노예제 여론의 압박에 영국 정부는 북부에 대해 우호적인 입장을 피력할 수밖에 없었다. 특히 남북 전쟁이 종식된 지 5개월 후인 1865년 10월 18일 파머스턴의 죽음으로 영국 정부 내 반미 세력의 입지는 더욱 좁아졌다.[92]

정리하자면, 남북 전쟁은 사실상 영국이 미국의 부상을 막대한 경제적 부담 없이 물리적으로 저지할 수 있는 마지막 기회였다. 전쟁이 발발하자 파머스턴 내각은 미국이 두 국가로 분단되어 상호 견제하는

90 Belle Becker Sideman and Lillian Friedman (eds.), *Europe Looks at the Civil War* (New York: Orion Press, 1960), p. 233에서 재인용.

91 Ephraim Douglas Adams, *Great Britain and the American Civil War* (New York: Russell and Russell, 1958), pp. 274-305.

92 Allen, *Great Britain and the United States*, pp. 499-500.

상황을 기대하며 중립을 취하며 사태를 관망했다. 하지만 1856년 크리미아 전쟁에서와 같이 막대한 비용이 드는 직접적인 군사 개입이 아닌 "남부가 승기를 잡았을 때 중재를 통해 전쟁을 중단시키고자 했던" 영국 정부의 책략은 1863년 이후 남부군의 연이은 패배와 노예제문제로 인해 실현되지 못했다.[93] 북부의 완승은 파머스턴을 비롯한 대다수 영국 정치인이 우려했던 상황을 현실로 만들었다. 뒤돌아보면, 남북 전쟁은 영국의 대미국 인식, 특히 제국 안보 차원에 있어 적대적 공존에서 유화적 승인으로 변화하는 역사적인 전환점이었다. 1865년 이후 영국 정부는 미국을 서반구 지역의 패권으로 인정함으로써 전 지구적인 식민 제국을 저비용으로 유지하는 전략으로 점차 선회한다. 하지만 이는 사후적인 설명일 따름이며, 1865년 당시 양국의 미래는 여전히 불투명했다.[94]

5. 유화적 승인, 1865–1913

1865년은 영국 정치사에 있어서도 중대한 전환점이었다.[95] 미국의 야심찬 전후 재건 사업에 따라 영국의 산업과 런던 자본은 전에 없는 호

93 Adams, *Great Britain and the American Civil War*, pp. 274-305; Bourne, *The Foreign Policy of Victorian England*, pp. 90-96.

94 일례로, 캐나다 국경문제는 2년 뒤 1867년 미국이 러시아로부터 알래스카를 구매하면서 다시금 영국 제국 전략의 주요 논의 대상으로 떠올랐으며, 1869년 미국이 남북 전쟁 당시 남부에 판매된 영국 군함 알라바마(Alabama)호 등에 의한 자국 상선의 피해 보상을 국제법적으로 요구함에 따라 양국 관계는 또다시 냉각되었다. Campbell, *Unlikely Allies*, pp. 175-179; Allen, *Great Britain and the United States*, pp. 501-517.

95 K. Theodore Hoppen, *The Mid-Victorian Generation, 1846-1886* (Oxford: Clarendon Press, 1998), pp. 198-271.

황을 맞이했다. 이와 더불어 남북 전쟁이 끝난 2년 뒤 이루어진 정치 개혁(Reform Act)은 35년 만의 일로 700만 명 남성 성인 인구의 1/7에 불과했던 유권자의 수를 두 배로 늘려놓았다. 변화는 외교정책에서도 일어났다.[96] 파머스턴의 일방적인 자유주의 대신 이어 집권한 글래드스턴과 솔즈베리(Robert Gascoyne Cecil, 3rd Marquess of Salisbury)는 완화된 형태의, 바꿔 말해 유연한 자유주의 노선을 추구했다.[97] 이에 케네디는 1865년 이후 영국 외교정책을 관통하는 핵심적인 특징으로 '유화정책'(appeasement)을 꼽았다.[98]

자세한 논의에 앞서 파머스턴 사후 영국 외교정책의 주된 변화를 먼저 나열하자면, 첫째, 이제 영국 정부는 자국 중심의 일방적인 태도를 버리고 국제 중재를 통해 분쟁의 공정하고 평화로운 해결이 가능하다고 확신했다.[99] 군사력의 사용은 자기 방위에만 국한되어야 한

96 Muriel E. Chamberlain, *'Pax Britannica'? British Foreign Policy, 1789-1914* (London: Longman, 1988), pp. 123-127.

97 파머스턴 외교정책에 대한 대표적인 국제정치학 논의로는 Jack Snyder, *Myths of Empire: Domestic Politics and International Ambition* (Ithaca: Cornell University Press, 1991), pp. 153-211을 들 수 있다. 글래드스턴과 전임자 디즈레일리의 외교정책에 대해서는 Marvin Swartz, *The Politics of British Foreign Policy in the Era of Disraeli and Gladston* (New York: St. Martin's Press, 1985)을, 솔즈베리의 외교정책에 대해서는 T. G. Otte, "'Floating Downstream'?: Lord Salisbury and British Foreign Policy, 1878-1902," T. G. Otte (ed.), *The Makers of British Foreign Policy from Pitt to Thatcher* (New York: Palgrave, 2002), pp. 98-127을 보라.

98 Paul Kennedy, *Strategy and Diplomacy, 1870-1945: Eight Studies* (London: Fontana, 1984), pp. 15-39. 이하 본문의 특징 정리는 모두 이에 따랐다. 이와 유사한 관점에서 19세기 후반 영국 제국의 쇠락과 미국 패권의 부상에 대한 간명한 정리로는 Andrew Gamble, "Hegemony and Decline: Britain and the United States," in Patrick Karl O'Brien and Armand Clesse (ed.), *Two Hegemonies: Britain 1846-1914 and the United States 1941-2001* (Aldershot: Ashgate, 2002), pp. 127-140을 보라.

99 여기서 대상은 유럽 열강이며, 식민지와 중국을 비롯한 여타 약소국은 제외된다. 이에 관한 고전적 논의와 논쟁으로는 John Gallagher and Ronald Robinson, "The Imperialism of Free Trade," *Economic History Review*, 2nd Series, Vol. 6, No. 1 (1953), pp. 1-15; William Roger Louis (ed.), *Imperialism: The Robinson and Gallagher Controversy* (New York: New Viewpoints, 1976)를 보라.

다고 믿었다. 또한 빅토리아 시대 영국의 도덕적 정체성에 따른 유화정책은 리처드 코브던(Richard Cobden)의 자유무역에 대한 신념, 즉 자유무역이 국제평화를 가능케 한다는 계몽주의 전통에 의해 강화되었다.[100] 둘째, 유화정책은 19세기 중반 이후 영국의 경제패권에 대한 독일과 미국, 그리고 일본의 점증하는 도전에 대한 현실적인 대응책이기도 했다. 전쟁으로 인한 국제 시장의 불안은 이미 심각한 도전에 직면한 영국의 산업과 무역 전반에 걸친 막대한 손실을 의미했다. 또한 여전히 건재했던 런던의 금융가도 대규모 전쟁으로 인한 장기간의 불황을 우려하고 있었다. 끝으로, 영국 정부는 아프리카와 아시아 및 아메리카 대륙에 산재해 있는 식민지를 지키기 위한 방위비용의 증대를 더 이상 감당할 재정적 능력을 상실하고 있었다. '과대 팽창 제국'(imperial overstretch)인 영국은 당연히 분쟁의 외교적이고 평화적인 해결을 선호할 수밖에 없었다.[101]

전후 미국은 파머스턴 사후 영국의 변화된 대외 인식의 혜택을 받은 대표적 주자였다.[102] 퍼킨스(B. Perkins) 등이 이미 지적한 바 있듯이, 1890년대 접어들면서 영국은 러시아, 프랑스, 독일의 팽창에 따른 제국 유지 비용의 급속한 증대로 인한 부담에 허덕였으며, 이에, 프리드버그(A. Friedberg)의 표현을 빌리자면, "제국 유지를 위한 협조자"(imperial partner)를 다급히 물색하고 있었다.[103] 1898년 미서 전쟁을 전후로 하여 영국은 4년 뒤 1902년 동맹을 맺은 일본과 더불어 미국을

100 코브던주의와 빅토리아 시대 영국 국민 정체성에 대해서는 Parry, *The Politics of Patriotism*, pp. 43-126을 참고하라.

101 '과대 팽창 제국'의 문제에 대한 자세한 논의는 Kennedy, *The Rise and Fall of the Great Powers*, pp. xv-xxv, 536-540을 보라.

102 Kennedy, *Strategy and Diplomacy*, pp. 23-24.

103 Aaron Friedberg, *The Weary Titain: Britain and the Experience of Relative Decline, 1895-1905* (Princeton, NJ: Princeton University Press, 1988).

자국의 "제국 유지를 위한 협조자"로 선택하였으며, 이로써 미국은 명실공히 지역패권으로 영국 정부의 승인을 받게 된다.[104]

달리 말해, 남북 전쟁 종식 이후 패권국 영국이 부상국 미국에 대한 적극적인 예방 조치를 취하지 않은 이유는 첫째, 파머스턴 사후 영국 자체 내 대외 인식의 변화, 둘째, 미국과 일본을 포함한 신흥 산업국의 산발적이고 전 지구적인 차원에서 이루어진 도전에 따른 제국 유지 비용의 급상승 때문이라 할 수 있다. 특히 1865년 이후 10여 년 동안 전후 복구 사업에 미국이 별다른 방해 없이 매진할 수 있었던 이유는, 또 이로써 1880년대 완연히 부상국의 자태를 드러내며 영국의 협조자로 선택될 수 있었던 이유는 무엇보다 러시아와 독일의 팽창으로 요약될 수 있는 유럽 정치 구조의 변동에 있었다. 미국의 입장에서 볼 때 이는 천우신조였다. 하지만 안보 차원에서의 협력이 곧 전 지구적 패권 이전의 인정을 뜻하지는 않았다. 무역, 특히 금융부문에 있어 미국의 부상에 대한 영국의 저항은 이와는 비교할 수 없을 정도로 심했으며, 영국에서 미국으로의 완전한 세력전이는 1914년과 1939년 두 차례의 국제 전쟁으로 영국 제국이 파산 상태에 이른 후에야 마무리된다.[105]

(1) 영국의 제국 안보 전략

1865년 이후 영국의 유화정책을 초래한 근본적인 대외적 원인은 제2차 산업혁명의 전파로 인한 유럽 정치 질서의 변동에 있었다. 철도 산업은

104 Bradford Perkins, *The Great Rapprochement: England and the United States, 1895-1914* (New York: Atheneum, 1968), pp. 31-63.

105 이에 대해서는 이 책의 2장, "20세기 영국과 미국의 금융패권 경쟁과 상호인식"을 보라.

남북 전쟁 이후 미국의 부활을 이끄는 동시에 유럽 정치 구조의 변화를 추동하였다.[106] 역설은 철도 산업의 선두에 서 있었던 영국이 바로 이 교통혁명(Transportation Revolution)의 최대 피해국이 된다는 데 있다. 그레이엄(G. Graham)이 지적하였듯이, 미서 전쟁 이후 미해군 성장의 지적 모태가 된 알프레드 머핸(Alfred T. Mahan)의 『해양력이 역사에 미치는 영향』이 철도 수송의 혁명적 발전으로 영국의 전통적인 해상 전략의 효과에 대한 의문이 급속히 증대될 무렵인 1890년 출판되었다는 사실은 역설이 아닐 수 없다.[107] 왜냐하면 머핸의 책은 영국 해군에 대한 극찬에 다름 아니었기 때문이다.

철도를 군사전략적으로 가장 잘 활용한 나라는 비스마르크(Otto von Bismarck)의 프러시아였다.[108] 하지만 오스트리아와 프랑스와의 연이은 대전에서의 승리로 탄생한 통일 독일은 아직 영국 안보의 직접적인 위협 요인이 아니었다. 1856년 크리미아 전쟁 이후 유럽 협조 체제(Concert of Europe)의 향방을 둘러싼 여러 갈등에도 불구하고 오히려 비스마르크의 조심스러운 동맹 전략은 유럽 대륙의 세력균형을 유지함으로써 영국이 식민 상업 제국의 통치에 몰두할 수 있도록 도왔다.[109] 물론 이는 1888년 왕위에 오르며 비스마르크를 내쫓은 빌헬름 2세(Wilhelm II)의 등장에 따라 변할 터였다.

106 Christian Wolmar, *Blood, Iron, and Gold: How the Railways Transformed the World* (London: Atlantic Books, 2010); *The Great Railway Revolution: The Trains in American History* (New York: Atlantic Books, 2012); *Engines of War: How Wars Won and Lost on the Railways* (London: Atlantic Books, 2012).

107 Gerald S. Graham, *The Politics of Naval Supremacy: Studies in British Maritime Ascendancy* (Cambridge: Cambridge University Press, 1965), p. 124. 더 자세한 해설로는 Kennedy, *Strategy and Diplomacy*, pp. 43-85를 보라.

108 Michael Howard, *The Franco-Prussian War: The German Invasion of France, 1870-1871* (London: Routledge, 1988), pp. 1-48.

109 비스마르크 집권 시 영국 대외정책에 대한 자세한 논의로는 W. N. Medlicott, *Bismarck, Gladstone, and the Concert of Europe* (London: Athlone Press, 1956)을 보라.

빌헬름 2세의 독일보다 먼저 철도 산업에 힘입어 영국의 제국 전략을 곤궁에 빠뜨린 나라는 다름 아닌 니콜라이 2세(Nikolai II)의 러시아였다.[110] 문제는 러시아의 서진이 아니라 동진에 있었다. 러시아의 서진은 비스마르크의 독일과 오스트리아의 도움으로 막을 수 있었지만 러시아의 동진을 저지할 나라는 영국의 식민지 인도밖에 없었다. 1855년 600마일에도 미치지 못했던 러시아의 전체 철도선은 크리미아 전쟁에서의 패배 이후 와신상담의 노력으로 1880년 1만 4,000마일로 늘어났다.[111] 특히 인도 방향으로 향한 중앙 아시아 횡단 철도 사업은 시작한 지 10년도 채 지나지 않은 1886년 마무리되었으며, 4년 뒤인 1890년 시작된 시베리아 횡단 철도 사업은 8년 만에 당시 영국이 새로운 시장으로 역점을 두고 관리하고 있었던 중국 북부 지역에 다다랐다. 러시아의 대륙 횡단 철도 부설로 지중해와 아라비아 반도를 통한 영국의 인도 전략 무역로뿐만 아니라 중국 시장이 위태로운 상황에 처했다(Great Game).[112] 프랑스 정치철학자 알렉시스 드 토크빌(Alexis de Tocqueville)의 오래된 예언이 드디어 현실로 나타나고 있었다.[113]

1904년 왕립지리학회(Royal Geographical Society)에서 발표된 옥스퍼드대 지리학 교수 핼퍼드 매킨더(Halford J. Mackinder)의 논문 "역사의 지리적 추축"은 1880년대 이래 러시아의 급속한 동진에 따른 영국의 제국 전략상의 인식 변화를 단적으로 보여주고 있다.[114]

110 C. J. Bartlett, *Defence and Diplomacy: Britain and the Great Powers, 1815-1914* (Manchester: Manchester University Press, 1993), pp. 76-93.

111 Wolmar, *Blood, Iron, and Gold*, pp. 154-186.

112 Peter Hopkirk, *The Great Game: The Struggle for Empire in Central Asia* (New York: Kodansha, 1990).

113 Alexis de Tocqueville, *Democracy in America*, 2 Vols. (New York: Vintage Books, 1990), I, p. 434. 1835년 처음 출판된 이 책에서 토크빌은 미국과 더불어 러시아를 향후 전 지구를 지배할 두 제국으로 꼽으며 마치고 있다.

114 Halford J. Mackinder, "The Geographical Pivot of History," *The Geographical*

러시아 철도는 서로는 비르발렌에서 동으로는 블라디보스토크에 이르는 6,000마일을 중단 없이 잇고 있다. 남아프리카의 영국군이 해상 국가의 힘을 보여주는 중요한 예라면 만주의 러시아군은 육로로 이동이 가능해진 대륙 국가의 힘을 보여주는 중요한 예이다. 시베리아 횡단 철도는 아직 단선으로 불안정한 것이 사실이지만 얼마 지나지 않아 아시아 전체가 [러시아의] 철도로 뒤덮이리라 본다.[115]

그동안 영국의 제국 팽창을 이끈 중추였던 영국 해군은 러시아의 전략 철도 앞에 무력해졌으며, 이에 영국의 제국 안보 전략의 수립에 있어 핵심 고민은 러시아의 팽창을 저지할 우방을 찾는 데 점차 쏠렸다.

1880년대 이래 영국 제국을 위협한 나라는 비단 러시아만이 아니었다. 프러시아에 대한 복수심으로 불타는 프랑스와 통일된 지 얼마 지나지 않은 이탈리아도 지중해 너머 미지의 대륙으로의 진출을 도모하고 있었다(Scramble for Africa).[116] 1888년 후일 외무장관과 총리를 역임할 자유당 의원 로즈베리(Archibald Primose, 5th Earl of Rosebery)의 다음과 같은 한탄은 당시 영국 제국이 처한 위태로운 상황을 여실히 드러내고 있다.

Journal, Vol. 23, No. 4 (1904), pp. 421-437. 논문이 발표될 당시 국제정치 상황에 대해서는 Briann W. Blouet, "The Imperial Vision of Halford Mackinder," *The Geographical Journal*, Vol. 170, No. 4 (2004), pp. 322-329; Kennedy, *Strategy and Diplomacy*, pp. 43-85를 참고하라.

115 Mackinder, "The Geographical Pivot of History," p. 434. 러시아의 위협에 대한 매킨더의 강조는 1919년 첫 출판된 *Democratic Ideals and Reality: A Study in the Politics of Reconstruction* (Washington, D.C.: National Defense University Press, 1996)에서도 이어진다.

116 아프리카 식민지 쟁탈전에 대한 고전적 정리로는 M. E. Chamberlain, *The Scramble for Africa*, 3rd ed. (London: Routledge, 2010)을 참고하라.

> 영국 외교정책은 점점 더 식민지정책이 되어가고 있다. 영국 외교정책은 이전과 달리 나날이 영국 식민지의 이익과 결부되고 있다. 이전까지 영국 외교정책은 주로 인도 정책이었다. 즉, 영국의 인도 제국에 가장 도움이 되는 방법이 무엇일까가 영국 외교정책의 주된 고려사항이었다.… 미국은 [뉴펀들랜드 지역] 어업과 관련되어 캐나다와 전혀 다른 이해관계를 가지고 있으며 … 이에 식민지정책은 외교정책이 되고 있다. 아프리카 역시 상황은 동일하다. 누구라도 현재 아프리카 지도를 보면 대륙 전체가 [유럽의] 열강에게 배분되어 있음을 쉽게 알 수 있다. 이는 곧 영국의 아프리카 정책이 독립적으로 이루어지는 것이 아님을, 다시 말해, 아프리카 대륙에서 영국은 서너 유럽 국가와 경계를 같이하는 한 열강이 되었다는 사실을 의미한다.… 나는 영국의 무역은 무력이 아니라 평화적인 방법으로 증대되어야 한다고 믿는다. 하지만 아시아에 있어서도 우리는 다른 곳에서와 동일한 식민지문제로부터 절대 자유롭지 못하다.[117]

상황은 1890년대로 접어들면서 한층 더 악화되었다. 우선 동맹 체제를 통해 유럽 대륙의 안정을 보장했던 비스마르크의 독일에 이어 등장한 빌헬름 2세의 독일은 복잡한 동맹에 의존한 성장이 아닌 독자적인 팽창을 통한 세계 제국으로의 부상을 대외정책의 우선 목표로 천명하고 추구했다(Weltpolitik). 1889년 해상 상업 제국으로의 도약을 꿈꾸며 독일 제국 해군성(Reichsmarineamt)을 설립한 빌헬름 2세는 8년 뒤 알프레드 폰 티르피츠(Alfred von Tirpitz)를 장관으로 임명하면서 영국 해군에 맞설 수 있는 대양 함대의 구축을 명했다. 물론 독일 해군이 대양에서 영국 해군을 물리칠 능력을 수년 내에 보유할 수는 없었다. 하

117 Rosebery, "Commerce and Empire (At Leeds, October 11, 1888)," *Lord Rosebery's Speeches (1874-1896)* (London: Neville Beeman, 1896), pp. 50-52.

지만 북해 지역에서 독일 해군의 성장은 1889년 프랑스와 러시아 해군을 염두에 두고 수립된 영국의 2국 표준주의(Two-power standard)를 근본에서부터 흔들었을 뿐만 아니라 영국 본토 침공의 공포를 자아내기에 충분했다.[118] 1898년 영국 정부는 독일의 해군 육성에 맞서 대대적인 해군 군비 확충으로 응대했다.[119] 설상가상으로 이듬해 발발한 제2차 보어 전쟁은 영국 군사 안보 전략을 송두리째 흔들어 놓았다. 전쟁은 3년 동안이나 지속되었으며, 영국의 승리는 막대한 인명과 재정을 소모한 후에야 얻을 수 있었다.[120]

1900년대 접어들면서 영국 정부는 고립무원의 상황에 처한 영국 제국을 방비할 유일한 방책은 비동맹주의의 탈피밖에 없음을 마지못해 인정하게 된다. 일례로, 1901년 해군성 장관 셀본(William Palmer, 2nd Earl of Selborne) 앞으로 올라온 한 전략 보고서는 "화려한 고립(Splendid Isolation) 정책은 더 이상 유지될 수 없으며 … 다른 측면에서 막대한 손해를 보더라도 영국은 이제 다른 나라와 협력을 해야만" 한다고 힘주어 조언하고 있다.[121] 몇 달 후 총리 벨포어(Arthur Balfour)는 동맹 전략과 동시에 육군과 해군의 전략 및 전술 차원에서의 면밀한 협력이 필요함을 인정하며 제국 방위 위원회(Committee of Imperial

118 Paul Kennedy, "The Development of German Naval Operations Plans against England, 1896-1914," *The English Historical Review*, Vol. 89, No. 350 (1974), pp. 48-76.

119 Paul Kennedy, *The Rise of the Anglo-German Antagonism, 1860-1914* (New York: Humanity Books, 1980), pp. 205-463.

120 영국 제국 전략의 변화에 있어 보어 전쟁의 중요성에 대해서는 Keith Wilson, "The Boer War in the Context of Britain's Imperial Problems," Keith Wilson (ed.), *The International Impact of the Boer War* (New York: Palgrave, 2001), pp. 158-167을 보라.

121 "Selborne Papers, 27, Kerr to Selborne, 9/2/01." Friedberg, *The Weary Titan*, p. 175에서 재인용. '화려한 고립'정책이 유럽 대륙의 세력균형을 전제로 하고 있다는 점에 대해서는 John Charmley, *Splendid Isolation? Britain, the Balance of Power and the Origins of the First World War* (London: Faber and Faber, 1999)를 참고하라.

Defence)를 창설했다.[122] 영국 해협을 통한 침공과 제국 변방에서의 만일의 사태에 보다 효과적으로 대응하려면 효율적인 군대와 든든한 우방이 무엇보다 필요했던 것이다.[123]

1890년 중반 이후 영국이 서반구 지역패권으로서 미국의 지위를 승인하는, 즉 "제국 유지를 위한 협조자"로 미국을 택하는 핵심적인 원인은 바로 이러한 급박한 국제정치 상황의 변화에서 찾을 수 있다. 영국의 대미국 인식의 변화는 근본적으로 인종적 유대 의식에 따른 선택이 아닌 아닌 전략적 고려에 따른 선택이었으며, 이는 당시 중남미와 북미 지역에서 영국이 처한 유사한 상황을 볼 때 명백히 입증된다.

1903년 1월 해군성이 제국 방위 위원회에 제출한 다음의 보고서는 미국과의 사이에서도 앞서 살펴본 고충과 동일한 고충에 영국이 빠져 있음을 여실히 보여주고 있다.

> [현재 유럽의 상황을 고려할 때] 영국이 미국의 함대를 대적할 정도의 수준으로 [대서양 건너편으로] 함대를 파견하기 위해 유럽에 배치된 함대를 축소한다는 것은 결코 가능하지 않다. 바꿔 말해, 영국이 미국과 전쟁을 하게 되면, 미해군은 대서양 서편과 카리브 해를 자신의 제해권 아래 둘 것이며, 그에 따라 캐나다 항구를 중심으로 구축되어 있는 영국의 해

122 John Gooch, *The Prospect of War: Studies in British Defence Policy, 1847-1942* (Abington: Frank Cass, 1981), pp. 1-34; John P. MacKintosh, "The Role of the Committee of Imperial Defence before 1914," *The English Historical Review*, Vol. 77, No. 304 (1962), pp. 490-503. 1902년 이전 영국의 육군과 해군은 전략과 전술 모든 차원에서 독립적으로 운영되었다.

123 독일의 군사적 부상, 그리고 식민지에서의 전쟁 이후 영국의 군사 전략 변화에 대해서는 John Gooch, *The Plans of War: The General Staff and British Military Strategy, c. 1900-1916* (New York: John Wiley & Sons, 1974); Peter Burroughs, "Defence and Imperial Disunity," Andrew Porter (ed.), *The Oxford History of the British Empire*, 4 Vols. (Oxford: Oxford University Press, 1999), Vol. 3, pp. 320-345를 보라.

군 기지와 해상 무역망에 대해 조직적인 공격을 가할 수 있게 될 것이다. 그럴 경우 영국은 캐나다에 증원군조차 보내지 못하게 될 것이 분명하다.[124]

남북 전쟁 당시만 해도 해군에 의한 대미 봉쇄를 자신했던 영국 정부는 이제 만약에 있을지도 모를 미국의 군사적 도발에 제대로 된 대응조차 할 수 없는 현실을 받아들일 수밖에 없었다.[125] 영국은 1895년 영국령 기니를 둘러싼 베네수엘라와의 분쟁에 있어 베네수엘라의 요청에 의한 미국의 중재를 마지못해 수용했다.[126] 또한 1898년 미국의 제2차 쿠바 독립전쟁 개입을 저지해달라는 스페인의 요청에도 불구하고 영국은 중립을 선언할 수밖에 없었다. 3년 뒤 1901년 미국의 파나마 운하 사업 참여도 영국 정부는 별다른 반대도 하지 않고 승인하였다.[127] 30여 년 만에 상황은 완전히 역전되어 있었다. 영국을 도와 미국이 서인도 제도 지역으로 진출하는 것을 막았던 스페인령 쿠바는 사라졌고, 미국의 중남미 진출을 막았던 클레이턴-불워 조약은 1901년 사문화되었다.[128] 영국 정부는 중남미 지역에 대한 미국의 영향력을 공식적으로

124 "Memo on the Standards of Defence for the Naval Bases of Halifax, Bermuda, Jamaica, and St. Lucia (January 5, 1903)," Friedberg, *The Weary Titan*, p. 187에서 재인용.

125 물론 이와 더불어 당시 대서양 양편에서 공히 유행처럼 번진 반전 평화 운동과 남미 지역과의 무역에 대한 미국 정부의 인정도 영국 정부의 대미국 유화정책에 지대한 영향을 주었다. 이에 대해서는 Nelson M. Blake, "The Olney-Pauncefote Treaty of 1897," *The American Historical Review*, Vol. 50, No. 2 (1945), pp. 228-243; D. C. M. Platt, *Finance, Trade, and Politics in British Foreign Policy, 1815-1914* (Oxford: Clarendon Press, 1968), pp. 308-352를 보라.

126 Perkins, *The Great Rapprochement*, pp. 186-208.

127 J. A. S. Grenville, "Great Britain and the Isthmian Canal, 1898-1901," *The American Historical Review*, Vol. 61, No. 1 (1955), pp. 48-69.

128 Mark B. Dunnell, "The Hay-Pauncefote Treaty," *The North American Review*, Vol. 171, No. 529 (1900), pp. 829-846.

인정하였으며, 이제 먼로 독트린의 집행자는 영국 해군이 아니라 미해군이었다.[129]

북미 지역에서도 상황은 동일했다. 1901년 영국의 최고의 평론지 중 하나였던 『포트나이트 리뷰』에 실린 다음의 논설은 남북 전쟁의 종식 이후 영국의 대미국 인식이 얼마나 유화적으로 변화했는지 잘 보여주고 있다.

> 운하문제가 해결된다면, 영국은 너무나 오랜 동안 지속된 캐나다 국경 분쟁에 대한 우호적이고 공평한 해결을 다시 한번 기대할 수 있을 것이다. 만약 캐나다 국경문제가 양국의 외교 논의에서 제거된다면, 양국 관계에서 갈등을 유발하는 마지막 요소가 제거될 것이고, 그에 따라 워싱턴과 런던의 외교관들은 앞으로 품위 있게 쉴 수 있을 것이 확실하다.[130]

2년 뒤인 1903년 영국 정부는 마침내 미육군에 의한 침공으로부터 북미 지역의 식민지를 방위할 수 없음을 치욕적이지만 공식적으로 인정한다.[131] 당시 전쟁청 회의에서 나온 다음의 발언은 서반구에서 미국의 패권을 완전히 인정하는 항복 선언에 다름 아니었다. "이 문제에 대해 더 면밀히 고민을 하면 할수록 미국과 전쟁을 할 경우 영국이 마주해야 할 어려움은 더 막대해지는 듯하다. 앞으로 영국 정부는 모든

129 Charles S. Campbell, *Anglo-American Understanding, 1898-1903* (Westport, CT: Greenwood Press, 1957), pp. 213-239; Lionel M. Gelber, *The Rise of Anglo-American Friendship: A Study in World Politics, 1898-1906* (London: Oxford University Press, 1938), pp. 109-315.

130 *The Fortnightly Review*, Vol. 76 (1901), p. 570. Perkins, *The Great Rapprochement*, p. 185에서 재인용.

131 Gelber, *The Rise of Anglo-American Friendship*, pp. 136-166; Campbell, *Anglo-American Understanding*, pp. 88-150, 301-318.

수단과 방법을 동원하여 미국과 전쟁을 피하는 정책을 추진해야만 할 것이다."[132]

정리하자면, 1898년 미서 전쟁 전후로 하여 영국은 별다른 예방적 조치도 취하지 않고 미국을 서반구 지역에서의 패권으로 인정하였다. 하지만 세력전이론의 설명에서처럼 미국이 영국의 제국적 이익에 반하는 어떠한 도전도 하지 않아서 혹은 앵글로-색슨의 유대 의식 때문에 영국이 미국을 우방으로 택한 것은 절대 아니었다. 영국이 "제국 유지를 위한 협조자"로 미국을 택한 주된 이유는 1880년대 중반 이후 러시아의 팽창과 1890년대 들어서면서 진행된 독일의 제국화에 따라 영국 제국이 사면에서 위협받고 있어서였다. 때마침 터진 보어 전쟁은 해군력에 전적으로 의존한 영국 제국이 교통혁명 이후 얼마나 취약해졌는지 확실히 알려주었다. 1815년 이래 유지되어온 '화려한 고립'정책은 '협상 외교'(Policy of Entente)에 의해 대체되었으며, 영국은 유럽에서 지리적으로 떨어진 두 신흥국 미국과 일본을 차례로 "제국 유지를 위한 협조자"로 택하였다.[133] 다시 말해, 영국의 먼로 독트린의 완전한 승인은 1902년 영-일 동맹의 연속선상에 있었다.[134] 1903년 서인도 제도 해상 방위에 대한 내각 회의에서의 발언을 빌려 요약하자면, 영국은 "모든 유럽 해상 열강의 중립이 확실히 보장되지 않는 한 미국과 전쟁을 하는 비상 사태는 모든 위험을 무릅쓰고라도 피해야만" 했다.[135]

132 "The Defence of Canada (February 24, 1905)." Gooch, *The Prospect of War*, p. 60에서 재인용.

133 Keith M. Wilson, *The Policy of the Entente: Essays on the Determinants of British Foreign Policy, 1904-1914* (Cambridge: Cambridge University Press, 2009), pp. 4-58.

134 R. G. Neale, *Britain and American Imperialism, 1898-1900* (Brisbane: University of Queensland Press, 1965), pp. 125-175.

135 "Memorandum on the Standards of Defence for the Naval Bases of Halifax,

(2) 미국 경제의 도전과 영국의 대응

1865년 이후 제2차 산업혁명의 전파로 인해 러시아와 독일, 미국과 일본이 순서대로 부상하면서 영국 상업 식민 제국의 숨통을 조여옴에 따라 영국 정부는 더욱 더 유화적인 대외정책으로 선회할 수밖에 없었다. 지역패권으로서 미국에 대한 영국의 인정은 미국과의 무력 분쟁에 따른 천문학적 비용과 이에 따른 혼란 속에서 위험에 처할 영국 본토와 식민지 방위문제에 대한 신중한 고려하에 이루어졌다. 그러나 이러한 안보 차원의 협력이 곧 다른 차원에서의 협력을 의미하지는 않았다. 남북 전쟁 이후 미국 철도 사업에 투자된 영국 자본의 막대한 수익과 엄청난 이민 행렬에도 불구하고 많은 영국인이 미국의 경제적 부상을 중대한 위협으로 인식했으며, 좀 더 확실한 대응 조치를 정부에 요구했다.[136]

1880년대 접어들면서 영국의 전통적인 자유무역주의는 미국과 독일의 보호무역주의의 도전 앞에 극심히 흔들렸다. 1851년에서 1875년 사이 영국의 무역 수지 적자는 연평균 대략 5,100만 파운드 정도의 수준에서 유지되었다.[137] 하지만 1876년에서 1900년 사이 영국의 무역 수지 적자는 연평균 1억 2,000만 파운드를 넘어섰으며, 1901년에서 제1차 세계대전 발발 직전 사이에는 1억 5,000만 파운드에 달했다. 특히

Bermuda, Jamaica, and St. Lucia (September 17, 1903)," CAB 38/3/67 (The National Archives).

136 영국 자본의 투자액과 영국 이민자 수에 대해서는 Adler, *British Investment in American Railways*, Appendix; Hatton and Williamson, *The Age of Mass Immigration*, Appendix에 실린 자료를 참고하라.

137 Brian R. Mitchell and Phyllis Deane, *Abstract of British Historical Studies* (Cambridge: Cambridge University Press, 1962); Maddison, *World Economy*. 이하 본문의 모든 통계 수치는 이 두 자료에 근거한다.

독일을 비롯한 유럽 경쟁국으로의 수출은 공산품 비중의 현저한 감소 추세에도 불구하고 석탄과 철강 수출로 전체 영국 수출의 20퍼센트 정도를 유지한 반면, 미국으로의 수출은 남북 전쟁 이후 급격히 줄어들었다. 1840년대 후반 영국 전체 수출의 약 18퍼센트를 차지했던 대미 수출은 1880년 미국 경제가 완전히 재건되면서 11퍼센트로 급락했으며, 1890년대 후반에는 7퍼센트를 기록하다 1900년대 후반에는 6퍼센트로 떨어졌다. 대신 남아프리카공화국, 오스트레일리아, 뉴질랜드와 같은 신생 식민지로의 수출 비율이 1840년대 후반 18퍼센트에서 1900년대 후반 28퍼센트로 증가했다. 반대로 미국으로부터의 수입은 1870년 49만 8,000파운드에서, 1880년에는 107만 1,000파운드로, 다시 10년 뒤인 1890년에는 140만 파운드로 급속히 증가했다. 이에 더해 19세기 전반 농산물 중심이었던 미국의 대영 수출은 빠른 속도로 공산품 중심으로 바뀌고 있었다. 1870년에서 1913년 영국의 연평균 성장률은 채 2퍼센트에 미치지 못했던 반면, 미국의 연평균 성장률은 4퍼센트에 달했다. 때마침 재정된 생산지 표시법(Merchandise Marks Act of 1887)은 점점 더 수입에 의존하고 있는 자국의 치욕적인 현실을 영국민 모두 인지하도록 만들었다.[138]

영국 내 대응은, 그럼에도 불구하고 자유무역을 고수해야 한다는 측과 식민지와의 협력을 통해 미국의 보호무역에 적극 대응해야 한다는 측으로 나뉘었다. '소영국주의'(Little England)라 불리는 전자의 대표적 인물은 후일 재무장관과 총리를 역임한 자유당 당수 글래드스턴이었으며, 이들은 자유무역의 원칙에 따라 미국 산업의 도전을 순순히

138 Howard Payne, *The Merchandise Marks Act of 1887* (London: Stevenson & Sons, 1888).

받아들여야 한다고 보았다.[139] 1880년대 소영국주의 그룹의 대미국 인식을 대표하는 "바다 너머 친척"이란 유명한 논문에서 글래드스턴은 1860년 자신이 이끌어낸 프랑스와의 자유무역 조약(Cobden-Chevalier Treaty)의 연장선상에서 미국 산업의 부상에 따른 영국 산업의 쇠퇴는 받아들여야만 하는 역사적 변화라 주장하였다.[140]

> 이 주제에 대해 나는 단지 조만간 영국의 상업패권을 넘겨받을 능력을 지닌, 아니 아마도 넘겨받을 국가는 미국밖에 없다고 말하고자 한다. 그러한 전망에 대해 나는 불평하고 싶지도 않고, 또 그럴 자격도 없다. 만약 미국이 상업패권을 쟁취한다면, 그것은 강자의 권리에 따른 것이다. 다시 말해, 가장 뛰어나기에 획득하는 것이다. 미국은 가장 능력이 있기에 아마도 현재 영국처럼 세계라는 거대한 가정의 집사, 모든 고용인의 고용자가 될 것이다. 영국의 부상에 대해 베니스와 제노바 혹은 네덜란드가 그러했듯이 영국은 미국의 부상을 저지할 자격이 없다. 애석하게도 현재 영국은 이를 무시하고 있지만, 영국에 주어진 가장 큰 임무 중 하나는 현재 맡고 있는 공적 부담을 감당할 수 없을 정도로 능력이 저하되었을 때를 대비하여 확실하고 굳건히 영국의 공적 부담을 줄여나갈 채비를 하는 것

139 '소영국주의'에 대한 간략한 정리로는 Gregory Bresiger, "Laissez Faire and Little Englanderism: The Rise, Fall, Rise, and Fall of the Manchester School," *Journal of Libertarian Studies*, Vol. 13, No. 1 (1997), pp. 45-79. 더 자세한 설명으로는 Howe, *Free Trade and Liberal England*, pp. 111-190을, '소영국주의'와 '대영국주의'에 대한 고전적인 비판으로는 John S. Galbraith, "Myths of the 'Little England' Era," *The American Historical Review*, Vol. 67, No. 1 (1961), pp. 34-48을 보라.

140 코브던-슈발리에 상업 조약에 있어 글래드스턴의 역할에 대해서는 A. A. Iliasu, "The Cobden-Chevalier Commercial Treaty of 1860," *The Historical Journal*, Vol. 14, No. 1 (1971), pp. 67-98을, 이 글의 배경에 대해서는 Murney Gerlach, *British Liberalism and the United States: Political and Social Thought in the Late Victorian Age* (New York: Palgrave, 2001), pp. 48-57을 보라.

이다.[141]

반면 '대영국주의'(Greater Britain)를 주창한 후자는 글래드스턴의 이러한 패배주의적인 상황 인식을 절대 받아들일 수 없다고 외쳤다.[142] 예를 들어, 로즈베리는 1894년 "작은 영국, 위축된 영국, 추락한 영국, 중립적인 영국, 순종적인 영국을 주장하는 정당은 사라져야만 한다"고 연설했다.[143] 자유무역주의를 고수하는 글래드스턴의 정부에 대항해 대영국주의자들은 우선 1881년 국민 공정 무역 연맹(National Fair Trade League)을 창설하여 수입 공산품에 대한 관세 부과를 요구하는 정치적 운동을 의회 안팎에서 벌여나갔다.

3년 뒤인 1884년에는 후일 총리직에 오를 로즈베리와 아일랜드 차관직을 역임한 윌리엄 포스터(William E. Foster) 등의 주도하에 제국 연방 연맹(Imperial Federation League)이 창설되었다.[144] 미국의 도전에 맞서려면 식민지와의 평등하고도 적극적인 협력이 무엇보다 필요하다고 본 로즈베리와 포스터는 '연방'(Commonwealth of Nations)의 구축을 목표로 삼았다.[145] 즉, 캐나다와 오스트레일리아를 위시한 영국의 주

141 William E. Gladstone, "Kin beyond Sea," *North American Review*, No. 264 (September/October 1878), p. 180.

142 Duncan Bell, *The Idea of Greater Britain: Empire and the Future of World Order, 1860-1900* (Princeton: Princeton University Press, 2007), pp. 231-259.

143 Rosebery, "Foreign Policy and the Little Englanders (Speeches at the Cutlers' Feast, Sheffield, October 25, 1894)," *Lord Rosebery's Speeches*, p. 265.

144 Michael Davis Burgess, *Imperial Federation Movement in Britain, 1869-1893* (Unpublished Ph.D. Dissertation, Leicester University, 1976). 특히 이 조직의 설립과 운영에 있어 로즈베리의 역할에 대해서는 Michael Davis Burgess, "Lord Rosebery and the Imperial Federation League, 1884-1893," *Newzealand Journal of History*, Vol. 13, No. 2 (1979), pp. 165-181을 보라.

145 당시 제국과 연방의 용어법에 대한 자세한 설명으로는 Andrew S. Thompson, "The Language of Imperialism and the Meanings of Empire: Imperial Discourse in British Politics, 1895-1914," *Journal of British Studies*, Vol. 36, No. 2 (1997), pp. 147-177

요 식민지와 영국을 관세 장벽으로 묶어 미국의 보호무역주의에 공세적으로 대응해야만 영국의 제국적 지위를 보존할 수 있다고 그들은 확신했다.[146] 모임의 세몰이는 만만치 않았다.[147] 자유당과 보수당 정치인들뿐만 아니라 당대 저명한 지식인들도 제국 연방 연맹의 취지에 적극 동조했다.[148] 1901년 1월 로즈베리의 다음 연설은 제국 연방 연맹의 미국 산업의 부상에 대한 근심에 찬 인식을 단적으로 보여준다.

> 영국에 맞선 무역전쟁이 대규모로 치러지고 있으며, 영국이 두려워하는 주요 경쟁국은 미국과 독일입니다. 특히 미국이야말로 가장 가공할만한 적수입니다. 미국인들은 도저히 가늠할 수 없을 정도로 엄청난 자원과 냉철한 사업가적 기질을 지니고 있을 뿐만 아니라 인구 역시 20년 내로 1억 명을 넘어설 것이 확실합니다. 또한 미국인들은 영국에 맞선 무역전쟁을 하기 위해 축적된 부를 대규모 기업이나 신탁에 투자하고 있습니다.[149]

을 보라. 특히 로즈베리는 이전의 약탈적인 식민지 제국과 자신의 제국 연방을 구분짓고자 제국적 자유주의(Liberal Imperialism)를 조직의 핵심 노선으로 공표했다. Peter D. Jacobson, "Rosebery and Liberal Imperialism, 1899-1903," *Journal of British Studies*, Vol. 13, No. 1 (1973), pp. 83-107.

146 Georgios Varouxakis, "'Great' versus 'Small' Nations: Size and National Greatness in Victorian Political Thought," *Victorian Visions of Global Order: Empire and International Relations in Nineteenth-Century Political Thought*, Duncan Bell (ed.) (Cambridge: Cambridge University Press, 2007), pp. 136-158.

147 Bell, *The Idea of Greater Britain*, pp. 31-119.

148 예를 들어, John Robert Seeley, *The Expansion of England: Two Courses of Lectures* (London: Macmillan, 1884); James Anthony Froude, *Oceana or England and Her Colonies* (London: Longmans, Green, and Company, 1886); James Anthony Froude and John Robert Seeley (ed.), *England and Her Colonies: The Five Best Essays on Imperial Federation* (London: Swan Sonnenschen, Lowrey, and Company, 1887); Charles Wentworth Dilke, *The Present Position of European Politics* (New York: Harper & Brothers, 1887)를 보라.

149 울버햄프턴 무역 회관에서 행한 로즈베리의 연설이 다음 날 미국의 주요 신문에 그대로 실렸다는 사실은 제국 연방 연맹의 위력을 잘 보여주는 예이다. *New York Times* (January 17, 1901); *Chicago Tribune* (January 17, 1901).

1895년 식민지상에 오르는 조셉 체임벌린(Joseph Chamberlain) 또한 제국 연방 연맹의 취지에 전적으로 동의했다. 체임벌린은 심지어 8년 뒤 영국의 전통적인 자유무역주의를 철폐하고자 일어난 관세 개혁 운동(Tariff Reform Movement)에도 적극 동조했다.[150] 1903년 10월 "보복"이란 제목으로 행한 연설에서 체임벌린은 코브던의 자유무역주의의 이상에 빠져 변화된 상황을 직시하지 못하고 있는 글래드스턴 일파를 두려움에 떠는 "소영국주의 겁쟁이"라 비꼰 뒤 미국의 도전에 맞설 유일한 방안으로 "제국 연맹"(Imperial Union)을 다시 한번 주창했다.[151]

> 나는 미국 노동자들의 행복과 성공, 그리고 번영을 위해 영국의 노동자들이 가난과 불행, 그리고 고통을 겪는 것을 보고 있을 만큼 세계주의자가 분명 아닙니다.… 많은 이들이 사실이라 인정하고 있는 미합중국의 번영의 핵심 요인 중 하나는 미합중국이 7,000만 명이 넘는 인구를 지닌 거대한 제국이라는 점입니다. 이 정도의 인구면 바깥 세상의 도움이 전혀 없어도 막대한 부가 확보됩니다. 네, 하지만 영국 제국은 미합중국보다 훨씬 더 거대합니다. 우리에게는, 물론 이들 모두가 순수한 백인은 아니지만, 미국의 7,000만에 맞설 5,000만 백인 인구가 있습니다. 사실 미국도 모두 순수한 백인이 아닙니다. 하지만 우리는 이에 더해 3억 5,000만 명, 아니 그보다 더 많은 사람들을 우리의 관할하에, 우리의 문명하에 두고 있습니다. 그들은 우리의 지배를 원하며, 우리의 도움을 감사히 생각하고 있을 뿐만 아니라 무엇보다 우리의 잠재적인, 아니 실재적인 소비자들이

150 Sydney H. Zebel, "Joseph Chamberlain and the Genesis of Tariff Reform," *Journal of British Studies*, Vol. 7, No. 1 (1967), pp. 131-157.

151 Joseph Chamberlain, "Retaliation (Delivered at the Town Hall, Greenock, October 7, 1903)," *Imperial Union and Tariff Reform: Speeches Delievered from May 15 to November 4, 1903* (London: Grant Richards, 1903), p. 60.

기도 합니다.[152]

대영국주의 그룹의 여론 몰이에도 불구하고 자유무역에 대한 영국민의 오랜 신념은 흔들리지 않았다. 대표적으로 로즈베리의 앞선 연설에 자극받아 집필한 『미국의 침공: 계획, 전략, 그리고 진행』이란 역설적인 제목의 저서에서 프레드릭 매켄지(Frederick A. McKenzie)는 제국 연방 연맹이 제안한 '연방'이 얼마나 현실과 동떨어진 주장인지 밝히고 있다.[153]

> 미국에 대해 경제적 보복 조치를 취하고, 미국의 보호무역에 대해 보호무역으로 맞서야 한다는 일부의 주장은 한 가지 사실만 보더라도 설득력이 떨어진다. 영국의 산업은 미국 없이 돌아갈 수 없으며, 미국의 산업도 영국이 없다면 큰 손해를 면치 못한다. 영국은 바깥 세상에 의존하고 있다. 미국은 바깥 세상과 교류하지 않아도 자신의 영토 내에서 충분히 먹고 살 수 있다. 물론 영국 제국도 미국처럼 혼자 생존할 수 있다. 그러나 앞으로 상황이 어떻게 변할지 모르겠지만 지금으로서 영국은 미국에 대항하여 영국 제국을 단결(united British Empire)시킬 수 있는 위치에 있지 못하다. 만약 그럴 수 있다고 해도 이를 통해 모두가 이익을 볼 수 있다고 설득하기 위해서는 훨씬 더 많은 증거가 필요하다. 미국 기업들에 의한 영국 기업들의 매입은 분명 영국의 위신의 실추를 의미한다. 하지만 많은 경우 미국 기업들은 영국에 자리 잡고 있으며, 영국 기업이 되어가고 있다.[154]

152 *Ibid.*, pp. 55-56, 61-62.
153 F. A. McKenzie, *The American Invaders* (London: Grant Richards, 1902), p. vii.
154 *Ibid.*, p. 243.

다시 말해, 미국의 보호무역주의에 대한 보복 조치 요구는 빅토리아 시대 자유무역에 대한 공고한 확신에 의해 저지되었다.[155] 대영국주의의 선두에 섰던 로즈베리와 체임벌린은 식민지와 관세 장벽을 구축함으로써 1880년대 들어 폭증하고 있는 대미 무역 적자를 되돌리고자 했다. 반면 소영국주의자 글래드스턴은 자유무역 전통을 고수하며 미국의 부상을 저항할 수 없는, 따라서 적응해야만 하는 역사적 변화라 보았다.

하지만 영국이 미국의 산업 도전에 관세 장벽을 포함한 어떠한 적극적인 대응을 하지 않은 보다 더 근본적인 이유는 영국의 외교정책을 오랫동안 좌지우지해온 런던의 금융 권력에 있었다.[156] 간단히 말해, 무역 수지 적자는 자본 수지 흑자에 의해 충분히 메울 수 있었던 것이다.

제국 연방 연맹의 주장대로 남북 전쟁 종식 이후 영국의 산업은 분명 미국의 산업의 빠른 성장 앞에 빛을 잃고 있었다. 하지만 영국의 금융은 달랐다. 앞서 언급했듯이, 영국 자본은 미국 철도 사업에서 막대한 수익을 올리고 있었다. 이뿐만이 아니었다. 그로부터 10여 년 뒤 미국의 총산업 생산량이 영국의 총산업 생산량을 추월할 무렵 런던은

155 A. J. P. Taylor, *The Trouble Makers: Dissent over Foreign Policy, 1792-1939: The Ford Lectures Delivered in the University of Oxford in Hilary Term 1956* (London: Faber and Faber, 1957), pp. 67-94.

156 영국 대외정책의 수립에 있어 금융 이익에 대한 고려의 역사적 요인에 대해서는 P. J. Cain and A. G. Hopkins, *British Imperialism: Innovation and Expansion*, Vol. 1 (London and New York: Longman, 1993); *British Imperialism: Crisis and Deconstruction*, Vol. 2 (London and New York: Longman, 1993)를 보라. 이 두 책의 골자는 P. J. Cain and A. G. Hopkins, "Gentlemanly Capitalism and British Expansion Overseas I. The Old Colonial System," *The Economic History Review*, New Series, Vol. 39, No. 4 (1986), pp. 501-525; "Gentlemanly Capitalism and British Expansion Overseas II. New Imperialism, 1850-1945," *Ibid.*, New Series, Vol. 40, No. 1 (1987), pp. 1-26에서 파악할 수 있다. 이들의 주장을 둘러싼 논쟁은 Raymond E. Dumett (ed.), *Gentlemanly Capitalism and British Imperialism: The New Debate on Empire* (London and New York: Longman, 1999)를 참고하라.

명실공히 국제금융의 중심지로 등극하고 있었다. 보불 전쟁에서 승리한 프러시아는 프랑스의 보복을 예방하고 영국의 지원을 받고자 복본위제(bimetallic standard)를 버리고 금본위제(gold standard)로 돌아섰으며, 미국 또한 통화법(Coinage Act)으로 은화를 버리고 금화만을 본위 화폐로 인정했다.[157] 이로써 런던의 금시장은 국제금융의 중심지로, 파운드화는 국제통화로 완전히 승인받았다. 영국의 힘은 런던에서 나왔으며, 런던의 힘은 금융에서 나왔다.[158]

물론 체임벌린을 비롯한 자국 산업 보호를 주장한 대영국주의 그룹에서는 금융과 서비스를 중심으로 한 이러한 전환을 영국 제국의 쇠퇴의 징조로 파악했다. 1904년 12월 한 연설에서 체임벌린은 당시 영국이 처한 위급한 상황을 이전 네덜란드의 몰락과의 비교를 통해 다시 한번 알리고자 시도했다.

> 한때 영국은 위대한 제조업 국가였습니다. 하지만 이제 영국인들은 점점 더 금융과 주식, 그리고 서비스업이나 이와 유사한 직종에 종사하고 있습니다. 이로 인해 더 많은 부가 축적되고 있습니다. 이는 더 많은 돈의 유입을 의미할 수도 있지만 더 적은 노동력을 의미하기도 합니다. 이는 더 많은 부를 의미할 수도 있지만 더 적은 복지를 의미하기도 합니다. 나는 이의 직접적인 효과를 떠나 이러한 상황이 영국의 가장 좋은 모든 것, 지금의 영국을 이룩한 모든 것, 영국의 세계 지배와 높은 지위를 가져다준 모든 것이 무너지는 것을 의미하는 것이 아닌지 곰곰이 따져봐야 한다고 생각합니다. 나는 영국이 이 모든 것을 잃고 이전보다 훨씬 부유하지만

157 Samuel Knafo, *The Making of Modern Finance: Liberal Governance and the Gold Standard* (London: Routledge, 2013), pp. 150-175.

158 Youssef Casis, *Capitals of Capital: The Rise and Fall of International Financial Centres, 1780-2005* (Cambridge: Cambridge University Press, 2010), pp. 74-142.

국제정치에서 하찮은 존재가 된 네덜란드처럼 되는 것이 진정 바람직한 것인지 곰곰이 따져봐야 한다고 생각합니다.[159]

하지만 케인(P. J. Cain)과 홉킨스(A. G. Hopkins)의 지적처럼, 영국 제국의 중심지 런던을 장악한 금융 권력과 영국 외무성의 협력은 공고했다.[160] 체임벌린을 비롯한 영국 중부 산업 지대의 목소리는 국익의 지리적 상징으로서 런던을 대변한 이들의 권력체(Establishment) 앞에서 힘을 잃었다.[161] 당시 상무부 장관이었던 윈스턴 처칠(Winston S. Churchill)은 체임벌린의 호소에 "해외 투자와 그에 따른 수입은 영국 산업에 매우 중요한 촉진제이다. 영국의 해외 투자와 그에 따른 수입은 … 평화적 발전과 전쟁을 대비할 수 있는 막대한 자원을 제공한다"고 응답했다.[162] 처칠의 반박대로 해운을 포함한 서비스업의 수익은 1850년대와 1860년대 6,000만 파운드에서 1900년대 1억 4,000만 파운드로 두 배 이상 증가했다. 또한 같은 시기 영국의 해외 투자 수익은 2,600만 파운드에서 1억 5,000만 파운드로 여섯 배나 늘어났다. 남북전쟁 이후 영국의 무역 적자는 세 배 이상 늘었지만 전체 국제 수지는 3,400만 파운드 흑자에서 1억 파운드나 더 늘어난 까닭은 바로 막대한 자본 수지 흑자에 있었다.[163] 일례로, 1909년 상원 의원 네이선 로스차

159 Joseph Chamberlain, "Tariff Reform and Unemployment (Limehouse, December 15, 1904)," *Mr. Chamberlain's Speeches*, Charles W. Boyd (ed.), 2 Vols. (London: Constable and Company, 1914), Vol. 2, pp. 267-268.

160 Cain and Hopkins, *British Imperialism*, Vol. 1, pp. 214-221.

161 런던 금융가와 영국 애국주의의 관계에 대해서는 Brad Beaven, *Visions of Empire: Patriotism, Popular Culture and the City, 1870-1939* (Manchester: Manchester University Press, 2012)을 보라.

162 Winston S. Churchill, *The People's Rights*, Jonathan Cape (ed.) (New York: Taplinger, 1970), p. 110.

163 Cain and Hopkins, *British Imperialism*, Vol. 1, p. 170.

일드(Nathan Rothschild, 1st Baron Rothschild)는 이에 확신에 차 "런던의 금융이 없다면 영국은 존재하지도 않으리라"고 단언했다.[164]

영국의 산업은 급속히 쇠퇴하고 있었지만 오랫동안 영국 제국의 중추였던 금융부문은 더없이 흥하고 있는 이러한 모순적인 상황을 고려한다면, 미국으로의 패권 이전에 대한 우려는 아직 이르다고 판단할 충분한 이유를 찾을 수 있다. 미국은 "제국 유지를 위한 협조자"이지 아직 영국을 대체할 전 지구적 패권국은 아니라는 판단이 충분히 우세할 수 있는 상황이었다. 그러나 독일이 벌인 두 차례의 도전전쟁 이후 패권국의 힘의 원천이라 할 수 있는 국제금융과 국제통화의 중심지는 런던이 아니라 뉴욕이었다.[165]

6. 역사의 반복?

이 장에서는 20세기 초 영국에서 미국으로의 패권전이를 고찰함으로써 향후 미국에서 중국으로의 패권전이가 만약 이루어진다면, 구체적으로 어떠한 조건하에서 평화적으로 이루어질 수 있는지에 대한 역사적 교훈을 도출하고자 했다. 이제 상식으로 받아들여지고 있는 세력전이론의 분석에 따르면 영국에서 미국으로의 패권 이전은 지극히 예외적이어서 되풀이될 수 없다. 패권국과 부상국의 국력 대등성(power

164 *Ibid.*, p. 150에서 재인용.

165 사실 런던에서 뉴욕으로 금융 중심지의 이전은 보어 전쟁 때부터 이루어졌다. 그 징조는 이미 양차 대전 이전부터 보였다. 당시 영국 재무부는 전쟁부채를 해소하고자 미국으로부터 3,000만 파운드를 빌렸다. Kathleen Burk, "War and Anglo-American Financial Relations in the Twentieth Century," *Anglo-American Attitudes: From Revolution to Partnership*, Fred M. Leventhal and Ronald Quinault (eds.) (Aldershot: Ashgate, 2000), pp. 245-246.

parity)에 따른 갈등의 첨예화와 폭력적인 국제질서의 변동의 관점에서 볼 때, 영국에서 미국으로의 평화적인 패권 이전은 설명 불가한 현상이었다. 이에 오르간스키와 이후 그의 세력전이론에 입각한 연구는 이의 주된 요인으로 영국의 안보를 위협하지 않는 범위 내에서 이루어진 미국의 조용한 부상과 이로 인한 영국의 뒤늦은 위협 인지, 그리고 양국의 공통된 언어, 문화 및 역사를 별도로 제시하였다.

현재 미-중 관계는 이 모든 점에서 영-미 관계와 분명 큰 차이를 보인다. 2000년대 이후 중국은 의심할 여지없이 대단히 위협적으로 부상하고 있으며, 미국은 이에 따른 국제질서의 변화 조짐을 예의 주시하며 대응책 마련에 고심하고 있다. 또한 인권문제를 포함한 국제규범의 차원에서 벌어진 양국 사이의 오랜 갈등을 볼 때 미국과 중국은 헌팅턴(S. Huntington)이 논한 상이한 문명으로서 비극적인 운명의 굴레(Clash of Civilizations)에 처해 있는 듯 보인다.[166] 따라서 미-중 관계의 적절한 비교 대상은 세력전이론에서 예외적 경우로 간주하는 영-미 관계가 아니라 세력전이론의 전형적 예시인 영-독 관계라 일반적으로 상정되고 있다.

이 장에서는 우선 세력전이론의 영-미 패권 이전에 대한 분석이 역사적 사실과 일치하지 않음을 19세기 영국의 대미국 인식 변화를 중심으로 살펴봄으로써 밝히고자 했다. 무엇보다 앵글로-색슨 유대 의식은 영국과 미국 사이 전쟁 방지에 주요한 요인으로 작동하지 않았다. 또한 영국은 미국의 독립 이래 줄곧 미국의 성장을 자국의 제국 안보에 대한 중대한 위협으로 인식하였다. 19세기 양국 관계는 대규모

166 Samuel P. Huntington, "The Clash of Civilizations," *Foreign Affairs*, Vol. 72, No. 3 (1993), pp. 22-49; *The Clash of Civilizations and the Remaking of World Order* (New York: Touchstone, 1997). 미-중 간의 규범 갈등에 대해서는 이 책의 4장, "미-중 간 국제규범의 상호인식과 세력전이"를 보라.

전쟁은 없었지만 다양한 층위의 갈등으로 점철되어 있었다.

영국이 미국의 부상에 맞서 확실하고 효과적인 예방 조치를 취하지 못했던 까닭은 무엇보다 극도로 불리한 지정학적 위치 때문이었다. 독립 이후 미국의 지리적 팽창은 영국의 최대 식민지인 캐나다와 나폴레옹 전쟁 이래 독점하고 있었던 중남미 무역의 거점인 서인도 제도를 직접적으로 위협했다. 19세기 전반 철도에 의한 교통혁명이 일어나기 이전 영국은 막강한 해군력으로 미국을 직간접적으로 압박할 수 있었다.[167] 해상 봉쇄를 통한 유럽과의 무역 통제와 뉴욕을 비롯한 대서양 연안 주요 항구 도시에 대한 군사적 위협으로 영국은 어느 정도 효과적으로 미국을 제어할 수 있었다. 하지만 미국의 서부 개척이 가속화된 19세기 중반 이후 캐나다의 방비는 불가능에 가까워졌다. 미국과 캐나다의 국경은 자연 국경(natural border)이 아니었으며, 특히 영국 해군이 진입할 수 없는 오대호 서편 캐나다는 미국의 민병대의 기습 공격에 완전히 노출되어 있었다.[168] 국경 지대 요새 건설은 천문학적인 비용이 필요하여 매우 간헐적으로 진행될 수밖에 없었다.

1861년 발발한 남북 전쟁은 미국의 급속한 팽창으로 골머리를 앓고 있었던 영국 정부에게 절호의 기회였다. 만약 남부가 독립되어 영국의 동맹국이 된다면 미국의 맹렬한 추격을 이끌고 있었던 북부를 저비용으로 확실히 견제할 수 있으리라 판단되었다. 하지만 전쟁 중반

167 1823년 영국의 먼로 독트린 승인은 자국의 해군력에 대한 자신감을 배경으로 한 것이었다. 캐나다와 달리 서인도 제도는 19세기 후반까지 영국 해군에 의해 확실히 방비될 수 있었다.

168 미서 전쟁 이전 미국은 강력한 중앙 행정부의 부재로 인해 공세적인 대외정책을 추진할 수 없었다는 자카리아의 분석은 캐나다와 관련해서 볼 때 잘못되었다. Zakaria, *From Wealth to Power*, pp. 10-12, 44-89, 181-192. 중앙정부의 자원 동원 능력은 오르간스키의 세력전이론에서도 국력 지수 파악에 있어 주요 고려 대상이다. Organski, *World Politics*, pp. 170-183. 이는 오늘날 중국이 미서 전쟁 이전 미국보다 양차 대전 당시 독일과 더 유사한 또 다른 이유 중 하나이다.

이후 북부군의 연이은 승리와 노예제문제에 대한 비판적인 국내 여론으로 말미암아 북미 지역에 세력균형 체제를 구축하고자 했던 파머스턴의 야심찬 계획은 좌절되었다. 이후 영국은 캐나다 국경문제를 위시한 북미 지역 주요 문제에 있어 매번 미국에 양보할 수밖에 없었다. 사실 북미 지역의 지정학적 상황은 1867년 미국의 알래스카 매입으로 완전히 역전되었다.

이에 더해 1853년 발발하여 3년 동안 지속된 크리미아 전쟁은 나폴레옹 전쟁의 폐허 속에서 구축된 영국과 러시아 두 패권의 협력 체제 붕괴를 초래했다.[169] 1815년 이래 40여 년 동안 유럽 대륙의 평화를 보장하며 영국으로 하여금 해외 식민지 팽창에 주력할 수 있도록 해주었던 유럽 협조 체제는 급속히 와해되고 있었다.[170] 영국은 섬나라였지만 유럽 대륙의 일부였으며, 영국의 안보는 미국과는 달리 근본적으로 대륙 정치에 의해 좌우되었다. 설상가상으로 대서양 건너편에서와 동일한 시기, 동일한 열정과 속도로 진행된 러시아의 교통혁명은 영국의 제국 체제를 전방위적으로 위협했다. 영국 식민 자원의 보고인 인도, 지중해와 인도양을 연결해주는 수에즈 운하, 1839년과 1856년 두 차례의 아편 전쟁으로 완전히 열린 중국 시장, 이 모두 러시아의 손아귀에 떨어질 듯 보였다.

19세기 중반 북미와 유럽, 중동과 중국의 상황을 고려할 때, 영국

169 크리미아 전쟁의 원인과 결과에 대한 전통적인 해석은 Norman Rich, *Why the Crimean War? A Cautionaray Tale* (New York: Brown, 1991)을 참조하라. 특히 영국과 관련해서는 Andrew D. Lambert, *The Crimean War: British Grand Strategy against Russia, 1853-1856* (Manchester: Manchester University Press, 1990)를 보라.

170 나폴레옹 전쟁 이후 영국의 제국 팽창에 있어 평화적인 유럽 대륙 질서의 중요성에 대해서는 Paul Schroeder, *Austria, Great Britain, and the Crimean War: The Destruction of the European Concert* (Ithaca: Cornell University Press, 1972), pp. 392-428을 보라.

이 1865년 파머스턴의 죽음을 전환점으로 하여 이전의 전쟁도 불사하는 일방주의에서 점차 평화적인 타협을 중시하는 유화정책으로 선회했다는 사실은 별로 놀랍지 않다. 남북 전쟁 종식 이후 미국의 회복과 부상에 대해 영국이 소극적인 대응밖에 하지 않은 핵심적인 이유는 영국 내 반전 여론과 자유무역 신념과 더불어 영국 제국 전체의 방위 부담의 급증 때문이었다. 1890년대에 접어들면서 상황은 더욱 악화되었다. 비스마르크 사후 독일의 제국화는 영국의 앞바다인 북해와 영국해협을 위협했으며, 제2차 보어 전쟁은 식민지에서의 무력 분쟁이 초래할 막대한 비용과 희생을 확실히 보여주었다. 1900년대 초 마침내 영국은 '화려한 고립'정책을 버리고 '협상 외교'로 공식적으로 전환하며, 자국의 "제국 유지를 위한 협조자"를 찾아나섰다.

지정전략적으로 볼 때, 영국의 최우선 협력 대상은 미국과 일본이었다. 우선 중국 시장에 대한 러시아의 야욕을 저지하고자 영국은 1902년 영-일 동맹을 맺었다. 일본은 동아시아 지역패권으로서 영국 "제국 유지를 위한 협조자"로 승인받았다. 2년 뒤 1904년 발생한 러일 전쟁에서 일본의 승리는 영국의 선택이 옳았음을 보여주었다. 동시에 영국은 북미 지역에 이어 중남미 지역에 있어서도 미국의 패권을 인정하였다. 1898년 미서 전쟁은 영국 해군이 아닌 미국 해군에 의한 먼로 독트린의 집행을 알렸으며, 영국은 이를 저지할 어떠한 군사적·재정적 여유도 없었다. 미국이 북미와 서인도 제도의 영국 식민지의 안전을 보장하고, 영국의 중남미 무역을 방해하지 않는다면, 영국은 미국의 중국 진출(Open Door)도 적극적으로 도울 의향이 있었다.[171]

물론 1890년대 후반 영국 정부의 미국의 지역패권 인정은 미국의

171 Bruce A. Elleman, *International Competition in China, 1899-1991: The Rise, Fall, and Restoration of the Open Door Policy* (New York: Routledge, 2015), pp. 5-86.

산업적 도전에 대한 영국 산업 세력의 반발을 잠재우지는 못했다. 특히 미국의 보호무역주의에 적극적으로 응대해야 한다는 주장은 많은 호응을 사는 듯했다. 하지만 미국을 비롯한 식민지에서 들어오는 막대한 투자 이익은 자유무역 전통을 고수한 영국의 외무성과 오랜 동안 공조해온 런던의 자본 세력의 주장이 옳음을 입증했다. 런던이 국제금융과 통화의 중심지인 한 전 지구적 패권은 궁극적으로 영국의 손에 있었다. 당연히 영국은 자신의 전 지구적 패권의 중추이자 마지막 보루로 확고히 믿었던 국제금융과 통화 권력을 순순히 이양할 의도를 지니고 있지 않았다. 양국 사이 평화적 패권전이는 10여 년 뒤 연이어 터진 양차 대전과 대공황의 여파 속에서 영국이 자신의 생존을 위해, 또 자신이 속한 유럽의 안전을 위해 마지못해 이를 미국에 양도하며 마무리된다.[172] 이는 영국이 의도한 바도 예견한 바도 아니었다.

정리하자면, 세력전이론의 분석과 반대로, 패권국 영국은 부상국 미국에 대해 줄곧 선제적 조치를 취하고자 했으나 절대적으로 불리한 지정학적 구도로 인해 전면적인 예방전쟁을 고려 대상에서 제외할 수밖에 없었다. 북미와 서인도 제도의 식민지의 안전 때문이라도 영국은 미국의 팽창을 저지하고자 했으나 남부의 독립 실패 이후 어떠한 능력 있는 지역 동맹국도 존재하지 않는 상황에서 영국 홀로 미국에 군사적으로 맞설 수 없었다. 또한 미국만이 영국의 패권에 도전하는 부상국이 아니었다. 러시아와 곧이어 독일이 영국의 제국 체제를 위협했으며, 이와 동시에 식민지에서의 분란도 확산일로에 있었다. 이 모든 위협 앞에 영국 제국의 유일한 대안은 유화정책이었으며, 영국은 미국을 일본과 더불어 지정전략적 고려에 따라 "제국 유지를 위한 협조자"로

172 이에 대해서는 이 책의 2장, "20세기 영국과 미국의 금융패권 경쟁과 상호인식"을 보라.

선택하였다.

부상국의 도전을 저지할 동맹국 존재 여부의 측면에서 볼 때, 현재 중국이 처한 상황은 19세기 말 러시아나 20세기 초 독일의 상황과 더 유사하다. 만약 19세기 영-미 패권전이의 역사 속에서 21세기 중국이 배울 수 있는 교훈이 있다면 이는 무엇보다 영국이 자국의 국제패권 유지를 위해 미국의 지역패권을 인정할 수밖에 없는 상황에서 찾을 수 있다. 즉, 평화적인 패권전이를 위해 현재 중국이 취할 수 있는 최상의 전략은 미국이 다른 지역에서의 문제로 인해 중국을 "제국 유지를 위한 협조자"로 선택할 수밖에 없는 상황이 도래할 때까지 지정학적 이점을 충분히 활용하면서 미국과 미국의 지역 동맹국인 일본과 한국과 소위 '냉랭한 평화'(cold peace)를 유지하는 것이라 할 수 있다.[173] 19세기 말, 20세기 초 영국이 미국을 "제국 유지를 위한 협조자"로 택한 데 반해 독일에 맞서서는 러시아와도 협조를 했던(Anglo-Russian Entente, 1907) 근본적인 이유는 무엇보다 독일 외교정책의 변화에 있었음을 명심해야 한다. 요컨대 패권국과 부상국의 갈등은 분명 구조적인 것이지만, 이의 도전전쟁이나 예방전쟁으로의 발전은 결코 필연적이지 않다.

173 이러한 점에서 중국의 부상에 대한 최근 지정학적 논쟁의 핵심 중 하나가 지역 동맹의 존재 여부와 동맹국의 능력 및 이들 사이의 유대 정도라는 점은 유의미하다. 일례로, Water Russell Mead, "The Return of Geopolitics," *Foreign Affairs* (April 17, 2014); G. John Ikenberry, "The Illusion of Geopolitics," *Ibid.*를 보라.

2장

20세기 영국과 미국의 금융패권 경쟁과 상호인식

박종희

1. 들어가며

세력전이는 근대 국제 체제를 특징짓는 가장 중요한 국제정치적 사건으로서 많은 학문적 관심의 대상이 되어왔다.[1] 그러나 세력전이에 대한 기존 논의는 세력전이 과정에서의 전쟁발생 여부에만 초점을 두었을 뿐, 세력전이가 구체적으로 진행되는 역사적 과정에 대한 설명에는 소홀했다. 이로 인해 세력전이에 대한 연구는 대부분 동맹이나 경제력과 같은 구조적 변수에 대한 설명에 치우치거나 국가선호에 대한 매우 추상적인 논의로 귀결되는 경우가 많았다. 이러한 양상은 이 장의 분

1 A. F. K. Organski and Jacek Kugler, *The War Ledger* (Chicago: University of Chicago Press, 1980); Jacek Kugler and A. F. K. Organski, "The Power Transition: A Retrospective and Prospective Evaluation," in Manus I. Midlarsky (ed.), *Handbook of War Studies* (New York: Routledge, 2011), pp. 171-194. 영국에서 미국으로의 세력전이에 대한 대표적인 문헌은 다음과 같다. Aaron L. Friedberg, *The Weary Titan: Britain and the Experience of Relative Decline, 1895-1905* (Princeton, NJ: Princeton University Press, 1988); B. J. C. McKercher, *Transition of Power: Britain's Loss of Global Preeminence to the United States, 1930-1945* (New York: Cambridge University Press, 1999); G. John Ikenberry, *After Victory: Institutions, Strategic Restraint, and the Rebuilding of Order after the Major Wars* (Princeton, NJ: Princeton University Press, 2001), Ch. 6-7.

석대상인 영국과 미국 간의 세력전이에 대한 논의에서도 비슷하게 반복되었다.[2] 1장에서 상술한 바와 같이 영-미 세력전이는 오르간스키를 비롯한 세력전이 이론가들에게 그동안 '평화적인 세력전이'라는 예외적 사례로 강조되었을 뿐, 그 과정에 대한 구체적인 논의는 미미했다.

이 장은 20세기 초중반 영국에서 미국으로의 세력전이 과정을 금융통화영역에 초점을 맞추어 구체적으로 살펴보는 것을 목적으로 한다. 특히 패권국과 부상국이 금융통화영역에서 맺는 국가 간 관계가 부상국의 국제질서에 대한 불만족도(level of dissatisfaction)를 결정하는 매우 중요한 요인임을 강조하고자 한다. 세력전이에 대한 그동안의 연구는 세력전이 과정에서 금융패권의 이전이 차지하는 매우 독특한 위상에 그리 주목하지 않았다. 금융통화영역은 무역이나 투자와 같은 다른 경제관계보다 위계(hierarchy)적이며 경로의존성(path dependence)이 매우 강하다. 한번 국제통화로 등극한 통화는 네트워크 외부성과 수익체증(increasing returns)의 성향으로 인해 쉽게 지위를 상실하지 않는다. 국제금융의 중심지(financial center) 역시 일단 그 지위를 확보하면 지리적 집중과 규모의 경제의 이점을 누리면서 오랫동안 지속될 수 있다.[3] 따라서 쇠퇴하는 패권국은 대부분 금융통화영역에서 가장 큰 이익을 추구했으며, 금융통화영역에서의 지위변동이 다른 부문에 비해 가장 느리게 진행되는 경향이 존재했다. 이런 측면에서 킨들버거(Charles P. Kindleberger)는 강대국의 성장은 교역에서 시작되어 산업으로 옮겨간

2 오르간스키(A. F. K. Organski)와 쿠글러(Jacek Kugler)를 중심으로 한 세력전이론자들의 주장과 이에 대한 비판에 대해서는 이 책의 1장, "19세기 영국의 대미국 인식: 적대적 공존에서 유화적 승인으로"를 참고하라.

3 금융 중심지의 경로의존성에 대해서는 Youssef Cassis and Eric Bussiere (eds.), *London and Paris as International Financial Centres in the Twentieth Century* (Oxford: Oxford University Press, 2005)를 참고하라.

뒤에 금융에서 완성된다고 설명한 바 있다.[4]

20세기 초 미국이나 21세기 초 중국과 같은 부상국의 입장에서 볼 때 패권국 중심의 기존 질서에서 가장 불만족스럽게 여겨지는 부분 중의 하나가 바로 금융통화영역이다. 반면 20세기 초 영국이나 21세기 초 미국과 같은 패권국의 입장에서 금융통화영역은 산업과 교역에서 급성장하는 부상국에 대항할 수 있는 경제적 이익의 마지막 보루라고 볼 수 있다. 이러한 관점에서 볼 때 세력전이이론이 평화적 세력전이의 전제조건으로 제시한 국제질서에 대한 만족도에서 금융통화영역이 차지하는 비중은 매우 높다고 볼 수 있다.

20세기 초중반 금융통화영역에서 영국과 미국은 금융 중심지와 국제통화의 지위를 둘러싸고 패권국과 부상국 간의 피할 수 없는 경쟁에 처해 있었다. 영국은 제1차 세계대전으로 인해 상실한 파운드의 국제통화 지위를 복원하고 국제금융의 중심지 런던의 지위를 더욱 확고하게 하기 위해 서둘러 금본위제도로 복귀하고자 했으며 전쟁부채와 배상금문제를 논의하기 위한 국제협상에서도 주도적인 역할을 담당하고자 했다. 반면 미국은 달러의 국제적 지위를 높이고 뉴욕을 국제금융의 중심지로 만들고자 했으며 무역신용에서 영국 금융에 대한 의존도를 시급히 줄이고자 했다. 21세기 초 중국과 마찬가지로 산업과 무역에서 경제대국으로 성장한 20세기 초 미국은 이제 금융통화영역에서 자신의 지위를 확인받고자 했던 것이다.

여기서 잠시 역사를 거슬러 올라가 네덜란드에서 영국으로의 패권이전 과정을 살펴보자. 17세기 말부터 18세기 초 사이에 강력한 해군

4 찰스 P. 킨들버거, 주경철 역, 『경제강대국 흥망사 1500-1990』(까치, 2005), p. 336. 이 외에도 패권의 쇠퇴과정에서 해외투자가 증가한다는 윤영관의 주장을 들 수 있다. Young-Kwan Yoon, "The Political Economy of Transition: Japanese Foreign Direct Investment in the 1980s," *World Politics*, Vol. 43, No. 1 (1990), pp. 1-27.

과 효과적인 조세제도를 통해 군사강국(military *Wunderkind*)으로 부상한 영국은 1688년 명예혁명으로 정치적 안정을 확보한 뒤부터 산업과 무역, 그리고 금융부문에서 급속하게 성장하였다.[5] 무역의 중심국가로 대두한 영국은 네덜란드에게 중요한 경제적 위협으로 대두했다. 영국이 무역에서 네덜란드를 추격하던 17세기 동안 양국은 세 차례에 거친 전쟁(1652-1654, 1665-1667, 1672-1674)을 치르게 된다. 그러나 스페인 왕위계승전쟁(1701-1714) 이후 네덜란드가 외교적 중립을 선언하고 명예혁명을 거치면서 양국 사이에는 상당한 유대감이 형성되었다.[6] 더불어 프랑스라는 공동의 위협이 등장하면서 양국 관계는 급격히 호전되었다. 이 과정에서 암스테르담 은행(Bank of Amsterdam)을 비롯한 네덜란드 금융기관과 투자자들은 급성장하는 영국 금융시장에서 고수익의 기회를 찾았다. 자본시장이 발전한 영국의 금융시장은 은행을 중심으로 한 네덜란드 금융시장과 상호보완적인 관계를 이루며 공생할 수 있었다.[7] 금융에서의 협력관계는 부상국인 영국과 패권국인 네덜란드 사이에 우호적인 국가 간 관계를 공고히 했고, 네덜란드에서 영국으로의 세력전이는 더욱 가속화되었다. 스페인 왕위계승전쟁, 오스트리아 왕위계승전쟁, 7년 전쟁, 그리고 미국과의 독립전쟁을 거치면서 영국 금

5 John Brewer, *The Sinews of Power: War, Money, and the English State, 1688-1783* (Cambridge, MA: Harvard University Press, 1990), p. xi; Douglas North and Barry Weingast, "Constitutions and Commitment: The Evolution of Institutional Governing Public Choice in Seventeenth-Century England," *Journal of Economic History*, Vol. 49, No. 4 (1989), pp. 803-832.

6 주지하다시피 명예혁명은 네덜란드의 오라네 공(Prince of Orange)이 의회와 연합하여 제임스 2세를 퇴위시키고 윌리엄 3세가 된 사건이었다.

7 Ann M. Carlos and Larry Neal, "Amsterdam and London as Financial Centers in the Eighteenth Century," *Financial History Review*, Vol. 18, No. 1 (2011), pp. 21-46; Larry Neal and Stephen Quinn, "Networks of Information, Markets, and Institutions in the Rise of London as a Financial Centre, 1660-1720," *Financial History Review*, Vol. 8, Part 1 (2001), pp. 7-26.

융시장은 국채시장의 발전을 발판으로 삼아 네덜란드를 통해 유럽 대륙 전체로 뻗어나갈 수 있었다.[8]

다시 전간기 영-미 관계로 화제를 돌려보도록 하자. 금융통화영역은 군축문제, 그리고 전쟁부채-배상금문제와 함께 전간기 영-미 관계에서 가장 민감한 주제 중의 하나였다. 당시 미국은 금융을 제외한 거의 모든 부문에서 영국을 이미 추월했거나 혹은 영국과 대등한 위치에 놓여 있었다. 만약 영국이 금융부문에서 차지하고 있는 특권적 지위를 빼앗긴다면 미국은 명실상부한 경제적인 패권국가로 온전히 등극할 수 있었고 1차 대전으로 인해 약화된 영국의 지위는 영구화될 위험에 처해 있었다. 그럼에도 불구하고 전간기 동안 영국과 미국은 금융통화영역에서 적대적인 갈등과 대립의 양상을 보이지 않았다. 오히려 양국은 1920년대의 국제문제를 해결함에 있어서 긴밀한 협력과 협조를 통한 공동 리더십(joint leadership)의 모습을 종종 보여주었다. 이러한 공조는 대공황의 여파로 인해 1930년대에는 약화되었으나 1944년 브레튼우즈 회의와 2차 대전 이후의 재건과정에서 다시 등장하였다.[9]

그렇다면 전간기 동안 금융통화영역에서 미국의 도전을 잠재적 위협으로 간주했던 영국이 미국 금융과 달러의 성장을 용인한 이유는 무엇인가? 또한 영국 중심의 금융질서로 인해 사실상 엄청난 액수의 '조공'(tribute)을 영국에게 바치고 있다고[10] 한탄했던 미국이 전간기 동

8 William Acworth, *Financial Reconstruction in England, 1815-1822* (London: P. S. King & Son, 1925); Larry Neal, *The Rise of Financial Capitalism: International Capital Markets in the Age of Reason* (Cambridge: Cambridge University Press, 1993), pp. 20-61.

9 G. John Ikenberry, "A World Economy Restored: Expert Consensus and the Anglo-American Postwar Settlement," *International Organization*, Vol. 46, No. 1 (1992), pp. 289-321.

10 Barry Eichengreen and Marc Flandreau, "The Federal Reserve, the Bank of England, and the Rise of the Dollar as an International Currency, 1914-1939," BIS Working

안 영국과 전면적인 대립과 갈등을 보이지 않았던 이유는 무엇인가? 20세기 영-미 간의 평화적인 세력전이에 대한 설명은 위 질문에 대한 대답과 관련되어 있다.

이 장은 전간기 영국과 미국이 노골적 갈등과 대결을 피할 수 있었던 원인을 금융통화영역에서 발견되는 다음 세 가지 요인을 통해 설명하고자 한다. 먼저 영국과 미국의 금융통화정책 담당자들이 국제통화제도와 국제적인 금융협력에 대한 공유된 신념(shared beliefs)을 유지하고 있었기에 양국 관계가 노골적인 갈등과 대립을 피할 수 있었다고 주장한다. 국제통화제도와 국제적인 금융협력에 대한 공유된 신념은 국제통화제도 운영에 대한 '게임의 규칙'(rules of the game)과 관련된 것으로, 다음에 언급될 금융통화정책의 자율성 및 정책 결정가들의 국제적 네트워크와 긴밀히 연관되어 있다.[11]

금융통화영역에서 영국과 미국이 노골적 갈등과 대결을 피할 수 있었던 두 번째 요인은 1920년대 양국의 금융통화정책 결정과정이 행정부와 의회로부터 상당히 독립되어 있었다는 점이다. 이는 금융통화영역에서의 국가 간 경쟁으로 인해 해당 정책이 안보화(securitization)되는 것을 막는 매우 중요한 안전장치 역할을 수행했다. 그러나 1930년대에 접어들면서 금본위제도가 몰락하고 대공황이 세계경제를 강타하게 되면서 금융통화정책의 자율성은 양국에서 상당히 약화되었고 국

Papers, No. 328 (2010), p. 4.

11 '게임의 규칙'이란 금본위제도 아래에서 각국의 중앙은행이 따라야 했던 규칙을 의미한다. 즉, 금의 유입을 예상하는 흑자 국가의 중앙은행은 할인율을 인하하고 금의 유출을 예상하는 적자 국가의 중앙은행은 할인율을 인상하여 국제수지의 균형과 자국 통화의 태환성을 유지하는 것을 가리킨다. '게임의 규칙'이라는 표현은 케인스(John M. Keynes)가 *Economic Consequences of Mr. Churchill*(1925)에서 처음 사용한 것으로 알려져 있다. Ronald I. McKinnon, "The Rules of the Game: International Money in Historical Perspectives," *Journal of Economic Literature*, Vol. 31, No. 1, 1993, p. 1.

가 간 협력도 후퇴하였다.

금융통화영역에서 영국과 미국이 노골적 갈등과 대결을 피할 수 있었던 세 번째 요인은 중앙은행과 국제적인 금융기관, 민간부문의 행위자들이 구축한 국제적인 네트워크이다. 이 국제적 네트워크는 전쟁부채 협상과 금융위기에 대한 지원, 국채모집 등의 과정에서 사실상 각국 정부의 역할을 대신하는 준정부적 기능을 수행했던 것으로 평가된다.

공유된 신념, 금융통화정책의 상대적 자율성, 그리고 국제적 네트워크는 1920년대 영-미 관계에서 가장 활발하게 작동하였으며, 1930년대 이후에는 점차 약화되었고, 1930년대 말에 이르면 거의 제대로 작동하기 어려운 상태에 이르게 되었다. 그러나 주지하다시피 1930년대 이후의 영-미 관계는 파국으로 치닫지 않았다. 나치즘의 등장과 2차 대전의 발발, 그리고 일본의 진주만 공습이라는 일련의 사건들을 통해 양국은 핵심적인 안보적 이익을 공유하는 군사동맹으로 전환되었기 때문이다. 전쟁 이후 전후재건과 소련이라는 새로운 공동 위협에 맞서는 과정에서 양국 관계는 더욱 굳건해졌다.

1920년대와 1930년대의 영-미 관계를 정확하게 이해하는 데 있어 1940년대 이후에 전개된 일련의 역사적 전개과정은 중대한 장애물임이 분명하다. 2차 대전 이후에 전개된 양국 관계만을 염두에 둔다면 영-미 간의 '평화적인 세력전이'는 당연한 결과로 보인다. 즉, 금융통화영역에서의 양국 간 협력은 미국이 영국 중심의 국제질서를 만족스러운 것으로 받아들이고 영국은 미국의 부상하는 지위를 순순히 인정하는 과정에서 등장했다고 볼 수 있는 것이다. 그러나 이 장에서는 이러한 해석에 의문을 제기한다. 영-미 간의 '평화적인 세력전이'에 대한 퍼즐을 풀기 위해서는 1940년대를 통해 1920-1930년대를 보는 것이 아니라, 양국 간 공동 위협에 대한 인식이 불확실했던 1920-1930년대를 중심에 놓아야 한다. 특히 1920-1930년대 영-미 관계를 지배했던 가장 중요한 주제 영역인 금융통화영역에 초점을 맞추어 갈등과 협력의 변주곡이 어떠한 요인에 의해 설명될 수 있는지 추적하는 것이 이 장의 목적이다.

2. 협력의 조건: 공유된 경제이념, 상대적 독립성, 그리고 국제적인 네트워크

전간기 영-미 관계에 대한 1960년대 이전의 연구들은 양국 관계를 갈등관계로 서술하고 그 원인을 미국 공화당 행정부의 고립주의 외교노선에서 찾았다. 이 연구들에 따르면 윌슨에 대한 반감을 가지고 집권한 1920년대 미국의 공화당 대통령들은 유럽의 문제에 개입하는 것을 꺼렸으며 전쟁부채문제를 비롯한 제1차 세계대전 처리문제에 대해서도 매우 소극적이거나 지독하게 이기적인 태도를 취했던 것으로 간주했다. 그러나 1960년대 이후 등장한 수정주의 연구들은 비밀해제된 영국과 미국의 문서들을 토대로 이러한 고정관념에 이의를 제기하는 분석들을 쏟아내었다.[12] 이들은 전간기 영-미 관계를 갈등과 협력이 공존했던 시기로 바라보면서 기존 연구에서 도외시된 협력적 관계가 이슈에 따라 어떻게 구체적으로 나타났었는지를 추적하였다.

1920년대 영-미 관계를 협력적 관계로 이해하는 수정주의 연구

12 대표적으로 *Carl Parrini, Heir to Empire: United States Economic Diplomacy, 1916-1923* (Pittsburgh, VA: University of Pittsburgh Press, 1969); Joan Hoff Wilson, *American Business and Foreign Policy, 1920-1933* (Lexington: University of Kentucky Press, 1971); Frank C. Costigliola, "The Politics of Financial Stabilization: American Reconstruction Policy in Europe, 1924-1930," Ph.D. Dissertation (Ithaca: Cornell University, 1972)을 들 수 있다.

의 대표학자는 호건(Michael J. Hogan)이다. 호건은 친영(親英)적이라고 평가되지 않는 1920년대 미국 공화당 행정부가 고립주의적인 외교노선을 고집했음에도 불구하고 영국과 미국이 뚜렷한 갈등과 대립으로 치닫지 않았던 중요한 이유는 양국의 협력관계가 비정부기관의 끈끈한 유대와 협조, 조정을 통해 뒷받침되었기 때문이라고 주장한다. 그는 이를 비공식적 협약(informal entente)이라고 명명했다.[13]

그러나 영국과 미국 간의 비공식적 협약이 언제까지 그리고 어떤 상황 아래에서 지속될 수 있었는가에 대해 호건은 분명한 답을 주고 있지 않다. 영-미 간의 협력이 성공적이었던 몇몇 사례에서 민간부문의 협조가 존재했다는 사실만으로 비공식적 협약이 협력의 주요인이었다고 볼 수는 없을 것이다. 호건 자신도 자원을 둘러싼 경쟁에서는 비공식적 협약이 제대로 작동하지 않았음을 밝히고 있다.[14] 오히려 내생성(endogeneity)의 가능성, 즉 민간부문의 조정과 협조가 협력이 쉬운 영역에서 주로 이루어졌을 가능성을 배제할 수 없다.

또한 호건을 비롯한 수정주의 역사가들의 연구는 지나치게 미국 중심적(America-centric)이라는 비판을 피하기 어렵다. 호건에 따르면 비공식적 협약은 미국의 발명품(American invention)이며 미국에 의해 영국에 부과된 것으로 묘사된다. 호건이 비공식적 협약을 미국의 발명품이라고 본 이유는 1920년대 미국 자본주의에서 나타난 협력적 자본주의(cooperative capitalism)의 양상을 비공식적 협약의 모태로 보기 때문이다. 1920년대 미국 제조업은 시장경쟁이 고도화되면서 사실상의 과

13 Michael J. Hogan, *Informal Entente: The Private Structure of Cooperation in Anglo-American Economic Diplomacy, 1918-1928* (Chicago: Imprint Publications, 1991); Michael J. Hogan, "Informal Entente: Public Policy and Private Management in Anglo-American Petroleum Affairs, 1918-1924," *Business History Review*, Vol. 48, No. 2 (1974), pp. 187-205.

14 Hogan, *Informal Entente*, pp. 186-208.

점상태에 이르게 되는데, 이때 정부가 과점적 지위를 갖는 주요 경제 행위자들을 직접 규제하기보다는 과점적 행위자들 간의 협력과 소통을 통해 서로의 행위를 규제하도록 했고, 그 결과 협력적 자본주의라는 독특한 레짐이 등장했다는 것이다. 비공식적 협약은 이러한 미국식 협력 자본주의가 영국과의 관계에 투사되어 미국과 영국의 사적 이익이 충돌하는 곳에서 국가 간 갈등을 방지하고 민간부문에서의 소모적인 갈등을 조율하는 기제가 되었다는 것이다. 그러나 과연 1920년대 영-미 관계가 전적으로 미국에 의해 주도될 수 있는 비대칭적 관계였는지는 의문이다. 또한 왜 영국이 자신에게 이질적인 미국식 모형을 받아들였는가에 대해서 호건은 명쾌한 설명을 제공하고 있지 않다.

마지막으로 비공식적 협약을 추진한 주체가 누구였는지가 불분명하다는 점을 지적할 수 있다. 비공식적 협약이 미국 정부에 의해 주도면밀하게 추진된 의도적 결과였는지, 아니면 미국식 모형이 미국 기업가에 의해 자연스럽게 외부화된 결과인지 호건은 명확하게 입장을 밝히고 있지 않다. 나아가 과학적 경영(scientific management)의 중요성과 협력적 자본주의의 가능성을 미국 기업가들이 과연 얼마나 공감하고 있었는지도 그 증거가 다소 빈약하다.

(1) 공유된 경제이념: 고전적 자유주의에서 케인스주의로

많은 국제정치학자들에 의해 연구된 바와 같이 공유된 신념은 경제적 이익이나 전략적 이익에서의 차이가 갈등으로 이어지는 것을 완화할 수 있는 상당한 영향력을 가지고 있다. 신념을 공유하는 국가들은 점차 경제적 이익이나 전략적 이익을 구성하는 방식이 유사해지면서 이익이 서로 수렴하게 되어 갈등의 가능성이 줄어들게 된다. 공유된 신념의 인과적 역할을 어디까지 인정할 것인지에 따라 학자들의 의견은

갈라지나, 공유된 신념이 국가 간 관계에서 결정적 역할을 수행할 수 있는 가능성에 대해서 부인하는 학자는 없다.[15]

재미있는 것은 영-미 세력전이가 시작되던 19세기 말부터 20세기 중반에 이를 때까지 영국과 미국의 경제정책을 지배하는 이념이 매우 유사한 방향으로 변화해왔다는 점이다. 바로 이러한 경제이념에서의 유사성은 대공황, 금본위제도의 부활, 그리고 두 번의 세계대전 등과 같은 국제정치 사건들 속에서 영국과 미국이 서로 긴밀히 협력할 수 있는 이념적 토대를 제공했다고 평가할 수 있다.

1931년 이전의 영국과 1933년 이전의 미국은—구르비치(Peter Gourevitch)의 표현을 빌리면—"교조적 디플레이션"(orthodox deflation)이라는 고전적 자유주의 경제노선을 견지했다.[16] 교조적 디플레이션이란 경기침체에도 불구하고 자국 화폐의 태환성을 유지하고 정부지출을 줄이며 임금과 가격이 선순환적으로 움직이도록 하는 고전적 자유주의 원칙을 말한다. 고전적 자유주의의 틀 안에서 시장은 가만히 내버려두면 균형을 되찾는 자기조정적(self-regulating) 힘을 가진 것으로 가정된다. 마치 용수철의 움직임처럼, 균형을 벗어날 수는 있지만 곧 균형으로 돌아가고자 하는 힘이 작동하기 때문에 시장에서의 불균형은 오직 일시적으로만 존재하는 것으로 간주된다. 따라서 고전적 자유주의자들은 무역에서는 중상주의적 국가개입을 배제한 자유무역을, 금융·통화영역에서는 금의 자유로운 유출입을 허용하는 금본위제도(gold standard)를 핵심적인 경제운영 원칙으로 채택했다. 상품시장과 화폐시

15 Judith Goldstein and Robert O. Keohane (eds.), *Ideas and Foreign Policy: Beliefs, Institutions, and Political Change* (Ithaca: Cornell University Press, 1993); Alexander Wendt, *Social Theory of International Politics* (New York: Cambridge University Press, 1999).

16 Peter Gourevitch, *Politics in Hard Times: Comparative Responses to International Economic Crises* (Ithaca and London: Cornell University Press, 1986) pp. 124-180.

장에 대한 국가의 개입을 최소화하고 금의 유출입을 인위적으로 교란하지 않아야 한다는 고전적 자유주의 원칙은 19세기부터 1차 대전 전까지 유럽 국가들에게 광범위하게 받아들여졌으며 금본위제도로 대표되는 영국 금융패권의 작동에 매우 중요한 요소로 기능했다.

그러나 19세기 말과 20세기 초에 들어오면서 이러한 고전적 자유주의 기획은 중대한 도전에 직면했다. 참정권이 확대되어 지금까지 균형회복의 부담을 고스란히 떠안았던 경제적 약자들의 정치적 발언권이 커지기 시작한 것이 가장 중요한 도전이었다.[17] 노동조합과 농민단체, 수공업자연합과 같이 경제적 약자의 조직화가 가속화되었으며 경제적 약자의 이해를 대변하는 공산주의 이념이 고전적 자유주의와 대척점을 형성하며 급속하게 확산되었다. 여기에 근대국가 건설과정에서 등장한 민족주의가 국가들의 경제정책에 중요한 영향을 미치기 시작하면서 고전적 자유주의는 또 다른 중대한 도전에 직면했다. 특히 19세기 말부터 전 세계적인 경기침체가 진행되면서 국가이익을 집단이나 개인의 이익에 우선하는 목표로 간주하는 정치세력이 등장했다. 경제적 민족주의는 시장균형을 위한 국가 간 조정보다는 식민지 경쟁, 보호무역, 경쟁적 평가절화와 같은 근린궁핍화정책(beggar-thy-neighbor policy)을 확산시켰다. 특히 자원무역과 식민지를 둘러싼 국가 간 경쟁은 경제외교(economic diplomacy)의 전면적 등장을 촉진했다. 20세기에 접어들면서 국가 간 경제관계는 고전적 자유주의가 설파하던 정합적 게임(positive sum game)이 아니라 영합 게임(zero sum game)으로 점차 변모해갔다.

자본시장의 원활한 작동과 대외수지 균형을 위해 국가 간 협력,

17 Jeffry A. Frieden, *Global Capitalism: Its Fall and Rise in the Twentieth Century* (New York: W. W. Norton & Company, Inc., 2006), Ch. 1-3.

특히 중앙은행과 국제적인 은행들 간의 협력이 필요하다는 점은 고전적 자유주의자들의 공통된 신념이었다. 1920년대 영국과 미국의 중앙은행과 국제적인 금융기관들은 고전적 자유주의 이념을 공유하고 있었으며 위기 시에 신속한 국제적 협력을 도모하였다. 그 협력의 내용은 구체적으로 두 가지로 나눠볼 수 있다. 첫째, 국내에서 통화정책 완화에 대한 다양한 요구를 배제하고 금본위제도라는 국제적인 게임의 규칙(international rules of the game)에 맞추어 통화정책을 운용해야 한다는 것이다. 중앙은행의 할인율정책은 태환성(convertibility) 유지라는 목표에 고정되어야 하며 국내정치적 요구에 흔들려서는 안 된다는 것이다. 둘째, 위기 시에 중앙은행들은 국제통화제도의 안정적 유지를 위해 서로 긴밀히 도와야 한다. 예를 들어 1927년 이후 고평가된 파운드에 대한 국제적인 우려가 확산되면서 영란은행에서 해외자본이 급격히 이탈하고 금이 유출되는 사태가 빈번히 벌어졌다. 이때 유출된 금은 할인율이 더 높은 곳, 주로 미국으로 유입되었는데, 미국 연방준비은행은 할인율을 인하하거나 대규모 긴급자본을 저리로 영란은행에게 대여해줌으로써 영란은행이 스스로 신용을 회복하고 인출사태를 막는 것을 도왔다.

1929년 월가의 주식이 폭락하고 대공황의 충격이 각국을 덮치면서 영국은 1931년 금본위제도를 포기하고 파운드를 대대적으로 평가절하했다. 고전적 자유주의가 처방하는 교조적 디플레이션을 버리고 평가절하를 통해 국내의 불황에 대처하고자 한 것이다. 미국 역시 영국의 고전적 자유주의로부터의 이탈에 즉각 호응하였다. 1933년 금본위제도로부터 이탈한 미국은 달러의 대대적 평가절하를 통해 대공황의 충격을 완화하고자 했다. 구르비치는 이러한 영국과 미국의 정책대응을 기존의 교조적 대응과 구별하여 "신교조주의"(neo-orthodoxy)라고 불렀다. 반면 프랑스는 금본위제 블록(gold bloc)을 이끌면서 끝까지 금본위제도를 고수하며 영국과 미국과는 대조적인 노선을 견지했다.

그러나 공유된 신념이 양국 관계에 미치는 영향은 뒤에서 상술할 다른 두 가지 요인과 결합되지 못할 때 매우 제한적이었다. 평가절하에 기초한 경기팽창정책이라는 유사한 경제이념에도 불구하고 갈등과 대립의 양상을 더욱 두드러지게 보인 1930년대의 영-미 관계를 이해하기 위해서는 아래 두 가지 요인의 역할을 공유된 신념과 함께 종합적으로 고려해야 한다.

(2) 국내 금융 · 통화정책의 독립성

금융과 통화와 관련된 중요한 정책적 결정이 이루어지는 정치적 환경을 통화정치(monetary politics)라고 부른다면, 1920년대 영국과 미국의 통화정치는 1930년대 이후의 그것과 큰 차이를 보인다. 20세기 초 영국과 미국의 금융외교사를 연구한 버크(Kathleen Burk)는 "금융에 관한 한, [1920년대] 영국과 미국 정부 어느 누구도 금융부문에 대한 통제력을 가지고 있지 못했다"[18]고 단언한다. 즉 금융통화정책의 주도권이 정치권력(입법부와 행정부)으로부터 상당한 자율성을 누리고 있었다는 것이다. 1920년대 영국과 미국의 통화정치에서 나타난 이와 같은 금융통화정책의 정치적 독립성(political independence)은 영-미 간의 금융통화부문에서의 협력을 이해하는 중요한 키워드이다.

금융통화정책의 정치적 독립성에 대한 고려가 중요한 이유는 전간기의 정치적 변화와 깊은 관계가 있다. 앞서 언급한 바와 같이 20세

18 Kathleen Burk, "The House of Morgan in Financial Diplomacy, 1920-1930," in B. J. C. McKercher (ed.), *Anglo-American Relations in the 1920s: The Struggle for Supremacy* (Edmonton: University of Alberta Press, 1990), p. 126.

기에 접어들면서 민주주의와 사회주의, 경제적 민족주의가 확산되면서 19세기 금본위제도하에서는 낯선 개념인 '경제정책의 정치화'라는 새로운 현상이 진행되었다. 경제정책의 정치화란 경제정책이 해당 분야의 지식과 기술을 축적한 소수의 관료나 엘리트들에 의해 독점되는 것이 아니라 정당정치와 대중정치, 그리고 선거정치의 영향 아래 놓이게 되는 현상을 일컫는다.

19세기부터 20세기까지 민주주의와 무역정책의 관계를 연구한 버디에(Daniel Verdier)는 경제정책에서의 국가 간 경쟁이 협력보다는 갈등으로 치닫게 되는 가장 중요한 이유를 경제정책이 정치화되는 독특한 메커니즘에서 찾았다. 일상적인 경제정책은 해당 국가의 제도적 특징에 따라 압력정치(pressure politics)나 정당정치(party politics), 혹은 관료정치(executive politics)의 과정을 따라 결정된다.[19] 그러나 전쟁이나 중대한 외부위협의 존재와 같이 안보에 대한 고려가 다른 경제적 고려를 압도하는 상황이 전개되면, 경제정책의 수립과정에서 사적 이해집단이나 정당 또는 경제관료의 개입이 배제되고 국가이익을 전면에 내세우는 안보적 고려가 경제정책을 좌우하는 경제정책의 안보화가 일어나게 된다. 버디에는 영국과 프랑스, 그리고 미국의 무역정치에 대한 역사적 사례연구를 통해 이러한 경제정책의 안보화가 국가 간 관계를

19 버디에는 경제정책의 정치화 방식을 크게 세 가지로 유형화했다. 첫째, 개별 경제행위자들이 정치인들에게 분산된 압력을 행사하는 압력정치(pressure politics)이다. 미국식 다원주의로 대변되는 이러한 압력정치는 다수의 이익집단이 경쟁적으로 정치인들에게 압력을 행사하는 정치시장을 가정한다. 둘째, 사회의 이익집단들이 주요 정당을 기준으로 연합하는 형태를 띠는 정당정치(party politics)이다. 계급이나 종교와 같은 사회적 균열구조를 따라 이익집단이 정당들과의 연합을 추구하는 유럽식 민주주의가 그 대표적인 예이다. 마지막으로 시민이나 개별 이익집단들의 이해보다는 국가 전체의 이익을 주로 고려하는 관료정치(executive politics, 혹은 행정부정치)이다. Daniel Verdier, *Democracy and International Trade: Britain, France, and the United States, 1860-1990* (Princeton: Princeton University Press, 1994).

갈등으로 치닫게 하는 중요한 요인이었다고 주장했다.[20]

1920년대 금융통화정책에서 가장 중요한 기능을 담당하던 기관은 재무부(영국의 Exchequer와 미국의 Department of Treasury)와 중앙은행(영국의 Bank of England와 미국의 Federal Reserve Bank of New York)이었다.[21] 특히 국가 간 금융통화정책의 조정과 관련된 통화외교(monetary diplomacy)의 영역에서 중앙은행장의 역할은 매우 중요했다. 1920년대 전 세계 중앙은행장들 중에서 가장 중요하고 영향력 있는 존재는 영란은행장 몬터규 노먼(Montagu Norman)이었다. 노먼은 영국 파운드의 안정화와 국제통화질서의 안정이라는 목표를 위해서 영국 정부의 압력에 굴하지 않고 금융통화정책의 자율성에 대한 자신의 소신을 지켜온 것으로 유명하다. 영란은행은 노먼 재임기간 동안 확고한 독립성을 누릴 수 있었으며 노먼은 영국 금융계뿐만 아니라 전 세계 금융계로부터 존경과 지지를 받았다.

노먼은 영국의 통화정치에서 통화와 금융에 관한 기술적(technical)인 부분은 영란은행이 담당하고 영국 정부와 재무부는 정치적인 부분과 재정 측면을 각각 맡아야 한다고 굳게 믿었다. 중앙은행의 독립성

20 안보화라는 개념은 코펜하겐 학파(Copenhagen School)에 의해 대중화된 바 있다. Barry Buzan, Ole Wæver, and Jaap de Wilde, *Security: A New Framework for Analysis* (Boulder: Lynne Rienner Publishers, 1998). 그러나 버디에의 개념과 코펜하겐 학파의 개념은 차이가 있으며 시기적으로도 버디에의 문헌이 더 앞선다. 코펜하겐 학파의 안보화 개념은 안보라는 개념이 형성되어가는 일반적인 정치과정을 설명하는 반면, 버디에의 안보화 개념은 관료정치의 특수한 형태로 설명된다. 즉 버디에는 모든 관료정치가 안보화의 형태를 띠는 것은 아니지만 안보화된 이슈는 관료정치의 정책결정 과정으로 다루어진다고 보았다.

21 미국 뉴욕 연방준비은행은 1913년 연방준비은행법이 통과된 이래 12개 준비은행 중에서 가장 많은 자산을 가지고 있었으며 사실상의 중앙은행으로 기능했다. 1935년 은행법(Banking Act)이 통과되어 연방준비은행 이사회(Board of Governors)가 탄생하면서 현재와 같이 연방준비은행장이 중앙은행장의 역할을 수행하는 체제로 변화했다. Allan H. Meltzer, *A History of the Federal Reserve: Volume 1, 1913-1951* (Chicago: University of Chicago Press, 2003).

에 대한 노먼의 집착은 매우 유명하다. 일례로 1927년 이탈리아에 대한 금융지원을 논의할 당시, 절친이었던 스트롱의 만류에도 불구하고 이탈리아 중앙은행이 정부로부터 독립적이지 않다는 이유로 이탈리아에 대한 금융지원에 대해 부정적인 태도를 취했다.[22]

중앙은행의 독립성에 대한 노먼의 신념은 네 가지 원칙 안에 구체화된 바 있다. 1차 대전 직후 국제통화질서의 복구를 위한 제노아 회담(Genoa Conference)을 준비하는 과정에서 노먼은 각국의 중앙은행이 준수해야 할 원칙을 제시하는데, 첫째 원칙은 중앙은행 간의 협력(cooperation), 둘째는 사적 금융기관의 배제(exclusiveness), 셋째는 이익 고려에서 (국가 간) 균형(balance), 그리고 마지막 원칙은 중앙은행의 자율성(autonomy)이었다. 노먼은 국제통화질서의 안정을 위해서는 중앙은행의 운영이 정치를 초월해(above politics) 이루어져야 하며 독립적인 전문가들의 자율성이 절대적으로 보장되어야 한다고 굳게 믿었다.[23] 노먼은 여기서 멈추지 않고 이러한 원칙을 전 세계 중앙은행으로 확산하기 위해 노력했다. 노먼은 오랫동안 미국, 독일, 오스트리아, 그리고 동유럽의 금융집단들과 끈끈한 인적 네트워크를 형성하고 있었는데, 그는 이러한 국제적인 네트워크를 활용해 금융통화정책의 독립성을 전 세계적으로 확산하고자 했으며 이것이 국제금융질서의 안정에 가장 중요한 전제조건이라고 믿었다.[24]

22 Burk, "The House of Morgan in Financial Diplomacy, 1920-1930," p. 141.

23 Diane B. Kunz, *The Battle for Britain's Gold Standard in 1931* (New York: Croom Helm, 1987), pp. 10-11.

24 재미있는 것은 독일 연방준비은행장 샤흐트(Hjalmar Schacht)와 노먼의 관계이다. 노먼은 체코슬로바키아를 점령한 나치 독일이 체코슬로바키아 소유로 영란은행에 예치된 560만 파운드의 금을 송금하라고 요구한 것을 받아들여 영국 정치인들로부터 엄청난 비난을 받았다. 국제청산은행을 통해 금이 전해진 시점이 영국이 독일과 전쟁을 치르기 불과 6개월 전이었으며 금에 대한 독일의 요구가 부당했기 때문이다. 그 후 영국 재무부 장관 존 사이먼(John Simon)은 영란은행으로 하여

영국에 노먼이 있었다면 미국에는 미국 뉴욕 연방준비은행장 벤저민 스트롱(Benjamin Strong, Jr.)이 있었다. 스트롱은 노먼의 가장 절친한 친구이면서 동시에 국제적으로 노먼과 함께 가장 영향력 있는 중앙은행장 중 한 명이었다. 1913년 민주당 윌슨 행정부 아래에서 처음 도입된 연방준비은행제도는 금융세력과 연방정부의 영향력을 배제하기 위해 12개의 지부로 나뉘어 있었다. 연방준비은행은 그 운영체제에 있어 영란은행과는 달리 한 명의 은행장에 의해 일사분란하게 통제되지 않는 권력의 공백상태에 놓여 있었다. 이러한 공백을 메운 것이 최대 자산을 가진 뉴욕 연방준비은행의 책임자이자 월가 은행들의 지지를 받는 벤저민 스트롱이었다.

1928년 갑작스런 건강의 악화로 뉴욕 연방준비은행장직을 물러나기까지 약 15년 동안 연방준비은행의 리더 역할을 했던 스트롱은 노먼과 마찬가지로 금융과 통화영역에서 정부보다는 금융전문가의 역할을 강조했다. 영국과는 달리 미국의 경우 중앙은행제도의 역사가 이제 막 시작단계이고 통화정책이 선거와 정당정치에서 오랫동안 매우 첨예한 이슈로 자리 잡고 있었다. 따라서 스트롱의 강력한 리더십과 개인적 영향력은 이제 막 출범한 연방준비은행이 정부와 의회로부터 독립성을 지키고 국제적인 중앙은행 간 협력을 도모함에 있어 매우 중요했다.

금 독일에 대한 송금을 금지하도록 명령했다. 노먼은 국제청산은행은 국제조약에 기반한 것이며 중앙은행들의 비정치적 협력 위에 건설된 것이므로 송금은 타당한 것으로 생각했다고 한다. 특히 국제청산은행은 노먼과 샤흐트에 의해 주도된 것이었다. 노먼은 샤흐트의 손자의 대부가 되는 것에 동의할 만큼 샤흐트와 긴밀한 관계였던 것으로 전해진다(Wikipedia, "Montagu Norman," http://en.wikipedia.org/wiki/Montagu_Norman,_1st_Baron_Norman#cite_note-3, 01/22/2015 최종 접속). 이러한 노먼의 정치적 순진성이 중앙은행 독립성에 대한 그의 원칙을 현실에서 받아들이기 더욱 어렵게 만든 요인이었음은 자명하다. *Telegraph*, "Never mind the Czech Gold the Nazis Stole" (July 31, 2013) (http://www.telegraph.co.uk/finance/bank-of-england/10213988/Never-mind-the-Czech-gold-the-Nazis-stole....html, 01/22/2015 최종 접속).

(3) 중앙은행과 모건그룹의 국제적인 네트워크

앞서 언급한 바와 같이 노먼과 스트롱은 긴밀한 유대관계를 유지하며 국제통화제도의 안정이라는 대외적인 목표를 위해 양국의 통화정책을 조정하고 협의하였다. 또한 금융통화정책의 담당자들이 행정부의 시녀가 되지 않도록 국제적인 중앙은행가 네트워크를 구축하고 정책적인 조언과 지원을 보냈다. 그러나 20세기 초중반의 국제금융시장은 19세기의 그것과는 비교할 수 없을 만큼 성장했으며, 중앙은행가들의 네트워크만으로는 자본의 급속한 이동에 따른 금융위기의 발생과 금의 유출을 효과적으로 막을 수 없었다. 따라서 국제적인 네트워크를 가진 거대 금융기관의 도움이 절실했다. 20세기 초중반 영-미 관계에서 바로 이러한 역할을 수행한 것이 다국적 금융기관, 모건그룹(J. P. Morgan & Co.)이었다.

모건그룹은 20세기 초중반 미국뿐만 아니라 영국을 비롯해 프랑스 등에 지부 혹은 협력기관을 가진 가장 영향력 있는 국제적 금융기관이었다. 모건그룹의 국제적 영향력은 특히 영국에서 두드러졌다. 모건그룹은 영란은행 이사였던 그렌펠(Edward C. Grenfell)과 파트너십을 맺으면서 일찍부터 영국에서 영향력을 넓혀갔으며, 미국 금융기관 중에서는 거의 유일하게 독일과 거래가 없었던 이유로 1차 대전 당시 영국의 전쟁부채 발행을 책임지는 영국의 금융대리인으로 임명된다. 이런 이유로 모건그룹은 전후 전쟁부채문제와 영란은행과의 협력에서 미국과 영국의 중재자 역할을 수행할 수 있었다.

1913년 아버지 창업주 모건(J. Pierpont Morgan)이 죽고 난 후부터 모건그룹을 책임지게 된 모건 주니어(J. Pierpont Morgan, Jr.)는 스트롱과 매우 친밀한 관계였을 뿐만 아니라 대표적인 친영파였다. 모건 주니어는 아버지와 마찬가지로 공개석상에 서는 것을 매우 꺼렸다. 대신 모건그룹에서 국제적인 협력과 정부와의 긴밀한 소통 역할을 대신할 인물로 러몬트(Thomas W. Lamont)와 레핑웰(Russel C. Leffingwell)을 발탁하였다. 러몬트는 스트롱과 같이 뱅커스 트러스트(Bankers Trust)에서 성장하여 모건그룹에 동참했으며 훗날 맥도널드(Ramsay MacDonald)와 같은 영국 정치인들과 친밀한 관계를 형성했다. 레핑웰은 월가 변호사와 재무부 차관을 역임한 뒤 모건그룹에 참여했으며 금본위제도의 복귀와 전쟁부채문제 등에서 영국과 미국의 입장을 조율하는 역할을 담당했다.

미국 금융통화정책에서 스트롱의 영향력은 모건그룹의 지원을 떼어 놓고는 설명하기 어려웠다. 모건그룹 계열은행인 뱅커스 트러스트에서 은행가로 경력을 시작한 벤저민 스트롱은 러몬트나 레핑웰과 같은 모건그룹의 주요 은행가들과 일찍부터 친밀한 관계를 형성했다.[25] 스트롱은 대표적인 친영파(anglophile)이자 국제주의자(internationalist)였다. 스트롱은 국제관계에서 미국의 국익은 영국과의 협력을 통해 가장 잘 확보될 수 있다고 믿었으며 이를 위해 미국은 유럽의 문제에 영국과 함께 적극적으로 개입해야 한다고 굳건히 믿었다.[26] 영-미 협력에 대한 스트롱의 굳건한 믿음은 통화영역에서의 국제적인 협력 네트워크의 기초를 이루는 것이었다.

금융정책 담당자와 모건그룹의 국제적인 네트워크의 영향력이 가장 잘 드러난 사례가 오스트리아에 대한 금융지원이다. 1922년 악화되는 오스트리아의 금융위기를 막고 경제재건을 돕기 위해 영국과 영란은행은 오스트리아에 대한 대규모 금융지원을 도모하였다. 대규모 금융지원을 위한 자금모집에는 당시 급성장하는 금융시장을 가진 미국

25 Kunz, *The Battle for Britain's Gold Standard in 1931*, pp. 12-13.

26 Priscilla Roberts, "Benjamin Strong, the Federal Reserve, and the Limits to Interwar American Nationalism: Intellectual Profile of a Central Banker," *Economic Quarterly*, Vol. 86, No. 2 (2000), pp. 61-98.

의 참여가 매우 중요했다. 모건그룹은 영국과 미국의 금융기관이 대거 참여한 신디케이트를 조성한 뒤에 러몬트를 통해 미국 국무부의 보증을 요청했다. 하딩 행정부의 국무부 장관 휴스(Charles Evans Hughes)는 미국 정부의 공식적 참가는 없겠지만 오스트리아에 대한 금융지원에 필요한 자금을 미국 금융시장에서 모집하는 계획에 반대하지도 않겠다고 함으로써 민간부문의 협력에 의한 유럽 재건을 비공식적으로 승인하였다. 이로써 모건그룹이 주도하고 미국과 영국의 중앙은행과 금융기관이 참여하는 오스트리아 금융지원기구는 런던과 뉴욕에서 성공적으로 자금을 모집할 수 있었다.[27]

이와 같이 미국과 영국 금융통화정책 결정가들의 공유된 신념, 정책적 자율성, 그리고 다국적 금융기관의 지원을 받는 국제적인 네트워크의 존재는 1920년대 영국과 미국 사이의 협력을 설명하는 중요한 전제조건들이라고 볼 수 있다. 그러나 1930년대에 이르면서 대공황의 발발로 인해 금융통화정책 결정가들의 정책적 자율성이 급속히 약화되고 스트롱의 퇴임과 함께 국제적인 네트워크의 중요한 축이 무너지게 된다. 나아가 영-미 간에 전쟁부채문제의 해결에 대한 이견이 본격적으로 대두되면서 국가 간 이해관계의 충돌이 빈번해지게 되었다.

3. 전간기의 문제들과 영-미 협력

국력의 측면에서 볼 때 전간기 영국과 미국은 서로 비등한 관계에 있었다. 〈표 2-1〉에서 볼 수 있듯이 미국은 산업생산력에 있어서 영국에 대해 확고한 우위를 점하고 있었으나 영국은 광대한 식민지와 국제금

27 Hogan, *Informal Entente*, pp. 60-66.

융 중심지 런던을 보유함으로써 미국에 대해 자원무역과 해운업, 보험업, 금융업 등에서 우위를 점하고 있었다. 국방비 지출이나 군인 수, 해군함정 규모에 있어서는 영국과 미국이 서로 비슷한 수준에 머물러 있었으며 압도적 우위를 인정할 만큼의 차이가 아직 부각되지 않았다. 〈표 2-1〉에서 보이는 것처럼 이러한 물질적 자원보유에서의 불확실성은 특히 전간기 초기인 1920년대에 가장 두드러졌다. 1930년대에 접어들면서 미국은 영국에 대해 물질적 자원보유에서 소폭의 우위를 갖기 시작했으며 1940년대에 접어들면서 영국의 쇠퇴는 더욱 분명해진다. 따라서 객관적 국력의 측면에서 볼 때, 1920년대는 양국 관계가 갈등과 협력, 어느 방향으로도 전개될 수 있었던 매우 불확실한 시기였다고 볼 수 있다. 이런 측면에서 이 절에서는 1920년대와 1930년대 초반 영-미 관계를 규정지었던 두 가지 협력사례를 심도 있게 살펴보고자 한다.

(1) 전쟁부채-배상금문제

영국은 제1차 세계대전(1914-1918)이 일어나기 전까지 군사와 외교, 무역과 금융에서 가장 큰 영향력을 가진 국가였다. 19세기 중후반부터 산업생산과 무역에서 독일과 미국의 추격을 받고 있었지만 영국은 광대한 식민지와 해군력, 금융에서의 압도적인 우위를 통해 세계적인 영향력을 유지할 수 있었다. 그러나 1차 대전은 영국에게 중대한 타격을 안겼다. 전쟁 기간 필요한 물품과 자금을 미국에 의존해야 했던 영국은 전쟁 후에 채권국에서 채무국으로, 무역수지 흑자국에서 적자국으로 전락한 자신의 위치를 확인해야 했다. 설상가상으로 유럽의 문제에 적극적이던 미국의 민주당이 1920년 대통령선거에서 참패하고 고립주의 노선으로의 복귀(return to normalcy)를 선거공약으로 내건 공화당 하딩(Warren G. Harding) 행정부가 등장한 것은 전후처리문제에서 영국

〈표 2-1〉 영국과 미국의 국력 비교(1890-1945)

연도	영국						미국					
	철강 생산 (천 톤)	국방비 지출 (1910년까지: 천 파운드/1915년 이후: 천 달러)	군인 (천 명)	에너지 소비 (석탄 천 톤)	인구 (천 명)	국력 지수	철강 생산 (천 톤)	국방비 지출 (1910년까지: 천 파운드/1915년 이후: 천 달러)	군인 (천 명)	에너지 소비 (석탄 천 톤)	인구 (천 명)	국력 지수
1890	8031	29602	278	156388	37485	0.18	9350	14788	39	150826	63056	0.17
1895	7827	35743	309	161765	39221	0.17	9598	15187	42	182744	69580	0.17
1900	4980	119587	487	185652	41155	0.18	10352	41481	126	256081	76094	0.19
1905	5905	55604	394	193559	42981	0.12	20345	45098	108	397156	83822	0.21
1910	6476	61417	372	208082	44916	0.12	26512	55880	139	523027	92407	0.23
1915	8687	4651398	4350	216482	44333	0.15	32667	257648	174	580731	100546	0.22
1920	9212	1475661	596	213247	46472	0.13	42809	1657118	343	743808	106461	0.29
1925	7504	580411	342	204764	45059	0.10	46122	589706	252	790029	115829	0.25
1930	7444	512181	318	207452	45866	0.08	41352	699200	256	814891	123188	0.23
1935	10017	646350	321	206553	46869	0.07	34640	806400	252	721900	127362	0.19
1940	13183	9948329	1020	232740	48226	0.09	60765	1657000	458	939812	132122	0.20
1945	12014	17002048	5090	210425	49182	0.09	72304	90000000	12123	1219068	139928	0.38

출처: Correlates of War Project, National Material Capabilities Data, Version 4.0. 2015년 6월 최종 접속.

과 미국의 협력이 녹록치 않을 것임을 예고했다.

전후처리문제에 대한 미국 공화당 행정부의 입장은 확고했다. 부채탕감은 있을 수 없다는 것이었다. 다만 부채탕감을 배제한다면 유럽의 평화로운 재건이 미국의 국익과 일치하는 만큼 유럽의 평화와 재건을 위한 노력에 미국이 도움을 줄 수 있는 방법은 찾겠다는 입장이었다. 여기에 상원과 하원을 장악한 공화당 의회는 부채탕감문제에 대해 미국 정부가 공식적인 약속을 하는 일은 있을 수 없다고 엄포를 놓았다.

영국은 미국의 이러한 태도 변화에 대해 심기가 매우 불편했다. 다만 영국은 부채탕감의 일괄해결을 내심 기대하면서도 이를 공식적으로 언급하는 것을 꺼렸다. 미국 공화당 행정부와 의회의 심기를 거스르지 않으려는 것이기도 했지만 그보다도 금융 선진국인 영국이 스스로 채무불이행을 국제적으로 선언하는 모습을 보이고 싶지 않았기 때문이다. 영국은 미국이 셰익스피어의 희곡『베니스의 상인』에 등장하는 유대인 고리대금업자 샤일록(Shylock)과 같이 행동하고 있다고 비난하면서도 미국이 공적 자금의 형태로 자국과 유럽에 대한 지원을 제공해줄 것을 희망하고 있었다. 그리고 그 과정에서 영국이 유럽 재건의 주도적인 역할을 담당하기를 원했다.

전쟁부채는 승전국이었던 영국과 프랑스가 미국에게 진 국가부채였으며 영국과 프랑스는 독일의 전쟁배상금을 통해 이를 갚겠다는 입장을 취하고 있었다. 문제는 국제무역과 독일 경제가 회복 조짐이 보이지 않으면서 독일이 전쟁배상금을 갚지 못할 것 같다는 전망이 짙어진 것이었다. 배상금과 부채를 함께 묶어서 풀고자 하는 영국 및 프랑스와는 달리 미국 행정부는 의회의 강력한 견제 아래에서 배상금과 부채를 분리해야 한다고 주장했다. 전후 세계경제 복구를 위한 1922년 제노아 회담에서 영국은 전후 경제문제를 풀기 위한 다국적 협력을 제안하고 금융 컨소시엄을 통한 자금지원을 제안했다. 그러나 이러한 영국의 제안은 미국과 프랑스에 의해 곧바로 거부되었다. 제노아 회담은 성과없이 끝난 가운데 영국은 중앙은행 간 회담을 통해 미해결된 문제를 논의하자고 또다시 제안했다. 미국은 이러한 영국의 제안이 두 가지 목적에 기인한 것으로 의심했다. 첫째, 미국은 영국이 파운드 중심의 금태환본위제(gold exchange rate system)를 복구하여 금융시장에서 영국과 영란은행의 지위를 회복하고자 하고 있으며, 둘째, 영국은 중앙은행 간 네트워크에서 중심적인 자신의 지위를 이용하여 미국 정부와 의회를 배제한 채 부채와 배상금문제를 해결하고자 하는 것으로 인식했다.[28]

해결의 조짐을 보이지 않던 전쟁부채와 전쟁배상금문제는 1922년 말에 이르러 서서히 변화의 조짐을 보이기 시작한다. 이 과정에서 가장 중요한 변화는 영-미 협력을 통해 유럽 안정화 문제에서 주도권을 쥐고자 하는 영국 정부의 의도와 이에 대한 런던과 뉴욕 금융기관들의 협조였다. 1923년 초, 영국과 미국의 자금지원협정(funding arrangement) 협상단은 미국 의회가 설정한 한계 내에서 양국의 합의점을 도출했고 영국 정부는 이를 수용했다. 영국에게 다소 불리한 것으로 인식되던 협상결과에도 불구하고 영국이 이를 수용함으로써 미국 내에서 영국에 대한 인식이 서서히 변화했고 영국은 전쟁부채와 배상금문제에 대한 영-미 동맹을 성사시켰다.

이 과정에서 중심적인 중개자 역할을 했던 것이 바로 노먼-스트롱으로 이어지는 중앙은행 간 네트워크와 이를 지원한 모건그룹이었다. 이들은 협상과정에서 고립주의적이고 폐쇄적인 태도를 취하는 양국 관료들을 설득하고 영-미 동맹의 중요성을 설파하는 중개자 역할을 훌륭히 수행했다. 특히 고립주의적인 의회를 의식한 미국 행정부는

28 *Ibid.*, pp. 45-48.

공식적인 수사에서는 영국에 대한 양보나 유럽에 대한 지원에 인색했지만 실제 협상과정과 내용에서는 상당히 관대한 태도를 취했으며, 이러한 이중적인 미국 행정부의 태도를 중간에서 매개하고 해석해주는 역할을 중앙은행과 금융기관들 간의 국제적인 네트워크가 담당했다. 호건이 비공식적 협약의 준정부적(quasi-governmental) 기능이라고 부른 것은 사실상 국제적인 금융 네트워크가 영-미 관계에서 수행한 역할을 말한다.

영-미 협력에 대한 모건그룹의 신념을 보여주는 예는 무수히 많다.[29] 예를 들어 모건그룹의 수석 임원(senior partner)이었던 데이비드슨(Henry P. Davidson)은 영국에 대해 다음과 같이 말했다.

> 영국은 전쟁에도 불구하고 더 강하고 위대한 나라로 떠오를 것이기 때문에 나[데이비드슨]는 영국과 더 밀접한 관계를 갖는 것이 [미국에게] 더 많은 이익을 가져다줄 것이라고 믿는다.[30]

모건그룹의 러몬트 역시 영-미 협력에 대해 매우 긍정적이었다.

> 미국은 많은 금융자원을 가지고 있으며 영국은 전 세계에 훌륭한 신용 시스템을 가지고 있다. 따라서 이 둘의 결합을 추구하는 것이 어떠한가?[31]

29 반면 모건그룹은 전쟁부채의 조성 당시부터 프랑스와는 좋지 않은 관계를 형성하고 있었으며, 그 결과 프랑스가 미국에서 조성한 전쟁부채는 모건그룹이 아니라 내셔널 시티 뱅크(National City Bank)를 통해서 주로 이루어졌다. Martin Horn, "A Private Bank at War: J. P. Morgan & Co. and France, 1914-1918," *Business History Review*, Vol. 74, No. 1 (2000), pp. 94-106.

30 Davidson to Jack Morgan (December 23, 1914). J. P. Morgan Jr., papers, Pierpont Morgan Library, Box 34. Horn, "A Private Bank at War: J. P. Morgan & Co. and France, 1914-1918," p. 108에서 재인용.

31 Lamont to R. H. Brand (June 10, 1919). Horn, *Ibid.*

영국과 미국이 부채-배상금 협상에서 하나의 목소리를 내게 되자 독일을 힘으로 압박하면서 독자적인 행동을 하던 프랑스와 다른 유럽 국가들의 입지는 좁아질 수밖에 없었다. 부채-배상금문제에서의 영-미 협력은 시카고 출신의 은행가 찰스 도스(Charles G. Dawes)를 위원장으로 한 도스 위원회(Dawes Commission, 1923-1924)와 미국의 기업가 영(Owen D. Young)을 위원장으로 하는 영 위원회(Young Committee, 1929-1930)로 이어졌다. 모건그룹을 비롯한 미국과 영국 은행가들의 지원을 받은 도스 위원회와 영 위원회는 독일의 배상금지불을 둘러싼 유럽의 갈등을 해결하기 위한 도스 계획(Dawes Plan)과 영 계획(Young Plan)을 각각 제출하여 위기를 해소하는 핵심적 역할을 담당했다.[32]

그러나 1920년대 공화당 정부 아래에서 진행되던 부채문제에서의 영-미 협력은 1932년 대통령 선거와 의회 선거에서 공화당이 대패하면서 중대한 전환점을 맞게 되었다. 새롭게 들어선 루스벨트(Franklin D. Roosevelt) 정부는 이전 공화당 정부 아래에서 진행되던 비공식적 채널을 통한 협력방식을 공식적 채널을 통한 협력방식으로 대체했다. 루스벨트는 미국 의회의 반대를 명분으로 삼아 좀처럼 영국이 원하는 부채협상 결과를 용인하지 않았다. 루스벨트의 비타협적인 태도에 영국 정부와 외교관들의 인내심은 한계에 다다랐고 양국 관계는 급속히 냉각되었다. 대공황이 미국 경제를 강타한 상황에서 루스벨트로서는 유럽에서의 문제보다 자국 내 경제위기를 극복하는 것이 급선무였다. 이로써 비공식적 채널을 통해 진행되던 1920년대의 영-미 협력은 민주당 정부에 오면서 이전과 같은 준정부적 기능을 수행할 수 없었다. 이

32 Stephen A. Schuker, *The End of French Predominance in Europe: The Financial Crisis of 1924 and the Adoption of the Dawes Plan* (ACLS Humanities E-Book, 2008); Frank Costigliola, "The United States and the Reconstruction of Germany in the 1920s," *Business History Review*, Vol. 50, No. 4 (1976), pp. 477-502.

로써 영-미 협력은 대폭 약화되었고 양국 정부 모두 대공황의 충격으로부터 벗어나기 위한 노력이 정책의 우선순위로 자리 잡게 되었다.

전쟁부채문제에 대한 루스벨트의 오락가락하는 비협조적 태도에도 불구하고 체임벌린(Neville Chamberlain)은 영국은 유럽과 미국 사이에서 중재역할을 해야 한다고 역설했다.

> 배상금문제에 대해서 영국은 유럽 국가들을 교육해야 하며, 전쟁부채문제에 대해서는 미국을 교육해야 한다.[33]

그러나 영국의 인내심은 1930년대 중반부터 바닥이 나기 시작했다. 대공황으로 여유가 없어진 미국은 고립주의적인 의회 뒤에 숨으려고 했으며 영국은 이러한 루스벨트 행정부의 태도를 참지 못했다. 마침내 영국은 1934년 6월 전쟁부채에 대한 디폴트를 선언했고 핀란드를 제외한 다른 유럽 국가들도 이를 뒤따랐다. 미국은 디폴트에 대해서 자국 자본시장에 대한 접근권을 제한하는 것 외에는 별다른 조치를 취할 수 없었다. 결국 1920년대 영-미 협력을 유도해낸 전쟁부채문제는 1930년대에 접어들면서 해결의 실마리를 찾지 못한 채 파국을 맞게 되었다.

(2) 금본위제도 복귀문제

전후 세계경제의 재건에서 가장 중요한 문제는 전쟁으로 중단되었던 금본위제도를 재건하는 것이었다. 1871년, 독일의 금본위제도 채택 이후 유럽과 아시아, 아메리카 대륙으로 확산된 금본위제도는 1914년 1차 대

33 McKercher, *Transition of Power*, pp. 161-162.

전이 일어나기 전까지 비교적 원활히 작동했던 최초의 국제통화제도였다. 영국에게 금본위제도는 단순히 하나의 국제통화제도 이상의 의미를 가지고 있었다. 금본위제도는 런던이라는 금융 중심지의 상징이자 고전적 자유주의 아래 세계경제를 지휘했던 영국 패권의 상징이었다.

1차 대전은 영국이 통화영역에서 누려왔던 패권적 지위에 심각한 타격을 주었다. 전쟁으로 인해 금본위제도가 중단되면서 영국 패권의 영향력이 약화되었을 뿐만 아니라 채권국이자 자본수출국이었던 영국의 금융지위가 채무국으로 전락하게 되었다. 그러나 중단된 금본위제도는 복구하면 되고 전쟁으로 인한 채무는 금본위제도가 복구되고 국제무역이 회복되면 변제할 수 있을 것으로 생각되었다. 전쟁이 영국의 금융지위에 가져온 더 심각한 타격은 미국의 등장이었다. 이전까지 단 한 번도 영국의 통화적 지위를 위협하지 않았던 미국이 막대한 전쟁채권과 경제력을 기반으로 전쟁 직후 영국의 금융패권에 도전하는 경쟁자로 출현한 것이다.

미국의 도전은 사실 전쟁 전부터 준비되어왔던 것이었다. 오랫동안 중앙은행 없는 자유은행 체제를 유지해온 미국은 1913년 연방준비은행을 설립하면서 국제통화와 금융 중심지를 둘러싼 국가 간 경쟁에 발을 들여놓았다. 연방준비은행을 출범시킨 미국 정부의 목표는 분명했다. 바로 국내 금융시장을 적극적으로 육성하여 뉴욕을 런던에 버금가는 금융의 중심지로 올려놓고 달러를 파운드에 버금가는 국제통화로 격상시키는 것이었다. 당시 연방준비은행이 해야 할 역할에 대해 1923년 연방준비위원회 회의록은 다음과 같이 기록하고 있다.

> 영란은행과 같은 엄격한 정책은 국내[미국] 어음시장에 항상 적합한 것이 아니다. 이런 엄격한 정책은 국제무역과 해외 자본시장에서 달러 신용과 달러 어음들에 부정적인 영향을 줄 수 있으며, 이러한 정책이 시행

되면 파운드가 달러를 자본시장에서 순식간에 밀어내고 말 것이다. 따라서 미국은 당분간 미국 내 달러 어음시장에 대해 후견주의적인 태도(paternalistic attitude)를 취해야 할 것으로 보인다.[34]

"후견주의적인 태도"란 곧 부상국이 패권국을 추격할 때 시장에 모든 것을 맡겨두는 것이 아니라 국가의 적극적인 개입과 지원이 필수적임을 의미한다. 이와 같이 미국 정부는 연방준비위원회를 통해 미국 금융시장의 성장을 적극적으로 지원했다. 전쟁으로 인한 유럽으로의 수출증가와 남미시장에서 미국의 영향력 증대는 미국 금융시장의 성장을 더욱 가속화했다. 그 결과 1920년대 말이 되면 미국은 무역신용시장 규모에서 영국을 추월하게 된다.

이러한 미국 금융의 급성장은 영국을 초조하게 만들었다. 영국은 하루빨리 금본위제도를 복구하여 영국 중심의 금융질서를 회복하는 것이 매우 중대한 국가이익이라고 생각했다. 그리고 그 결정의 시간이 다가왔다. 1925년 영국은 1차 대전에 의해 중지되었던 금태환 재개 여부를 최종 결정해야 하는 상황에 직면했다.[35] 당시 이를 논의하기 위해 재무장관 처칠은 재무차관 니마이어(Sir Otto Niemeyer), 브래들리(Lord Bradley), 케인스, 그리고 매키나(Reginald McKenna)로 구성되는 자문단을 꾸려 금본위제도 복귀에 대한 회의를 진행했다. 회의 결과는 잘 알려져 있다시피 영국이 전전(戰前) 비율로 금태환을 재개하는 것이었다.

금태환 재개를 둘러싼 주요 쟁점은 크게 두 가지로 요약할 수 있

34 연방준비위원회 산하 공개시장투자위원회 회의록, 1923, p. 5. Barry Eichengreen and Marc Flandreau, "The Federal Reserve, the Bank of England, and the Rise of Dollar as an International Currency, 1914-1939," Presented at the 9th BIS Annual Conference, 2010, p. 8에서 재인용.

35 금태환 재개란 파운드를 약속된 양의 금으로 태환해준다는 공약을 말한다. 따라서 금태환 재개와 금본위제도 복귀는 같은 의미이다.

다. 하나는 전전 비율로의 회복이 가져올 구조조정이 과연 불필요한 것인가라는 점이다. 케인스와 매키나는 전전 비율로 금태환을 재개하는 것에 강력하게 반대했다.[36] 케인스는 영국과 미국의 가격차이는 환율이 보여주는 2.5퍼센트가 아니라 10퍼센트라고 주장하며 전전 비율($4.86 5/8)로 돌아가는 것은 디플레이션을 야기할 것이라고 경고했다.[37] 금태환 재개를 찬성하던 브래들리는 금본위제야말로 영국 경제를 실패나 환상에 빠지는 것을 막아줄 수 있는 중요한 장치라고 강조했다. 즉 하락된 환율에 의해 유지되는 수출과 생산활동은 사실 환율 효과에 의존한 것이지 영국의 진정한 경쟁력이 아니라는 것이다. 브래들리는 환율절하가 불가피하다는 케인스의 주장을 일축하며 "단기적이고 작은 이익 때문에 영국의 국제적 평판을 위태롭게 하고 신뢰위기를 가져올 수 있는" 행동을 영국이 해서는 안 된다고 강조했다.[38] 전전 비율로의 평가절상은 오히려 영국이 경쟁력을 가진 금융, 보험, 운송업의 발전을 가져올 것이라고 보았다. 케인스는 이러한 주장에 대해 처칠을 설득할만한 명확한 입장을 제시하지 못했고, 그 결과 전전 비율로의 회복을 막지 못했던 것으로 전해진다.[39]

그러나 영국의 금본위제도 복귀논쟁에서 보다 중요한 쟁점은 평가절상으로 인한 비용보다 영국의 국제적 지위, 혹은 위신에 관한 것이었다. 사실 경제와 금융에 대한 지식이 없던 처칠에게 금본위제도의

36 잘 알려진 바와 같이 케인스는 이후 저작에서 1925년 영국의 이러한 결정이 중대한 실수였음을 신랄하게 비판했다. John M. Keynes, *The Economic Consequences of Mr. Churchill* (London: L. and V. Woolf, 1925).

37 P. J. Grigg, *Prejudice and Judgement* (London: Jonathan Cape Thirty Bedford Square, 1948), p. 182.

38 *Ibid*., p. 183.

39 James Ashley Morrison, "The 1925 Return to Gold: Keynes and Mr. Churchill's Economic Crisis," Presented at American Political Science Association Meeting, 2009.

복귀에 대한 결정은 이 두 번째 맥락에서 더 중요성을 가졌다. 처칠은 당시 회의에서 케인스와 매키나가 제시한 전전 비율로의 복귀가 가져올 부정적 결과를 듣고 난 후 이들에게 다음과 같이 물었다.

> 그런데 이 문제[전전 비율로의 복귀]는 전적으로 경제적인 문제가 아닙니다. 이것은 정치적인 결정입니다. 왜냐하면 이 결정은 우리가 1918년에 천명했던 것을 완수할 수 있느냐는 것을 보여주는 것이기 때문입니다. 당신[매키나]은 정치인이었고 재무성 장관이었잖소. 지금 상황에서 그렇다면 당신은 어떤 결정을 내리겠소?

처칠에게 전전 비율로의 복귀는 전쟁 이후의 국제경제질서에서 영국의 위상이 전전의 그것과 달라지지 않았음을 천명하는 공식적인 선언이었다. 따라서 이러한 처칠의 질문에 매키나는 다음과 같이 답할 수밖에 없었다.

> 네, 다른 방법이 없습니다. 우리는 과거[전전 비율]로 돌아가야겠지요. 그렇지만 그건 지옥일 것입니다.[40]

금태환 재개 결정의 배경에는 국제금융 중심지로서의 런던과 무역결제와 자본거래의 중심통화인 파운드의 지위를 위협하는 미국이라는 새로운 경쟁자의 그림자가 짙게 드리워져 있었다. 미국 정부 역시 영국의 이러한 의도를 정확하게 간파하고 있었으며 영국이 제안하는 파운드 중심의 금태환본위제에 대해서 매우 회의적이고 비판적인 태도를 견지했다.

40 Grigg, *Prejudice and Judgement*, p. 184.

그러나 영국의 금본위제도 복귀에 대해 냉담한 미국의 공화당 정부와는 달리 미국 연방준비은행을 이끌고 있던 스트롱과 미국 금융계를 대표하여 국제통화질서의 재건에 적극적으로 개입하고 있던 모건그룹의 입장은 매우 달랐다. 스트롱과 모건그룹은 영국의 금본위제도 복귀를 열렬히 환영했으며 그에 따른 지원을 약속했다. 모건그룹은 영국 협력업체인 모건-그렌펠(Morgan, Grenfell & Co.)을 통해 전쟁 직후부터 영국의 금본위제도 복귀를 촉구해왔으며 스트롱 역시 영국이 금본위제도로 복귀하면 연방준비은행의 할인율정책을 통해 영국의 부담을 덜어주겠다고 약속했다.[41]

영국의 금본위제도 복귀에 대한 미국 행정부와 금융계의 온도차는 여러 가지 일화를 통해 확인된다. 그 대표적인 예가 바로 1927년 뉴욕 연방준비은행의 할인율 인하결정이다. 1925년 영국이 전전 비율로 금본위제도를 부활시킨 뒤 금융시장은 비교적 조용히 금본위제도의 부활을 받아들이는 듯했다. 그러나 1927년에 접어들면서 영국의 무역수지는 지속적으로 악화되었고 영국 파운드화가 과대평가되었다는 인식이 시장에 확산되기 시작했다. 영란은행에서 파운드를 팔고 금을 매입하려는 요구가 빗발쳤고 영란은행은 급속하게 금보유고를 상실했다. 파운드 방어에 대한 미국의 협력을 요청하기 위해 노먼은 노구를 이끌고 뉴욕으로 건너와 모건그룹과 뉴욕의 금융가들을 만나 도움을

41 스트롱은 금본위제도 복귀를 상의하기 위해 미국을 방문한 노먼과의 대화에서 "영국의 금본위제도 복귀는 미국의 이익에 철저히 부합할 뿐만 아니라 유럽의 이익에도 부합하는 것"이라고 강조했으며, 노먼에게 이에 대한 미국 재무부 장관(Andrew Mellon)의 비공식적 동의를 구했음을 알려주었다. Norman to Deputy Governor of the Bank of England Cecil Lubbock, January 6, 1925, Treasury Papers, T172/1500A. Michael J. Hogan, *Informal Entente: The Private Structure of Cooperation in Anglo-American Economic Diplomacy, 1918-1928* (Chicago: Imprint Publications, 1991), p. 73에서 재인용.

청했다. 스트롱은 뉴욕 연방준비은행의 할인율을 낮추어 금이 뉴욕에서 런던으로 향하도록 돕겠다고 약속하고 모건그룹도 이러한 노력에 도움을 주겠다고 약속했다. 노먼은 지극한 감사의 뜻을 표하고 귀국했다. 그러나 스트롱의 이러한 결정은 공화당 행정부로부터 심각한 비판을 받았다. 당시 상무부 장관이었던 후버(Herbert Hoover)는 스트롱의 이러한 결정을 "유럽으로의 정신적 합병"(mental annex)이라고 맹비난했고, 이러한 결정이 결국 국내의 투기 붐을 조성하여 주식시장의 거품을 야기할 것이라고 경고했다.[42]

영국의 금본위제 방어에 대한 스트롱과 모건그룹의 지원은 1928년 스트롱이 건강악화로 뉴욕 연방준비은행장직에서 물러남으로써 중대한 전환점을 맞는다. 스트롱의 뒤를 이어 뉴욕 연방준비은행장직을 맡은 해리슨(George Harrison)은 노먼을 비롯한 유럽의 중앙은행장들과 친분관계가 없었을 뿐만 아니라 친영파도 아니었으며, 유럽 내 문제에 대해 깊은 지식과 공감을 갖고 있던 인물도 아니었다. 이에 따라 스트롱의 퇴임은 자연스럽게 국제주의적이고 친영(親英)적이었던 연방준비은행의 정책이 미국 행정부와 의회의 영향력이 더 적극적으로 반영되는 쪽으로 변화하는 전환점이 되었다. 더 나아가 모건그룹을 비롯한 미국의 금융권은 1929년 뉴욕 주식시장의 폭락과 뒤이은 대공황으로 인해 경제위기의 원흉으로 몰리게 되면서 더 이상 행정부로부터 독립성을 유지하기 어려운 상황에 처하게 되었다. 이러한 변화는 아마 스트롱이 1928년에 죽지 않았어도 크게 달라지지 않았을 것이다. 어쨌건 스트롱의 퇴장과 대공황은 연방준비은행과 모건그룹의 공조에 심각한 타격을 주었다.

42 Kunz, *The Battle for Britain's Gold Standard in 1931*, p. 18.

4. 제2차 세계대전과 브레튼우즈 회의, 그리고 금융패권의 이전

제2차 세계대전은 영-미 세력전이의 마지막 결정적 전환점이 되었다. 패권적 리더십에 대해 소극적이던 미국은 전쟁에 전면적으로 참여하면서 새로운 자본주의 세계의 리더로 떠올랐고, 쇠락의 길을 걷던 영국은 2차 대전으로 인해 그 침체가 더욱 분명해졌다. 1930년대까지 금융에 있어서 여전히 중심적인 지위를 유지해오던 런던과 영국계 금융기관들의 역할은 전쟁과 함께 그 영향력이 급속히 위축되었고, 산업생산과 무역에서 미국의 지위는 이제 영국의 도전을 걱정할 필요가 없는 위치로 올라섰다.

그러나 전쟁으로 인해 확실해진 지위의 변화가 곧 제도적인 변화로 이어진 것은 아니다. 영국과 유럽 국가를 중심으로 전간기에 설립된 국제결제은행(Bank for International Settlements)이나 국제적인 네트워크를 유지하고 있는 영국계 금융기관, 국제무역과 자본시장에서 여전히 일정한 영향력을 유지하고 있는 파운드화, 그리고 무엇보다도 영국 중심성의 상징으로 여겨지는 국제적인 금본위제도의 부활에 대한 문제가 아직 남아있었다. 영국 패권은 몰락하고 있었지만 영국 패권이 만들어 놓은 제도와 이념은 사라지지 않았던 것이다.

1933년 이래 입법부와 행정부를 장악해온 미국의 민주당은 2차 대전의 승운이 분명해짐에 따라 전후 세계경제질서에서 영국 패권의 흔적을 말끔히 지우고 미국 중심의 경제질서를 수립하기 위한 전략을 수립했다. 그 밑그림의 핵심은 자유무역과 미국의 달러를 중심으로 한 금태환본위제도의 건설이었다. 케인스가 이끄는 영국의 경제정책 결정가들과 재무장관 모겐소(Henry Morgenthau, Jr.), 그리고 재무부 관료 화이트(Harry D. White)가 주축이 된 미국의 경제정책 결정가들은 모두 자유무역의 회복과 금태환본위제도로의 복귀에 대해 이견이 없었다.[43] 더 나아가 영국과 미국은 자본통제를 통해 전간기에서와 같은 투기적 자본이동을 금지해야 한다는 점에 대해서도 의견을 같이했다. 이와 같은 공유된 신념은 1944년 브레튼우즈에서의 회의를 준비하는 과정에서 재차 확인되었고 회의 진행과정에서 영국과 미국은 매우 효율적인 공동 리더십을 보여주었다.

그러나 영국과 미국은 몇 가지 사항을 두고 중대한 입장 차이를 보였다. 첫 번째는 금태환본위제도의 중심통화를 어떤 통화가 담당해야 할 것인지에 대한 것이었고, 두 번째는 국제수지의 불균형을 시정하는 메커니즘에 대한 견해 차이였다. 케인스는 금태환본위제도의 중심통화를 브레튼우즈 회의에서 명문화하는 것을 격렬하게 반대했고 국제수지 불균형을 시정하기 위해서 국제청산은행(International Clearing Bank)을 제안했다. 국제청산은행은 국가들이 뱅코르(bancor)라고 불리는 은행권을 구입한 뒤 뱅코르의 수입과 지출을 통해 국가 간의 화폐를 고정된 환율로 사고파는 곳이다.

영국 측 회의 준비 대표자인 케인스에게 이 두 가지 사항은 서로 분리된 것이 아니었다. 국제청산은행과 뱅코르에 대한 제안은 곧 특정 국가의 통화를 금태환본위제도의 중심통화로 삼지 말고 제3의 국제통화를 새롭게 만들자는 계획이었다. 케인스의 이러한 생각은 한편으로는 국제적으로 유통되는 통화의 양을 증가시켜야 한다는 그의 경제이론을 반영한 것이기도 했지만,[44] 사실은 더 이상 국제통화로 기능할 수

43 영국은 제국령 국가들 사이에 존재하는 특혜관세를 인정해줄 것과 자유무역이 진행되기 위한 전제조건으로 미국에 의한 무조건적인 대규모 재정지원을 요구했다. 당시 미국 민주당 행정부는 이에 대해 유보적인 입장을 취했다.

44 국가들은 금을 통해 뱅코르를 구입할 수는 있지만 뱅코르를 금으로 태환할 수는 없었다. 따라서 개별 국가들이 사고파는 뱅코르의 전체 양은 줄어들지 않도록 설계되었다. Benn Steil, *The Battle of Bretton Woods: John Maynard Keynes, Harry Dexter*

없는 파운드의 운명을 고려할 때, 미국의 달러가 국제통화로 명시되어 파운드의 몰락이 가속화되고 국제금융의 중심지로서 런던의 지위가 쇠락하는 것을 막고자 하는 의도가 다분했다.

미국 측 회의 준비 대표자인 화이트에게 케인스의 제안은 미국으로 하여금 자신이 이미 가진 권한을 포기하라는 것으로 받아들여졌다. 회의 준비 과정에서 화이트는 케인스의 국제청산은행 안에 대해 분명한 반대를 표시했으며 미국의 달러를 중심으로 한 금태환본위제도를 전후의 국제통화제도로 제안했다. 또한 미국이 가장 많은 기금을 출연하는 국제통화기금을 설치하여 국제수지의 불균형을 겪고 있는 국가를 지원하도록 했다. 브레튼우즈 회의에 임하는 미국 측 대표인 화이트의 목표는 분명했다. 국제통화기금과 세계은행을 미국에 유치하고 달러를 공식적인 금태환본위제도의 중심통화로 명문화함으로써 국제금융의 중심지를 런던에서 뉴욕으로, 금융패권을 영국에서 미국으로 옮겨오는 것이었다. 이러한 임무에 "통화문제에 관한 한 철저한 민족주의자"인 화이트보다 더 적임자는 없었다.[45]

화이트는 회의 주최국 대표로서의 권한과 국제통화기금과 세계은행에 가장 큰 출연을 하는 미국 대표로서의 지위를 효과적으로 활용하여 자신의 목적을 거의 모두 달성할 수 있었다. 그리고 이러한 화이트의 철두철미한 전략과 실행을 재무장관인 모겐소는 적극적으로 지지했다. 국제통화기금과 세계은행이 영국이 아닌 미국에 위치할 것이라는 결정이 내려지고 난 뒤 『뉴욕타임스』는 "영국, 런던을 세계 기금 중심으로 유지하려는 싸움 포기"라는 머리기사를 내보냈다.[46] 이 과정에

White, and the Making of a New World Order (Princeton and Oxford: Princeton University Press, 2013), p. 143.

45 *Ibid.*, p. 108.

46 "British Give Up Fight to Retain London as World Fund Center; Keynes Withdraws

서 케인스에 동정심을 느낀 회의의 또 다른 미국 대표인 애치슨(Dean Acheson)이 국제통화기금과 세계은행의 위치선정에 대한 결정은 회의에서 논의할 것이 아니라 정부 간 협상을 통해서 해야 되지 않는가라고 문제를 제기하자 모겐소는 다음과 같이 단호하게 말했다.

> 자, 이 문제[국제통화기금과 세계은행의 위치에 대한 문제]는 결국 내게 다음과 같은 점으로 정리된다. 세계금융의 중심지는 뉴욕이 될 것이며 미국은 이 결정을 장차 미국에게 사태가 불리하게 전개될지도 모르는 미래로 미루어서는 안 된다는 것이다. 만약 그렇게 된다면 미국이 다른 나라들에게 무엇인가 보상을 해줘야 하는 위치가 될 수도 있고 결국에는 런던으로 금융의 중심지가 위치하게 될 수도 있다.[47]

이틀 뒤 모겐소는 화이트를 비롯한 재무부 관리들에게 애치슨의 발언이 반역죄(treason)에 해당되는 것이 아닌지 물었다고 할 정도로 미국 재무부의 국제통화기금과 세계은행의 위치선정에 대한 문제는 심각하고 중대한 것이었다.

한 가지 흥미로운 사실은 브레튼우즈 회의에서 구체화된 금태환본위제도라는 기획이 1925년 제노아 회담에서 영국에 의해 최초로 제안된 기획과 그 구조에 있어서는 큰 차이가 없다는 점이다. 그러나 1925년의 영국의 기획과 1944년 미국의 기획 사이에는 내용상의 중요한 차이점이 있었다. 그것은 바로 금태환본위제도의 기축통화가 파운드에서 달러로 바뀌었다는 점이다. 화이트와 모겐소는 달러를 파운드

Resolution, but Asks That Final Decision on Location Be Deferred-U.S. to Be Headquarters Now," *New York Times*, July 19, 1944, p. 5. Steil, *The Battle of Bretton Woods*, p. 224에서 재인용.

47 Steil, *Ibid.*, pp. 201-249.

를 대신할 국제통화로 공식화하기 위한 주도면밀한 계획을 세웠으며 건강이 급격히 악화된 케인스는 이러한 미국의 주도면밀한 계획에 속수무책으로 당하고 말았다. 케인스는 회의가 끝나고 나서야 미국이 협정문에 달러를 중심으로 한 금태환본위제도를 국가 간 합의의 형태로 채택했음을 알게 된다.[48]

국제통화질서의 주도권을 둘러싼 영국과 미국의 치열한 물밑경쟁에도 불구하고 브레튼우즈에서의 회의 결과는 전쟁 이후의 국제경제질서에 대한 영국과 미국의 원칙적 합의를 재확인한 중요한 자리었다. 자유무역의 회복을 제1원칙으로 내세우고 통화제도를 그에 복속시켜야 한다는 케인스와 화이트의 공유된 믿음은 고전적 자유주의의 회복을 염원했던 국제금융가들의 기대를 회의과정에서 철저하게 배제하고 자본통제(capital control)에 기반한 고정환율제도라는 내재된 자유주의를 등장시켰다.

5. 맺으며

제1차 세계대전 후 영국은 채권국에서 채무국으로, 금본위제도의 지휘자에서 변동환율제의 일개 참여자로, 그리고 어떤 두 강대국보다도 더 많은 함대를 보유했던 최강대국에서 이제 군축협상을 통해 함대수의 균형을 추구하는 국가로 변모한 자신을 발견했다. 1920년대 영국이 직면한 과제는 전쟁이 영국의 패권적 지위에 남긴 흔적을 깨끗이 지우고 유럽을 재건하여 신속하게 전전의 국제질서로 돌아가는 것이었다.

48 Robert Skidelsky, *John Maynard Keynes 1883-1946: Economist, Philosopher, Statesman* (New York: Penguin Books, 2003), pp. 756-768.

미국이라는 새로운 강대국의 급성장은 영국의 계획을 복잡하게 만들었다. 미국은 남미와 캐나다, 그리고 아시아 곳곳에서 경제적·군사적 영향력을 확대해나갔고, 이에 따라 이 지역에서 영국의 영향력을 급속하게 지워나갔다. 1차 대전 이전까지 영국에게 그저 하나의 강대국(a great power)에 불과했던 미국이 1920년대에 접어들면서 영국의 패권적 지위를 위협하는 경쟁자이자 중대한 위협으로 등장한 것이다.

그러나 영국에게 미국은 단지 위협으로만 존재하는 것은 아니었다. 유럽 국가 간 무역과 금융의 관계망을 재건하기 위해서는 미국의 도움이 절실했다. 영국 혼자만의 힘으로는 파운드를 다시 금본위제도 위에 올려놓고 복잡하게 얽힌 전쟁부채와 배상금의 실타래를 풀어낼 수 없었다. 경제위기에 빠진 독일과 오스트리아를 지원하고 영국과의 협력을 거부한 채 독일에게 배상금 상환을 압박하는 프랑스를 달래기 위해서는 채권국 미국의 도움이 절실했다. 바로 이런 점이 영국이 고립주의적 태도를 고수하는 미국에게 지속적으로 협력을 구한 이유였다.

미국에 대한 영국의 애증관계는 비단 경제영역에서만 국한된 것이 아니었다. 1930년대 중반에 접어들면서 영국에서는 독일과 일본에서 준동하는 파시즘과 군국주의 세력들이 장차 베르사유 조약(Treaty of Versailles)에서의 합의사항을 깨고 주변 국가에 대한 침공을 시도할 것이라는 우려가 증가했다. 독일과 일본이라는 유럽과 아시아에서의 적과 대결하기 위해서 영국 외교정책 혹은 동맹정책의 우선순위가 무엇이 되어야 하는가에 대해 영국 외무부의 입장은 양분되었다. 1920년대 미국과의 전쟁불사를 주장하던 밴시타트(Sir Robert Vansittart)는 1930년대 중반에 이르면 독일에서의 위협이 더 위중하다고 판단하여 미국과의 적극적인 협력을 주장한다. 반면 일본을 더 위중한 위협으로 간주한 피셔(Warren Fisher)는 일본과의 협상에 미국은 걸림돌만 될 뿐이며 미국은 앞으로 의미 있는 강대국이 되지 못할 것이라고 주장한다.

> 미국은 영국이 일본과의 관계를 형성하는 데에 중대한 장애가 되고 있다. 나[피셔]는 영국이 미국으로부터 멀어져야 한다(disentangle)고 생각한다. 미국은 우리에게 아무 소용도 없으며 오히려 우리에게 해가 되는 방식으로 우리를 일본과의 관계에 이용할 것이다.[49]

그러나 1934년 이후부터는 밴시타트의 견해가 영국 외무부에서 더 중요해지고 유럽에서의 세력균형이 영국 외교정책의 중심에 오게 된다. 유럽 문제에 있어서 영국은 미국과의 긴밀한 협력을 추구하기보다는 국내문제에 관심이 집중된 미국을 무시하고 유럽 문제에 대한 주도권을 행사하는 방식으로 전환했다.

미국에게도 영국은 잠재적 위협이자 협력의 대상이었다. 1차 대전 이후 급증하는 미국의 국력은 양국 관계를 1차 대전 직전 영-독 관계와 유사한 갈등관계로 몰고 갈 가능성이 높았다. 그러나 "유럽은 미국의 최고의 고객"(Europe is our best customer)[50]이었기에 유럽의 재건은 미국에게 중요한 과제였고, 이를 위해서는 복잡하게 얽힌 전쟁부채와 배상금의 실타래를 풀고 위기에 빠진 국가들에게 자금을 지원해주는 역할을 누군가가 떠맡아야 했다. 1920년대 국제관계에서 영국은 그러한 역할을 떠맡을 능력이 없었고 미국의 공화당 행정부는 그러한 의지가 없었다. 대신 1920년대에 그 역할을 떠맡은 것은 중앙은행과 다국적 금융기관이었다.

호건을 중심으로 한 미국의 수정주의 역사가들이 주장한 민간부문의 '비공식적 협약'은 금융통화정책에서 영-미 간 협력방식을 이해

49 Warren Fisher to Hankey [DRC 16], February 12, 1934. McKercher, *Transition of Power*, pp. 183-184에서 재인용.

50 Woodrow Wilson, "Address to Congress on the High Cost of Living," August 8, 1919. Hogan, *Informal Entente*, p. 21에서 재인용.

하는 단초를 제공해주었으나, 패권 경쟁에 처한 두 국가가 그러한 협력으로 나아가게 된 계기에 대한 충분한 설명을 제공하지는 못했다. 이 장에서는 비공식적 협약이 1920년대에 제한적이나마 성공적으로 작동될 수 있었던 것은 양국 관계에서 세 가지 요인이 동시에 작동했기 때문이라고 보았다. 첫째는 양국의 금융통화정책 담당자들이 고전적 자유주의라는 신념을 공유하고 있었다는 것이고, 둘째는 금융통화정책 담당자들이 행정부 수반으로부터 상당한 대내적 독립성을 가지고 있었다는 점이며, 셋째는 금융통화정책 담당자들이 긴밀하고 협력적인 국제적인 네트워크를 구축하고 있었다는 점이다.

1930년대 중반에 접어들면서 영-미 협력의 템포는 차츰 어긋나기 시작한다. 영국과 미국 모두 금본위제도로부터 탈퇴하면서 대공황에 대처하는 양국의 정책적 실험은 비슷한 방향으로 움직였다. 그러나 1930년대 중반 이후 양국 관계는 1920년대의 그것과 사뭇 달랐다. 먼저 미국에서는 벤저민 스트롱이 뉴욕 연방준비은행장직에서 물러나면서 스트롱이 오랫동안 유지해온 통화정책의 자율성이 급격하게 약화되기 시작했다. 스트롱을 계승해서 연방준비은행을 대표하게 된 해리슨은 스트롱만큼의 리더십을 보이지 못했으며, 대공황으로 인한 국내경제사정의 악화로 인해 금융통화정책의 주도권은 점차 미국 재무부의 영향력 아래에 놓이게 되었다.

영-미 협력 약화의 또 다른 요인은 바로 금융통화부문의 국제적인 네트워크가 약화된 점이다. 1933년 이후에 등장한 민주당 행정부는 전쟁부채 협상 등을 통해 축적되어온 다양한 민간부문의 비공식적 채널을 공식적 채널로 대체했다. 경제위기 극복을 내걸고 의회와 행정부를 장악한 민주당 행정부는 자연스럽게 국제적인 문제보다는 국내경제 회복에 더 큰 우선순위를 둘 수밖에 없었다. 정부로부터 비공식적 위임이나 승인을 받지 못한 민간부문의 네트워크는 준정부적 기능을 수행할 수 없었고, 결국 '비공식적 협약'은 1930년대 이후 양국 관계에서 급속하게 약화되었다.

금융통화정책의 자율성과 금융통화영역의 국제적인 네트워크는 약화되었지만, 1930년대 말 이후의 양국 관계는 2차 대전의 발발과 진주만 공습, 그리고 미국의 전면적인 참전을 거치면서 군사적 동맹국가로 전환되었다. 이로써 양국 관계를 악화시키던 미국 내의 고립주의 외교노선이 약화되었고[51] 영-미 관계는 새로운 전환점을 맞이하게 된다.

이 장에서는 1차 대전 직후부터 2차 대전의 종전까지 진행된 영국에서 미국으로의 금융패권의 이전과정을 살펴보았다. 그 이전과정은 양국 간의 전쟁을 동반하지 않았다는 의미에서 '평화적'이었다. 그러나 그것이 세력전이이론이 주장하는 바와 같이 '현 상태에 대한 선호'를 공유하는 국가들의 평화로운 계주(繼走)인 것은 아니었다. 오히려 20세기 초중반의 영-미 관계는 '경쟁과 협력의 변주곡'으로 보는 것이 더 타당할 것이다.

다시 정리하면 1920년대는 금융과 통화영역에서 영국에 대한 미국의 추격이 본격화된 시점이었으며, 공식적인 정부 간 관계에서는 협력보다는 갈등과 불협화음이 더 빈번히 노출된 시기이기도 했다. 그러나 이와 동시에 1920년대는 양국이 금융통화영역에서 긴밀한 협력을 추구하던 시기이기도 했다. 양국은 고전적 자유주의라는 공유된 경제이념, 통화정책의 상대적 자율성과 노먼과 스트롱의 리더십, 그리고 모건그룹을 비롯한 금융부문의 국제적 네트워크를 통해 전쟁부채문제와 국제금본위제도 재건과정에서 국제적인 협력을 추구할 수 있었다.

1933년부터 집권한 미국의 루스벨트 행정부는 이전 공화당 정부

51 John Lewis Gaddis, *We Now Know: Rethinking Cold War History* (Cambridge: Oxford University Press, 1997), pp. 35-36.

에서 영-미 관계 조율의 중요한 역할을 담당하던 비공식적 채널보다는 외교라인을 통한 공식적 채널을 선호했다. 또한 정책의 우선순위에서도 국제적인 협조와 양보보다는 대공황으로 어려움에 처한 국내경제의 회복에 더 큰 중요성을 부여했다. 이로 인해 영국과의 관계는 점차 악화되었고 영국은 루스벨트 행정부의 비타협적 태도에 인내심을 잃었다. 영국의 국내경제 상태는 더욱 악화되면서 1934년 영국은 전쟁부채에 대한 디폴트를 선언하였다. 이로써 1930년 중반 이후 양국 관계는 급속히 냉각되었으며, 만약 히틀러의 등장과 일본의 군국주의화라는 새로운 변수가 등장하지 않았다면 영-미 관계는 전혀 다른 방식으로 전개될 수 있었다.

그러나 1930년대 후반의 영국은 스스로는 독일과 일본을 동시에 상대할 수 있는 군사력을 갖추고 못하다는 점을 잘 알고 있었으며, 따라서 미국이 영국을 필요로 하는 그 이상으로 영국은 미국을 필요로 했다. 대공황 극복이라는 국내문제에 함몰되어 있던 미국은 경제외교 외에는 국제문제에 전면적으로 개입하는 것을 극도로 자제했다. 고립주의 외교노선과 미국 의회의 강력한 행정부 견제는 미국으로 하여금 영국에 도전하여 패권적 지위를 스스로 확보할 가능성을 차단했다. 킨들버거의 표현대로 미국은 세계경제를 이끌 리더가 될 능력이 있었지만 의지가 없었던 것이다.

일본의 진주만 공습으로 미국이라는 잠자는 거인(sleeping giant)이 깨어났고, 종전이 임박하여 개최된 브레튼우즈에서의 회의에서 미국은 자신을 영국을 대체하는 새로운 금융패권국으로 공식적으로 선포했다. 1944년 회의 당시 영국의 처지는 당시 영국 측 대표였던 병약한 케인스에 의해 상징적으로 대변되었다. 영국은 새로운 국제통화질서에 대한 상을 가지고 있었지만 그 주인공이 될 힘도 전략도 지원군도 없었다. 이제 국제금융의 새로운 주인공은 미국이었다.

독일의 부상과 재무장, 그리고 2차 대전의 발발은 반세기 넘게 지속된 영국과 미국의 패권 경쟁에 종지부를 찍은 역사적 사건 중 하나임이 분명하다. 추축국이라는 안보적 공동 위협에 대응하기 위해서 영국은 미국의 협력이 절실했고 미국 역시 영국과의 협력이 필요했다. 그러나 공유하는 안보적 위협이 채 등장하지 않았던 20세기 초중반 영-미 관계의 동학을 온전히 이해하기 위해서는 독일의 부상과 재무장, 그리고 2차 대전의 발발이라는 역사적 사건 이전으로 돌아가, 전략적 불확실성 아래에서 패권 경쟁을 하던 영국과 미국의 정책 결정가를 마주해야 한다. 추축국이라는 안보적 공동 위협이 등장하기 이전까지 영-미 관계는 상당한 전략적 불확실성에 놓여 있었으며, 이러한 전략적 불확실성하에서 '평화적 세력전이'의 가능성을 유지시켰던 중요한 요인 중의 하나가 바로 금융통화영역에서의 영-미 협력이었다.

3장

패권국-부상국 간의 상호인식: 21세기 미-중 관계의 사례

정재호

1. 들어가며

21세기 국제관계 최대의 화두는 재론의 여지없이 중국의 '부상/부흥'이며, 이것이 향후 세계질서의 형성과 변동에 미치게 될 영향과 그 함의에 대한 것이라 하겠다. 국내총생산(GDP) 기준으로 2003년 세계 7위이던 중국은 거의 매년 추월을 거듭해 2007년 독일을 따라잡으며 세계 3위의 경제대국으로 올라선 지 3년 만인 2010년 2위국인 일본까지 제치게 된다. 또 2014년에는 '구매력 환산 지수'(PPP) 기준으로 미국의 경제규모를 이미 넘어섰으며, GDP 절대액 기준으로도 2025년 이전에 미국을 추월할 가능성이 높은 것으로 널리 전망되고 있다. 뿐만 아니라 최소한 동아시아의 지역적 관점에서는 군사적으로도 미국의 '지역적 동급 경쟁자'(regional peer competitor)로 부상하고 있다는 평가를 받고 있으며, 2030-2035년경에는 전 지구적 경쟁자로까지 자리매김하게 될 것이라는 예측이 제기되고 있다.[1]

1 이와 같은 전망과 평가에 대하여는 Ted C. Fishman, *China INC.: How the Rise of the Next Superpower Challenges America and the World* (New York: Scribner, 2006);

이러한 맥락에서 20세기 전반 영-미 간에 평화적으로 세력전이가 이뤄진 후 21세기에 들어 처음으로 미국과 중국 사이에서 또 한 번의 세력전이가 일어날 가능성에 대한 치열한 논쟁이 세계 각지에서 진행되고 있다.[2] '화평굴기'(和平崛起: 중국의 부상은 분쟁을 수반하지 않고 평화적일 것이다)라는 주장의 견지와 함께 역사의 비극적 반복을 피하기 위해 미국과 '새로운 대국관계'(新型大國關係)의 정립 필요성을 강조하면서 평화로운 세력전이의 가능성을 줄곧 암시해온 중국을 감안할 때, 세계정치·경제의 구조 및 규범을 구축하고 또 이를 유지하는 선도국/패권국(leading/hegemonic states)과 이를 좇아가면서 때로는 심각한 도전을 제기하는 부상국/도전국(rising/challenging states) 사이의 동학과 인식을 살펴보는 것은 이 시점에서 학술적으로나 정책적으로 그 의미가 크다고 할 것이다.

Arvind Subramanian, *Eclipse: Living in the Shadow of China's Economic Dominance* (Washington, D.C.: Peterson Institute for International Economics, 2011); Aaron L. Friedberg, *A Contest for Supremacy: China, America, and the Struggle for Mastery in Asia* (New York: Norton, 2011); Hugh White, *The China Choice: Why We Should Share Power* (Oxford: Oxford University Press, 2012); Juan Pablo Cardenal and Heriberto Araujo, *China's Silent Army: The Pioneers, Traders, Fixers and Workers Who Are Remaking the World in Beijing's Image* (New York: Crown Publishers, 2013); and Geoff Dyer, *The Contest of the Century: The New Era of Competition with China-and How American Can Win* (New York: Vintage, 2014); Jae Ho Chung, "Assessing China's Power," in Jae Ho Chung (ed.), *Assessing China's Power* (New York: Palgrave, 2015), Ch. 1을 참조하라.

2 패권적 세력으로서 중국의 부상/부흥 가능성을 매우 또는 비교적 낮게 평가하는 관점으로는 Timothy Beardson, *Stumbling Giant: The Threats to China's Future* (New Haven: Yale University Press, 2013); Mel Gurtov, *Will This Be China's Century? A Skeptic's View* (Boulder: Lynne Rienner, 2013); David Shambaugh, *China Goes Global: The Partial Power* (Oxford: Oxford University Press, 2014); Jonathan Fenby, *Will China Dominate the 21st Century?* (Cambridge: Polity Press, 2014); and Regina Abrami, William Kirby, and F. Warren McFarlan, *Can China Lead? Reaching the Limits of Power and Growth* (Cambridge, MA: Harvard Business Review Press, 2014)를 보라.

역사적으로 새로운 강대국이 등장할 때마다 국제사회와 기존의 패권국(들)은 예외 없이 후발 부상국에 대해 강한 전략적 의구심과 우려를 드러냈으며, 때로는 그 부상에 대해 적극적으로 견제를 시도하기도 했다. 영-미 간의 세력전이가 일어난 이후 근 100년 만에 그 가능성이 상당히 높은 것으로 평가받고 있는 미-중 간 세력전이와 관련해 가장 중요한 것은 결국 다음의 두 가지일 것이다. 하나는 날것 그대로의 '힘'(power)과 관련한 미-중 간의 미시적 비교를 의미하는데, 이는 군사력(핵무기 및 재래식 전력), 경제력, 내부통제력, 대외적응력(규범력, 흡인력, 표준력) 등의 다양한 영역을 포괄한다.[3] 다른 하나는 미-중 간의 상호인식인데, 이미 적지 않은 연구가 이뤄진 전자와는 달리 이들 두 나라가 실제로 서로를 어떻게(긍정적·부정적으로, 또는 얼마나 위협적으로 등) 보고 있는지에 대해서는 아직까지 학계에서 그다지 많은 연구가 이뤄지지 않았다. 따라서 이 장에서는 양자 간(즉, 패권국-부상국 간) 상호인식의 문제에 천착해 미, 중 양국이 서로를 어떻게 인식해왔고 또 보고 있으며, 구체적으로 그것이 향후 세력전이의 과정과 가능성에 대해 갖는 함의가 무엇인지에 대해 분석하고자 한다.

이 장은 다음의 네 부분으로 나뉘어 있다. 2절에서는 이론적 관점에서 세력전이의 동학과 상호인식 요인이 어떤 연관성을 갖고 있는지에 대한 시론적 논의를 제시한다. 3절에서는 본 연구의 역사적 배경으로서 19세기부터 20세기 중후반의 냉전 시기에 이르기까지의 미-중 간 상호인식의 흐름에 대해 간략히 살펴본다. 그리고 4절에서는 탈냉전 시

3 이와 관련해 Jae Ho Chung (ed.), *Charting China's Future* (Lanham: Rowman & Littlefield, 2006); Susan L. Shirk, *China: Fragile Superpower* (Oxford: Oxford University Press, 2008); Larry Wortzel, *The Dragon Extends Its Reach: Chinese Military Power Goes Global* (Washington, D.C.: Potomac Books, 2013); Jae Ho Chung (ed.), *Assessing China's Power*를 참조하라.

기이자 중국의 '부상/부흥'이 두드러지기 시작한—즉, 세력전이 관점의 적용이 비교적 적절한—시기라고 할 수 있는 1990년대부터 현재에 이르는 시기에 드러난 양국 간 상호인식의 변화 궤적을 다양한 서베이(survey) 데이터들을 통해 분석 및 평가하고자 한다. 마지막으로 5절에서는 앞에서 살펴본 미-중 간 상호인식이 양국 간 세력전이의 과정과 관련해 전반적으로 어떠한 함의를 갖는지에 대한 몇 가지 생각을 나누고자 한다.

2. 세력전이와 상호인식

세력전이이론이란 국가별 성장속도의 편차에 따라 국가 간 구조적 역량의 격차가 생겨나게 되고 이로 인해 국제관계의 위계질서에 변동이 일어나거나 전쟁이 발발할 가능성에 초점을 맞추는 실증적 분석의 틀을 가리킨다. 따라서 세력전이이론은 그동안 "국가 간 힘의 균형을 맞춰주는 것이 전쟁을 방지한다"는 전제하에 동맹 관계의 형성과 그 변형에만 주로 천착해 국제질서에서 드러나는 장기적 변화를 제대로 잡아내지 못했던 세력균형이론의 약점을 보완해주는 이론으로 평가되기도 한다. 세력전이이론에서는 국력의 성장을 대체로 '내부적'(internal) 동학에 따른 결과로 간주하고 외부에서 이를 임의적으로 조정, 간섭하기 어렵다는 점에 착안함으로써 부상국의 등장 자체를 그 어느 이론보다도 효과적으로 설명해낸다고 평가할 수 있다.[4]

4 A. F. K. Organski, *World Politics* (New York: Alfred A. Knopf, 1958); A. F. K. Organski and Jacek Kuglar, *The War Ledger* (New York: Alfred A. Knopf, 1980); Ronald L. Tammen et al., *Power Transitions: Strategies for the 21st Century* (Washington, D.C.: CQ Press, 2000).

지금까지 세력전이이론은 근대국가의 형성 이후 줄곧 지속되어 온 선도국-부상국 간의 분쟁구조를 적잖이 풀어냈으며, 19세기의 영국 그리고 20세기의 미국을 중심으로 한 패권 성립의 과정을 실증적으로 설명해냈다. 그러나 두 차례에 걸친 세계대전을 통해 드러난 부상국 독일과 일본이 기존 체제를 향해 가졌던 '불만'(dissatisfaction)에 대해 만족할만한 체계적 분석을 제시하지는 못한 것으로 평가받는다. 종전 이후 40여 년 간의 냉전 시기 역시 세력전이의 적절한 실제 사례를 제공하지 못했으며, 이는 곧 도전국이 결여된 단극적 패권 체제가 그 어떤 다른 형태의 국제질서보다 안정적이라는 주장을 제시하는 '패권안정론'에 힘을 실어주는 결과를 초래하기도 했다.[5] 그러나 21세기에 들어 미국의 '상대적 쇠퇴'가 인구에 회자되고 또 최근 부쩍 세간의 관심을 모으고 있는 중국의 '부상/부흥'이 근 100년 만에 패권국-부상국 사이의 충돌 가능성을 다시 부각시키고 있으며, 그 중심에 중국의 부상에 대한 서구와 미국의 인식이 위치해 있는 것이다.[6]

세력전이의 시작은 대체로 기존의 국제질서 및 그것이 대변하는 가치와 규범에 만족하지 못하는 강력한 국가의 대두를 통해 이뤄지게 되는데, 일반적으로 패권국이 지닌 국력의 70-80퍼센트 정도를 보유하게 된 강대국이 등장하면서 기존의 질서와 규범을 자신의 가치와 이익에 맞게 변화시키고자 할 때 생기는 제반 현상을 가리킨다. 예컨대

5 Charles Kindleberger, *The World in Depression, 1929-1939* (Berkeley: University of California Press, 1973); Robert Gilpin, *War and Change in World Politics* (Cambridge: Cambridge University Press, 1981).

6 Richard Rosecrance and Stevene Miller (eds.), *The Next Great War? The Roots of World War I and the Rise of US-China Conflict* (Cambridge, MA: MIT Press, 2015); Daniel M. Kliman, *Fateful Transitions: How Democracies Manage Rising Powers, from the Eve of World War I to China's Ascendance* (Philadelphia: University of Pennsylvania Press, 2015).

미어샤이머(J. Mearsheimer)는 "강대국이 되고자 하는 나라는 패권국과 전쟁을 벌여 이를 패퇴시킬 정도의 능력까지는 아니더라도 최소한 패권국을 상당한 정도로 약화시키는 결과를 빚어낼 능력은 가지고 있어야 한다"고 정의했다.[7] 세력전이이론에서는 이와 같은 부상국이 가져야 할 전제 조건으로 강한 군사력뿐만 아니라 다양한 영역에서 국가 간 힘의 균형이 변하는 것을 보여주는 지표들에 대해 논쟁을 벌여왔고, 주요한 몇 가지—경제성장의 속도, 인구 규모, 정부의 자원동원 능력, 동맹 유지 능력—에 대해서는 일정한 합의도 이뤄진 것으로 평가된다.[8]

패권국과 부상국 간 국력의 격차가 줄어들수록 양국 간의 관계에서는 국가 간에 영원히 벗어나기 어려운 '안보의 딜레마'(security dilemma)가 심화될 수밖에 없게 되며, 더 나아가 서로에 대한 직접적인 견제가 이뤄지거나 분쟁을 수반하는 적대적인 관계로까지 이어질 수도 있다. 또 양국 간 국력의 실질적인 격차뿐만 아니라 양국 또는 국제사회가 인식하는 힘의 격차까지도 함께 영향을 미치게 되면서 패권국과 부상국 간의 관계는 매우 복잡한 양상을 띠게 되는 것이다.[9] 이에

7 John Mearsheimer, *The Tragedy of Great Power Politics* (New York: W. W. Norton & Company, 2001), p. 5.

8 Bruce Bueno de Mesquita, *The War Trap* (New Haven: Yale University Press, 1981); Woosang Kim, "Power Transitions and Great Power War from Westphalia to Waterloo," *World Politics*, Vol. 45, No. 1 (1992); Jacek Kuglar and Douglas Lemke (eds.), *Parity and War: Evolutions and Extensions of 'The War Ledger'* (Ann Arbor: University of Michigan Press, 1996); Tammen et al., *Power Transitions: Strategies for the 21st Century*.

9 Robert Jervis, *Perception and Misperception in International Relations* (Princeton, NJ: Princeton University Press, 1976); Douglas Lemke, "The Tyranny of Distance: Redefining Relevant Dyads," *International Interaction*, Vol. 21, No. 1 (1995), pp. 23-38; Douglas Lemke, "The Continuation of History," *Journal of Peace Research*, Vol. 34, No. 1 (1997), pp. 23-36; William R. Thompson (ed.), *Great Power Rivalries* (Columbia: University of South Carolina Press, 1999); Douglas Lemke, "War and

더해 문화·문명·가치의 이질성 및 이에 따른 불안과 불만이 합쳐지게 되면 패권국이 바라보는 부상국에 대한 인식은 보다 부정적으로 변할 수밖에 없게 된다.

중국의 '부상/부흥'이 세력전이의 가능성과 맞물려 최대의 화두가 되고 있는 그 중심에 사실은 서구와는 매우 이질적인 중국 중심의 패권적 체제가 등장할지도 모른다는 가능성에 대한 서구의 커져가는 불안과 불만이 내재되어 있다고 평가할 수도 있다. 이러한 불안·불만은 대체로 두 가지 내용을 담고 있다. 하나는 새로운 국제질서가 등장하면서 기존의 질서에 대해 파생시키게 될 충격과 '불안정성'(instability)에 대한 국제사회의 우려를 가리키며, 다른 하나는 지금까지 패권을 행사해온 서구(미국)와는 너무도 다른 문명·문화로서의 중국적 체제 및 질서의 부상에 대한 극심한 불안을 지칭하는 것이다.

역사적으로 볼 때 지금까지 세력전이 또는 그에 준하는 주된 사례들이 거의 대부분 서구에서 나왔다고 본다면, 미-중 간의 세력전이는 매우 이질적인 문화권 사이에서의 패권 이전이라고 볼 수 있다. 실제로 영국과 미국 사이의 세력전이 과정에서—물론 상당한 견제와 갈등의 인식도 존재했지만—일부 시기에 있어 적지 않은 '긍정적 인식'(benign perceptions)과 정서적 유대(emotive ties)가 발견되는 것에 비해 미-중 간의 세력전이는 보다 많은 이질성과 잠재적 충돌의 요인을 갖춘 것으로 볼 수 있기 때문이다.[10] 냉전이 치열하게 전개되고 있던 시

Rivalry among Great Powers," *American Journal of Political Science*, Vol. 45, No. 2 (2001), pp. 457-469; Douglas Lemke, *Regions of War and Peace* (Cambridge: Cambridge University Press, 2002).

10 전통적인 영-미 간 문화·문명적 친근성에 대하여는 Duncan Andrew Campbell, *Unlikely Allies: Britain, America and the Victorian Origin of the Special Relationship* (New York: Hambledon Continuum, 2007); Peter J. Katzenstein, "The West as Anglo-America," in Peter J. Katzenstein (ed.), *Anglo-America and Its Discontents:*

기에도 소련을 '슬라브 문화'(Slavic culture)로 규정하고 이를 넓게는 서구문명권 안에 포함시켰던 것과 비교할 때, 현재 진행되고 있는 여러 담론에서는 중국을 매우 상이한 문명·문화권으로 구별해 정의하는 경우가 대부분이어서 영-미 간 사례에 비해 '부정적 인식'의 문제가 보다 심각할 수도 있을 것으로 보인다.[11]

대체로 국가들은 단순히 힘이 아니라 '위협으로 인식되는 힘'(threatening power)에 대해 균형(balancing)을 시도한다. 세력전이가 평화적으로 이뤄지기 위한 핵심 전제조건 중 하나가 곧 패권국-부상국 간 서로에 대한 평가와 관점이 '긍정적·선의적'(benign)이어야 한다는 점을 고려할 때, 상호인식은 가장 큰 관건이라고 해도 과언이 아닐 것이다.[12] 높은 수준의 '긍정적·선의적' 인식은 상호 적대감을 경감시키거나 비공식적인 대화 및 협상창구의 활용을 가능케 해 분쟁의 발발 가능성을 현저히 낮추는 효과를 만들어낼 수 있기 때문이다.

21세기 미-중 간 (잠재적) 세력전이의 가능성과 관련해 제기될 수 있는 인식의 문제는 크게 두 가지 측면으로 나눠 접근할 수 있다. 우선 양국 정부가 제시하는 성명, 정책, 전략, 지침 등의 '공식 입장'(official

Civilizational Identities beyond the West and East (New York: Routledge, 2012)를 참조하라. 반면 이 둘 사이의 현실정치적 견제와 대립에 대하여는 이 책의 1장, "19세기 영국의 대미국 인식"을 참조하라.

11 예컨대 Samuel Huntington, *The Clash of Civilization and the Remaking of World Order* (New York: Simon & Schuster, 1998); Peter J. Katzenstein, *Sinicization and the Rise of China: Civilizational Processes beyond East and West* (New York: Routledge, 2012)를 참조하라.

12 예컨대 Stephen Walt, *The Origins of Alliance* (Ithaca: Cornell University Press, 1990), Ch. 1; Charles A. Kupchan et al,, *Power in Transition* (Tokyo: United Nations University Press, 2001), pp. 8-9와 Ch. 2; David P. Rapkin and William R. Thompson, *Transition Scenarios: China and the United States in the Twenty-First Century* (Chicago: University of Chicago Press, 2013), pp. 102-103을 참조하라.

views)을 통해 드러나는 인식을 살펴보는 것이 있다.[13] 또 다른 하나는 정부의 입장과 정책을 좌우할 수 있는 가장 중요한 요인으로서의 '국민인식'(national views)을 살펴보는 것이 있다. 전자를 중심으로 볼 경우 생길 수 있는 문제는 곧 공적인 인식에는 상당량의 외교적 수사가 들어 있으며 그로 인해 파생되는 '전략적 모호성'이 분석 또는 해석을 일정 부분 어렵게 만들 수 있다는 점이다. 반면, 후자를 주로 볼 경우에는 실제로 국민인식이 국가정책에 얼마만큼 영향을 미치는지 알기 어렵다는 문제가 있을 수도 있다. 이 장에서는 조금은 더 실증적이고 체계적 자료가 축적되어 있는 것으로 평가되는 후자의 접근법을 따랐으며—즉 공신력 있는 기관들의 여론조사 결과를 바탕으로 미-중 간 상호 국민인식에 대한 분석을 담았으며—일부 공적 인식에 대한 논의를 추가적으로 제시하고 있음을 밝힌다.

이 장에서 무엇보다 중요하게 다루는 부분은 현 시점에서 미, 중 양국의 종합국력을 비교 평가할 때 드러나는 실질적인 격차 그 자체보다 이에 대한 국민들의 인식이 좀 더 앞서 나가는(즉, 중국의 부상을 실제보다 더 빠르고 더 강하게 인지하는 일정 부분의 '오인식'을 포함한), 그리 이상적이지 않은 부분이 존재한다는 점이다. 중국의 경제적 부상보다는 군사적인 부상을 훨씬 더 위협적으로 보는 인식이 갖는 양국 관계에의 중장기적 함의, 그리고 더 나아가 미-중 간 힘의 격차가 줄어들수록 중국을 협력의 '파트너'로 보기보다는 위협 또는 '적대국'(enemy)으로 간주하려는 인식의 증대 등이 크게는 세력전이의 추세를 파악하는

13 '공적인 인식'과 관련해서는 미국 정부의 공간자료—예컨대 *National Security Strategy*, *Quadrennial Defense Review*, *US-China Security and Economic Commission Review* 등—에 대한 내용분석(frequency coding & content-analyzing)을 통해 패권국 미국이 바라보는 부상국 중국에 대한 인식 연구가 가능할 것이다. 또 역으로 부상국 중국의 대미국 인식과 관련해서는 『政府年度工作報告—外交編』, 『國防白皮書』 등에 대한 내용분석을 통해 일정 부분 비교의 틀을 구할 수 있을 것이다.

데에, 그리고 작게는 미-중 관계의 궤적을 이해하는 데에 큰 유용성을 갖는다고 하겠다.

패권국 미국 국민들의 부상국 중국에 대한 인식 변화의 추이를 보기 위해 본 연구에서는 크게 네 가지 서베이 시리즈(survey series)를 주된 분석대상으로 삼았는데, 구체적으로 '퓨 글로벌'(Pew Global Research), '해리스 인터액티브'(Harris Interactive), '갤럽'(Gallup Polls), 그리고 '시카고 외교협회'(Chicago Council on Global Affairs)에서 수행한 연도별 국민의식조사 데이터가 그것이다. 이들 데이터에는 부상국 중국이 바라보는 패권국 미국에 대한 인식도 적잖이 포함되어 있으며, 특히 이와 관련해서는 중국 정부의 기관지 중 하나인 『환구시보』(環球時報)에 게재된 다양한 서베이 데이터도 추가적으로 활용해 분석을 수행하였다.

3. 미–중 간 상호인식의 역사적 맥락

미, 중 양국이 서로에 대해 가지고 있는 인식에는 흥미로운 공통점이 하나 존재한다. 양국 공히 일종의 '이중적 인식'(dual perception)을 드러낸다는 점이다. 우선 미국의 대중국 인식과 관련해 보게 되면, 중국의 유구한 역사, 심오하고도 다양한 문화·문물, 자신들의 그것과는 사뭇 다른 동양적인 신비 등에 대해 미국인들이 공통적으로 갖고 있는 '오리엔탈리즘'(Orientalism)적인—그러나 대체로 긍정적인—'편견'이 내포되어 있음을 발견할 수 있다. 마치 동양을 대표하는 것처럼 인식되는 독자적인 문명과 유구한 역사에 대해 상대적으로 매우 짧은 역사를 지닌 신생국 미국이 가질 수밖에 없는 부러움과 질시, 상당히 다르고 또 잘 모르는 문물들에 대한 호기심, 그리고 신비로움에 대한 동경

등이 혼재되어 있는 것이라 할 수 있다. 미국의 중상류층 사람들이 중국의 차(茶)나 도자기 문화, 심지어는 무술이나 풍수(geomancy) 등에까지 관심을 갖는 것 역시 바로 이러한 맥락에서라고 평가할 수 있다.[14] 뿐만 아니라 20세기 초반 미국으로부터 파견되어 중국에서 오랜 생활을 했던 선교사, 외교관, 언론인들의 가족과 후예들이 다양한 영역에서 활동하며 중국에 대한 동정과 유대, 심지어 연민을 피력하는 것 역시 미국인들의 대표적인 대중국 정서의 일부분이라고 하겠다.[15]

미국인들이 중국에 대해 갖고 있는 인식에는 부정적인 측면도 다수 포함되어 있다. 특히, 미국과 중국이 직접 만나게 되었던 초기, 즉 '전통 시기'(19세기)에는 대체로 중국이 매우 빈궁하고 불결하며 다양한 질병이 창궐했던 곳으로—즉, 상당히 부정적인 이미지로—기록되고 있기 때문이다.[16] 뿐만 아니라 현대 시기에 들어와서도, 20세기와 21세기에 걸쳐 근 100년 간 레닌주의 정당인 국민당과 공산당의 통치를 통해 대다수의 인민을 착취하고 부패가 극도로 만연했으며, 또 국민들을 무력으로 압제했던 전체주의 혹은 권위주의 '독재정권'의 이미지가 강하게 남아있음을 지적할 수 있다. 특히, 냉전 시기 내내 유지되었던 공산주의 중국에 대한 매우 적대적인 인식과 더불어, 1989년 천안문 광장에서의 민주화 시위에 대한 군부의 유혈 진압은 미국(그리고 서방)이 중국에 대해 가지고 있는 부정적 이미지 형성에 지대한 역할을 했다고 평가할 수 있다.[17]

14 예컨대 Mark Salzman, *Iron and Silk* (New York: Vintage, 1987)를 보라.

15 Colin Mackerras, *Western Images of China*, rev. ed. (Oxford: Oxford University Press, 1999), Ch. 5를 참조하라.

16 Eric Jay Dolin, *When America First Met China: An Exotic History of Tea, Drug and Money in the Age of Sail* (New York: Liveright, 2013), Ch. 7을 보라.

17 Wang Jianwei, *Limited Adversaries: Post-Cold War Sino-American Mutual Images* (New York: Oxford University Press, 2000), p. 98.

앞에서 언급한 것처럼 미국인들이 중국에 대해 가지고 있는 인식은 상당한 수준의 이중적 성격을 지니고 있다. 한편으로는 부러움, 호기심, 동경 등의 다양한 긍정적 정서를 품고 있지만, 다른 한편으로는 무시, 경계 및 혐오의 정서까지를 포함하고 있기 때문이다. 실제로 이러한 대중국 인식의 이중성이 미국의 대중국 정책 형성에도 적잖이 드러난다고 할 수 있는데, 그 예로 워싱턴에서 주로 운위되는 '이분법'적 성향의 구분을 들 수 있겠다. 즉, '판다 포용자들'(Panda huggers: 주로 중국에 대한 포용과 관여를 주장하는 사람들을 가리킴)은 바로 전자의 정서를 주로 반영하는 것이며, 소위 '용 도살자들'(dragon slayers: 주로 중국에 대한 적극적인 견제와 사전 압박을 주장하는 사람들을 지칭함)은 대체로 후자의 인식을 대표하는 것으로 평가할 수 있기 때문이다.[18]

중국인들이 지닌 미국에 대한 인식에서도 상당한 수준의 이중성이 드러나는 것으로 평가된다. 우선 중국인들은 미국을—일본에서와는 달리—'米國'이 아닌 '美國'으로 표기하고 있다. 극도로 빈곤하고 불결하며 또 치명적인 질병이 창궐했던 중국까지 몇 달 동안이나 배를 타고 도착한 후, 먹고 입고 마실 것이 부족하고 쥐와 벼룩이 수두룩한 시골 구석구석까지 찾아가 구제와 포교에 힘쓰다 죽어간 수천 명의 미국인 선교사들에 대한 긍정적인 기록과 기억이 아직도 생생히 남아있기 때문이다.[19] 또한 유사한 성격을 지닌 제국주의 국가이긴 했으나—또 때때로 대중국 침탈에 있어 다른 나라들과 함께 숟가락을 얹기는 했으나—영국, 프랑스, 독일 등과는 사뭇 달리 주동적으로 중국

18 이에 대하여는 Peter Navarro, *The Coming China Wars: Where They Will Be Fought and How They Can Be Won* (New York: FT Press, 2006)을 참조하라.

19 예컨대 Paul Cohen, *China and Christianity* (Cambridge, MA: Harvard University Press, 1963); David Shambaugh, *Beautiful Imperialist: China Perceives America, 1972-1990* (Princeton: Princeton University Press, 1993), Ch. 1을 참조하라.

에 대해 전쟁을 일으키거나 적극적으로 착취하지는 않았던 국가로 미국을 바라보는 일단의 긍정적 기억이 혼재하기 때문이다.

동시에 중국인들의 대미국 인식에는 매우 부정적인 시각도 함께 배태되어 있는 것으로 보인다. 그것은 역시 20세기 중후반 국제질서를 쥐락펴락했던 미국의 패권적 영향력에 대한 중국인들의 강한 거부감 또는 반감에서 나오는 부분이 적지 않다. 이에 더해 전 지구적으로 냉전을 구조화시키는 역할을 한 한국전쟁(중국은 抗美援朝 전쟁이라 칭함)을 통해 미국과 직접 피 흘리며 싸웠던 경험에 기반한 적대감의 발로와도 깊이 연관되어 있다. 소위 '100년의 국치'(百年國恥)를 통해 정상의 제국에서 나락으로 떨어져 본 중국이 패권국이자 초강대국 미국을 보며 느껴온 부러움, 동경, 질시 등의 복합적 정서가 그 중요한 한 부분이라고 한다면, 1950년대부터 1972년 즉 미-중 간 데탕트가 이뤄진 시기까지 이어졌던 미국의 대중국 압박과 견제의 기억으로부터 형성된 반외세, 반서양, 반패권의 정서가 또 다른 중요한 부분을 구성한다고 할 것이다.[20]

중국의 정치 체제가 갖고 있는 극도의 폐쇄적인 특성상 '정책 성향'(policy orientations)의 차이에 따른 분파적 성격이 베이징에서는 워싱턴에서처럼 그리 명시적으로 드러나지는 않는다. 그러나 소수의 관련 연구에 따르면 최근 들어 베이징에서도 대미국 정책의 형성과정에서 서로 다른 입장과 정향들이 일정 부분 개진되고 있으며 때론 상당한 영향력을 발휘하기도 하는 것으로 알려지고 있다.[21]

20 중국의 대외관계에 내재된 반외세, 반서양, 반패권 정서의 복합성에 대하여는 Jae Ho Chung, "Decoding the Evolutionary Path of Chinese Foreign Policy, 1949-2009: Assessments and Inferences," *East Asia*, Vol. 28, No. 3 (September 2012), pp. 175-190을 참조하라.

21 Bonnie S. Glaser and Phillip C. Saunders, "Chinese Civilian Foreign Policy Research Institutes: Evolving Roles and Increasing Influence," *The China Quarterly*, No. 171

40여 년에 걸친 냉전 시기의 미-중 간 상호인식에 대하여는 이미 방대한 양의 연구가 이뤄져 있기에 이를 여기서 다시 중복해 논의할 필요는 없어 보인다.[22] 다만 여기서 반드시 언급할 필요가 있는 것은 터커(N. Tucker)가 적절히 지적한대로, 냉전 시기 미-중 간 상호인식의 핵심에 "미국과 중국 사이에 '공동의 적'(common enemy)이 존재하는지 여부"의 문제가 위치해있다는 점이다.[23] 즉, 미국과 중국 사이에 소련과 같은 공동의 적이 있을 경우, 양국 간 상호인식이 비교적 우호적으로 변화하는 일종의 전략적 방정식이 존재한다는 점이다. 이는 중국에서도 상당한 공감을 얻고 있는 관점으로, 중국 학계에서는 냉전 시기의 중-미 간 상호인식을 시기에 따라 '적 인식'(1949-1972: 미-중 적대적 시기), '조력자 인식'(1972-1989: 대소련 패권주의에 대한 공동 견제의 시기), 그리고 '부정적 인식'(1989-1991: 천안문 사건 이후의 긴장기)으로 나누고 있기 때문이다.[24]

공동의 적이 부재(不在)하고 힘의 격차가 날이 갈수록 줄어들게 되어 미국과 중국이 서로에게 '일대일'(*mono a mono*)로 다가온 상황에서 상호인식(즉, 서로를 benign character로 인지하는지 여부)은 매우 중요한 의미

(September 2002), pp. 597-616.

22 예컨대, 냉전기와 관련해서는 Warren I. Cohen, *America's Response to China: A History of Sino-American Relations* (New York: Columbia University Press, 1990), 3rd ed., Chs. 6 & 7; Robert S. Ross, *Negotiating Cooperation: The United States and China, 1969-1989* (Stanford: Stanford University Press, 1995); Robert L. Suettinger, *Beyond Tiananmen: The Politics of US-China Relations, 1989-2000* (Washington, D.C.: The Brookings Institution Press, 2003), Chs. 1 & 3을 보라. 한글 문헌으로는 최우선, "미국에서의 미-중 관계에 대한 연구," 정재호(편), 『미·중 관계 연구론』(서울대학교출판문화원, 2014), 3장을 보라.

23 Nancy B. Tucker, "China and America, 1949-1991," *Foreign Affairs*, Winter 1992/1993, p. 75를 보라. 공동의 적 존재 여부를 '긍정적·선의적' 상호인식의 중요한 전제로 보는 것에 대해서는 Kupchan et al., *Power in Transition*, p. 11을 보라.

24 杜雁藝, 『美國政府對中國國家形象的認知』(北京: 時事出版社. 2013), pp. 38-59를 보라.

를 가질 수밖에 없다. 역사적으로 양국이 서로에 대해 가지고 있던 '이중적 인식' 중에서 어느 측면이 향후 보다 부각될 것인지도 역시 세력 전이의 전개과정에서 상당 부분 영향을 미칠 가능성이 높기 때문이다.

4. 탈냉전기 미–중 간 상호인식의 진화

1949년 중화인민공화국의 건립 이래 미국과 중국은 줄곧 냉전구조의 제약하에서—한국전쟁에서의 교전당사국으로서—적대적인 인식을 유지해왔다. 중-소 분쟁의 심화와 더불어 미-소 간 전략적 경쟁이 치열해지면서 1970년대 미-중 간에 소련에 대한 '공동의 적' 인식이 형성되기 시작했고, 이를 통해 양국 간 관계 개선의 중요한 발판이 마련되었다. 1979년 1월 미-중 수교를 통해 양국 관계는 보다 개선되었으며, 또 대소련 공동 전선도 강화되는 듯했으나 1989년 6월에 일어난 '천안문 사태'에 대한 무력진압으로 인해 미-중 관계는 예기치 못한 돌발변수를 맞게 된다.

미-중 간 상호인식에 있어 가장 중요한 문제는 1991년 소련의 갑작스런 붕괴로 인해 양국 간 우호적 관계의 핵심전제였던 공동의 적이 일시에 사라져버린 셈이 되었고, 2000년대 들어 중국의 '부상'이 예상보다 훨씬 빨리 이뤄지게 되면서 양국 간 상호인식에 있어 그 주된 프레임 자체가 바뀌기 시작했다는 점이다.[25] 이 절에서는 바로 1990년대 초부터 현재까지의 20여 년간 미-중 간 상호인식이 어떻게 진화해왔

25 예컨대 중국에서는 1991-2001년 시기의 상호인식을 "적도 아니고 친구도 아닌 이미지"(非敵非友意象)라고 부르며, 2002년-현재 시기에 대해서는 아직 명확히 구분하거나 구체적인 정의를 내리지 않고 있는 상황이다.

는지에 대해 '선의적·긍정적·우호적 인식'이란 개념을 중심으로 분석하고자 한다. 지난 20여 년간의 미-중 간 상호인식의 변화를 추적함에 있어 이 절에서는 다음 세 가지 이슈 영역에 그 초점을 맞추고자 한다. 첫째는 미국, 중국 사이의 상호 호감도(긍정적 인식)를 가리키며, 둘째는 영역별 인식에 대한 것으로 적용 가능한 자료가 있는 가치, 규범 등에 대한 양국 간 인식의 차이를 지칭하고, 마지막으로는 미래의 몇 가지 모습—향후 미국, 중국 사이의 국력 차이, 세력전이의 추이, 패권국의 향배 등—에 대해 두 나라 국민들이 어떤 인식의 차이를 보이는지를 의미하는 것이다.

(1) 미–중 간 상호 호감도의 변화

탈냉전기 미-중 간 상호인식과 관련해 두 종류의 서베이 데이터가 특히 유용한 것으로 평가되는데, 1990년대의 자료를 포함하고 있는 '해리스 인터액티브'와 대체로 2000년대의 상호인식 데이터의 축적에 강점을 지닌 '퓨 글로벌'이 그것이다.[26] 우선 '해리스 인터액티브' 시리즈를 통해 미국의 대중국 인식 변화의 추세를 한번 살펴보자.

〈표 3-1〉을 통해 대략 네 가지 정도의 추세를 읽을 수 있겠다. 첫째, 중국을 미국의 '긴밀한 동맹'으로 인식하는 미국인들의 수는 (9/11 테러의 발발로 인해 서로를 갑자기 '전략적 파트너'로 부르게 된 2001년을 제외하면) 그리 큰 변화가 없었다(평균 5.6% 수준)는 점이다.[27] 둘째, 중국을 '우

26 연도별로 이 두 종류의 서베이 시리즈가 던진 질문들은 일부 서로 다르기는 했으나 비교적 긴 기간의 조사를 통한 데이터를 축적하고 있다는 점에서 추세를 살피는 데 있어 상당히 유용하다고 평가된다.

27 2001년 9/11의 발발 직후, 중국의 요청에 따라 미국은 신장(新疆)의 독립을 주장하는 '동투르키스탄 연맹'을 테러 집단으로 지정했으며 이를 통해 양국 간 전략적 유대가 일부 형성되었다.

〈표 3-1〉 미국의 대중국 인식, 1994-2007(%)

연도	긴밀한 동맹 (A)	우호적 국가 (B)	비우호적이나 적은 아님(C)	적(D)	(C)+(D)
1994	4	31	44	15	59
1995	3	25	45	24	69
1996	5	24	38	21	59
1997	6	29	38	22	60
1998	4	31	33	24	57
1999	6	22	30	33	63
2000	3	21	37	27	64
2001	11	29	33	16	49
2002	5	27	35	21	56
2003	7	24	36	18	54
2004	6	–	–	–	54
2005	5	–	–	–	53
2006	9	–	–	–	50
2007	5	25	40	23	63

주: 각 항의 합계가 100이 아닌 이유는 "알 수 없음"(not sure) 또는 무응답을 포함하고 있기 때문임.

출처: The Harris Poll #78, August 6, 2007 – Table 1 (2007년, 04–07 랭킹), Table 2; The Harris Poll #52, September 10, 2003 – Table 1 (2003년 자료 및 랭킹), Table 2 (1996년 "close ally"); The Harris Poll #54, October 31, 2001 – Table 1; The Harris Poll #47, September 11, 2002 – Table 1; The Harris Poll #50, August 30, 2000 – Table 1; The Harris Poll #51, September 1, 1999 – Table 1; The Harris Poll #45, September 2, 1998 – Table 1; The Harris Poll #42 September 15, 1997 – Table 1; The Harris Poll #82, November 28, 1996 – Table 1 (1996년), Table 2 (1995년); The Harris Poll #14, March 3, 1994 – Table 1.

호적인 국가'로 간주하는 미국인들의 비중 역시 1999-2000년 기간에 소폭의 하락세를 보인 것을 제외하면 전체적으로 그리 큰 변화가 없었다는 점이다.[28] 셋째로, 무엇보다도 중국을 '비우호적 국가'로 인식하거나 미국의 '적'으로까지 간주하는 미국인들의 비중은 1994-2000년 시기의 평균(61.6%)에 비해 2001-2007년의 시기에 7퍼센트나 낮게

28 이와 관련해서 1999년 유고슬라비아 소재 중국 대사관이 미 전폭기에 의해 폭격당한 사건이 영향을 미쳤는지는 불확실하다.

〈표 3-2〉 미국, 중국의 상호인식, 2005-2014(%)

연도	미국의 대중국 호감도	중국의 대미국 호감도	미국의 대중국 비호감도	중국의 대미국 비호감도
2005	43	42	35	53
2006	52	47	29	43
2007	42	34	39	57
2008	39	41	42	48
2009	50	47	38	46
2010	49	58	36	37
2011	51	44	36	46
2012	40	43	40	48
2013	37	40	52	53
2014	35	50	55	43

주: 합계가 100이 아닌 이유는 "알 수 없음"(don't know) 또는 무응답을 포함하고 있기 때문임.

출처: Pew Research Global Attitudes Project (해당 연도). 각각의 항에 대해 http://www.pewglobal.org/database/indicator/24/country/233; http://www.pewglobal.org/database/indicator/1/country/45를 참조하라.

(54.1%) 나타나고 있어 흥미로운 변화의 추세를 보여주고 있다. 넷째, 종합적으로 보게 되면, 중국을 비우호적으로 보는 미국인의 비율이 그 반대의 경우보다 현저히(시기에 따라 9-41%) 더 높게 나타난다는 점이다.

〈표 3-1〉에서 본 것처럼 중국을 비우호적 국가로 인식하거나 적으로까지 간주하는 미국인들의 비중이 1990년대에 비해 2001-2007년 시기에 낮게 나타나는 추세는 '퓨 글로벌'의 조사를 원용한 〈표 3-2〉에서도 유사하게 드러나고 있다. 특히, 미국인의 대중국 호감도는 2005-2011년 시기에 상대적으로 높은 추세를 보이고, 동 시기 미국의 대중국 비호감도는 비교적 낮은—40퍼센트 이하 대—상태를 유지했기 때문이다. 그러나 〈표 3-2〉를 보면 2000년대 말—즉, 중국의 부상 추세가 두드러면서 미국의 '쇠락'이라는 이미지가 동시에 부각된—에 와서 양국 간의 상호인식에 의미 있는 변화가 나타난 것으로 보인다. 특히, 중국의 소위 '공세적인' 대외관계가 두드러진 것으로 평가되는

2010-2011년 이후 미국 내의 대중국 호감도가 뚜렷이 감소하기 시작한 동시에 대중국 비호감도는 늘어나고 있기 때문이다. 흥미로운 점은 중국의 대미국 호감도 및 비호감도 추세는 그리 현저한 차이 없이 지속되고 있거나 오히려 미국의 대중국 인식과는 일부 상반된 추세를 나타낸다는 것이다.[29]

이와 같은 상호인식의 추세에서 드러난 변화의 정확한 이유를 서베이 데이터를 통해 설득력 있게 밝히기는 어려우나 대략 두 가지 정도의 추론이 가능한 것으로 보인다. 하나는 최근 들어 중국과의 국력차가 급속히 줄어듦에 따라 미국 내에서 우려, 불안, 조급함 등이 생겨나고 있으며 이러한 인식이 서베이를 통해 일부 드러난 것으로 볼 수 있다는 것이다. 다른 하나는 중국의 대외관계가—특히 2010년 이후—보다 공세적이고 능동적으로(동중국해 및 남중국해에서의 공격적인 행태를 포함) 변해감에 따라 이에 대한 미국 국민들의 전략적 우려가 표출되고 있는 것으로 해석할 수도 있다.

(2) 영역별 인식의 비교

다수의 국제관계 전문가들은 21세기 미-중 간 전략적 경쟁의 관건이 궁극적으로는 '소프트 파워'(soft power) 영역에 있다고들 한다. 물론 '소프트 파워'가 구체적으로 무엇을 의미하고 실제로 어떤 내용들을 포괄하는지에 대해서는 학계에서도 이견이 적지 않은 것이 사실이다. 그러나 최근 중국의 경제력이 2025년 이전에 미국을 추월할 가능성이

29 2005-2009년 기간 중국의 대미국 호감도 평균은 42.2%였으나 2010-2014년 기간에는 오히려 47%로 증가하였다. 반면 중국의 대미국 비호감도는 앞의 기간에는 49.4%였다가 뒤의 기간에는 오히려 45.4%로 줄어들고 있음을 볼 수 있다.

높은 것으로 평가되고 있고, 또 늦어도 2035년 즈음에는 미-중 간 군사력의 '대등성'(parity)이 상당 부분 이뤄질 것으로 보여, 궁극적인 패권 경쟁의 실마리가 가치·규범의 부분에서 드러날 개연성이 높을 수밖에 없다. 아래에서 상술하겠지만, 미국과 중국 사이에는 규범·가치·소프트 파워의 영역에서 상당한 정도로 상이한 인식이 노정되고 있는 것으로 보인다.[30]

우선 2001년 9/11 사건의 발발 이후 미국에서 국민 대다수의 전폭적 지지를 얻어 진행되었던 '테러와의 전쟁'(war on terrorism), 그리고 탈레반의 근거지였던 아프가니스탄에 대한 미국과 나토(NATO)의 군사적 개입과 관련한 중국인들의 인식을 '퓨 글로벌' 서베이를 통해 정리하였다. 〈표 3-3〉은 '테러와의 전쟁'에 대한 중국인들의 인식을 보여주는데, 2009-2010년의 기간 동안 약간의 변화가 있기는 했으나 전반적으로 볼 때, 미국의 군사적 개입에 반대하는 중국인들의 비중이 지지하는 그것보다 더 높게 나타남을 알 수 있다.[31] 탈레반의 근거지로 간주되는 아프가니스탄에 미국과 나토가 개입한 데 대한 중국인의 인식을 보여주는 〈표 3-4〉에서도 미군의 '계속 주둔'에 대한 지지(평균 11.2%)보다 압도적으로 많은 응답자들(평균 67.6%)이 '즉각 철수'를 요망하는 것으로 드러난다. 제3국에 대한 군사적 개입과 주권 침해에 대해 미국인들과 중국인들의 인식 차가 매우 크다는 것을 알 수 있다. 이는 상당 부분 미국 중심의 현 질서에 대한 중국의 '불만족도'가 높음을 간접적으로 보여주는 것이기도 하다.

〈표 3-3〉과 〈표 3-4〉에서 살펴본 통계는 『환구시보』에서 수행한

30 예컨대 江寧康, 『天下與帝國: 中美民族主體性比較研究』(南京: 南京大學出版社, 2010)를 보라.

31 2009-2010년 기간의 변화는 아마도 당시 신장과 티베트에서 발생한 대규모 시위 및 테러 사건이 일정 부분 영향을 미친 것일 수도 있다.

〈표 3-3〉 미국의 '테러와의 전쟁'에 대한 중국인의 인식(%)

연도	미국의 노력을 지지	미국의 노력에 반대	모름/무응답
2006	19	63	18
2007	26	55	20
2009	50	37	13
2010	41	40	19
2011	23	60	17
2012	33	46	21

출처: Pew Research Global Attitudes Project (해당 연도) (http://www.pewglobal.org/database).

〈표 3-4〉 미국과 나토의 아프가니스탄 개입에 대한 중국인의 인식(%)

연도	계속 주둔 지지	즉각 철수 요망	모름/무응답
2007	5	80	5
2008	8	69	22
2009	16	70	13
2010	18	54	28
2011	9	65	25

출처: Pew Research Global Attitudes Project (해당 연도) (http://www.pewglobal.org/database).

서베이의 결과와도 상당 부분 일치하는 모습을 보인다. "2001년 이후 13년 동안 미국이 수행한 반테러전(反恐)의 결과를 어떻게 생각하는가?"라는 질문에 대해 응답자 총수(6,581명)의 무려 96퍼센트가 "그리 이상적이지 않다"(很不理想)라고 답해 "기본적으로 만족한다"는 응답자(4%)를 압도했기 때문이다. 또 비교적 최근의 상황과 관련해 "시리아 경내의 '이슬람국가'(IS)에 대한 미국의 공습을 지지하는가?"라는 질문에 대해 응답자(8,905명) 중 "지지한다"(21%)의 비율이 "지지하지 않는다"(79%)보다 훨씬 낮게 나왔음에도 주목할 필요가 있다.[32]

냉전 시기의 미-소 관계와는 상이하게 21세기의 미-중 관계는

32 『環球時報』, 2014년 9월 11일자와 9월 24일자

〈표 3-5〉 중국의 무역행위에 대한 미국인의 인식(%)

연도	공정 무역 시행	불공정 무역 시행	모름/무응답
2002	32	53	15
2004	36	51	13
2006	31	58	12
2008	26	67	7
2010	29	63	8
2012	29	67	4

출처: Chicago Council on Global Affairs, *Global Views 2012* (Topline Data from US Public Survey).

'자유무역 체제'(liberal trading regime)에 공통으로 기반하고 있기에 양국이 서로의 무역행위에 대해 어떤 인식을 갖고 있는가는 매우 중요한 요건이 될 수 있다. 중국의 무역행위에 대한 미국인들의 인식은 규범이라는 관점에서 상당히 부정적인 측면을 내포하고 있는 것으로 보인다. 〈표 3-5〉에서 보듯이, 2002-2012년의 기간에 중국이 '공정 무역'(fair trade)을 시행한다고 본 미국인의 비율은 소폭 감소한 동시에 중국이 불공정 무역을 시행한다고 믿는 미국인의 비율은 중폭으로 증가하고 있기 때문이다. 특히, 최근 들어 산업 스파이(industrial espionage)나 해킹 등을 통해 중국이 미국의 주요 산업기밀이나 핵심 기술을 유출하고 있는 것이 주요 쟁점이 되고 있음을 감안할 때 이는 향후에도 미, 중 양자 간의 상호인식에 부정적 영향을 미칠 가능성이 높음을 의미한다.[33]

중국인들도 나름대로 미국의 무역 및 경제행위와 관련해 부정적인 인식을 가지고 있는 것으로 드러난다. "미국은 보호무역을 목적으로 중국에 대해 트집을 잡고 있는가"라는 질문에 응답자(21,592명)의

33 정재호, "미중관계의 진화: 전략적 경쟁단계로의 진입?" 『중소연구』, 37권, 4호 (2013/2014 겨울), pp. 15-44를 보라.

무려 98퍼센트가 "그렇다"고 답하고 있기 때문이다. 예컨대 2011년 이후 큰 화제가 되었던 미국의 '예산 삭감'(sequester)에 대한 『환구시보』의 한 서베이에서는 "예산 삭감 방안(減赤)으로 미국의 경제를 살려낼 수 있을까"라는 질문에 대해 응답자(3,255명)의 무려 74퍼센트가 "그러기 힘들 것"이라고 답했다. 뿐만 아니라 2008년 리먼브라더스 사태로 금융위기가 터졌을 때, "미국은 중국으로부터 금융관리를 배울 필요가 있는가"라는 설문에 대해 응답자(1,934명)의 42퍼센트가 "그렇다"라고 답할 정도였다.[34]

중국인의 대다수가 '중국의 일부분'이라고 굳게 믿고 있는 티베트 문제와 관련해 미국인의 대다수(관련 설문이 포함된 2002년도 조사에서는 68%)는 티베트에 대한 중국 정부의 탄압—비록 그것이 '테러와의 전쟁'과 관련이 있다 하더라도—을 미국 정부가 지지해서는 안 된다고 믿고 있었다. 뿐만 아니라 "티베트가 중국의 지배하에 있어야 하는가"라는 질문에 대해서도 "그렇다"고 답한 응답자(관련 설문이 포함된 2008년의 조사)는 불과 5퍼센트밖에 되지 않았으며, 무려 59퍼센트가 "그렇지 않다"고 답했다(36%는 "잘 모름"으로 회신).[35]

미국인과 중국인 사이에는 가치·규범의 영역에서 몇 가지 중요한 차이점이 분명히 드러나지만 일부 유사점도 발견되는 것에 주목할 필요가 있다. 매우 흥미로운 것은 개인의 자유, 인권, 민주주의라는 서구적 관념과 가치에 대한 중국인들의 인식이 예상외로 긍정적이라는 점에 있다. 〈표 3-6〉에서 보듯이, 중국인 응답자의 과반 이상은 미국의 정치 체제가 개인의 자유를 존중한다는 데에 동의하고 있으며(2008, 2013, 2014년 조사), 과반수에 가까운 중국인 응답자들이 '미국식 민주'

34 『環球時報』, 2012년 10월 9일자; 2008년 9월 30일자; 2011년 9월 20일자.

35 The Harris Poll #7, February 6, 2002; The Harris Poll #55, May 21, 2008.

〈표 3-6〉 미국적 가치에 대한 중국인의 인식(%)

연도	미국식 민주주의 선호	미국식 민주주의 비선호	모름/무응답
2007*	48	36	16
2008**	50	27	23
2012*	52	29	18
2013**	48	29	23
2014**	52	31	17

주: *는 "I like American ideas about democracy"를, **는 "Yes, America respects personal freedoms"를 가리킴.

출처: Global Indicators Database (http://www.pewglobal.org/database/indicator/71/country/233; http://www.pewglobal.org/category/datasets/2013/?download=31111; http://www.pewglobal.org/category/datasets/2008/?download=12022; http://www.pewglobal.org/database/indicator/72/country/45).

라는 개념에 대해 긍정적인 평가(2007, 2012년 조사)를 내리고 있기 때문이다.[36] 이는 이미 오랜 기간 중국 정부가 담론화 노력을 기울여온 "중국적 특색을 지닌 사회주의 민주"와는 또 다른 가치에 중국인들이 의미를 부여하는 것이기에 더욱 흥미롭다 하겠다.

(3) 미래에 대한 인식 비교

미-중 간의 세력전이가 아직은 단지 가능성의 차원에 머물고 있는 상황에서 다가올 미래에 대한 인식과 관련해 두 나라 국민들 사이에는 어떤 차이가 있을까? 이 질문이 중요한 이유는 이와 관련된 인식이 향후 서로에 대한 정책결정과 위상 정립(positioning)에 핵심적인 영향을

36 이는 "'미국식 민주'를 잘 이해한다고 생각하는가"라는 설문에서 응답자(10,989명)의 57%가 그렇다고 대답한 것과도 맥락을 같이한다. 『環球時報』, 2014년 9월 30일자.

〈표 3-7〉 현재 • 미래의 초강대국에 대한 미국인과 중국인의 전망, 2011(%)

시점		미국	중국
현재의 초강대국	미국인들의 선택	77	14
	중국인들의 선택	79	4
2020년의 초강대국	미국인들의 선택	47	35
	중국인들의 선택	7	32
2050년의 초강대국	미국인들의 선택	41	32
	중국인들의 선택	2	53

출처: The Harris Poll #29, March 3, 2011, Tables 7–9.

끼칠 가능성이 높기 때문이다. 2011년 '해리스 인터액티브'는 미국 국민과 중국 국민을 대상으로 "현재(2011), 2020년, 그리고 2050년을 기준으로 세계 초강대국은 어디일 것인가"라는 질문을 던졌다. 이 조사 결과를 정리한 〈표 3-7〉에 따르면, 미국인들의 '미국' 선택은 그 시기가 미래로 갈수록 77, 47, 41퍼센트로 줄어들고 있는 반면, 중국인들의 '미국' 선택은 그보다도 훨씬 큰 폭—79, 7, 2퍼센트—으로 감소되는 것을 볼 수 있다. 반면, 미국인들의 '중국' 선택은 그 시기가 미래로 갈수록 14, 35, 32퍼센트로 증가 추세를 보이며, 중국인들의 '중국' 선택은 그보다도 훨씬 큰 폭—4, 32, 53퍼센트—으로 늘고 있음을 알 수 있다. 이러한 결과는 『환구시보』가 수행한 한 조사에서도 유사하게 드러나는데, "미국은 향후 100년간 세계의 리더로 남을 것"이라는 오바마 대통령의 발언에 대해 중국인 응답자(18,084명)의 92퍼센트가 동의하지 않는 것으로 나타났기 때문이다.[37]

〈표 3-8〉은 2008년부터 2014년까지 '퓨 글로벌'에서 수행한 미-중 간 세력전이의 가능성에 대한 조사 결과를 보여주고 있다. 이에 따르면, 시간이 갈수록 미국인들은 향후 중국이 미국을 추월할 가능성이

37 『環球時報』, 2014년 5월 29일자.

〈표 3-8〉 미-중 세력전이에 대한 미국인, 중국인의 인식(%)

연도		향후 미국을 추월할 것	이미 미국을 추월했음	미국 추월은 불가능	모름/무응답
2008	미국인들	31	5	54	10
	중국인들	53	5	23	19
2009	미국인들	26	7	57	10
	중국인들	59	8	20	14
2011	미국인들	34	12	45	9
	중국인들	57	6	17	20
2013	미국인들	36	11	47	6
	중국인들	58	8	13	21
2014	미국인들	39	10	45	6
	중국인들	50	9	20	21

출처: Global Indicators Database (http://www.pewglobal.org/database/indicator/33/country/233; http://www.pewglobal.org/database/indicator/33/country/45).

높아질 것으로 믿고 있으며 그 폭은 조사 대상인 총 5년간 평균 33.2퍼센트에 달한다. 이는 중국인들의 평균인 55.4퍼센트보다 낮은 수준이기는 하나 그 상향 증가세가 주목을 끈다. 중국이 미국을 추월하기는 불가능할 것이라고 믿는 미국인들은 시간이 갈수록 50퍼센트 중후반대에서 40퍼센트 중반대로 줄어들고 있으며, 반면에 비슷한 생각을 하는 중국인들의 비중은 대략 평균 19퍼센트 대에 머물고 있는 점이 흥미롭다. 즉, 소위 '추월'(overtaking)에 대한 미국인들의 우려가 향후 더 늘어날 개연성이 크다는 의미이다.

여기서 중요한 것은 이와 같은 미래에 대한 인식—즉, 미국은 상대적으로 쇠퇴하고 있으며 중국은 급속히 부상하고 있다는 관점—이 미국 내에서는 일정 부분 중국에 대한 부정적 인식 내지는 위협으로 간주하려는 인식의 증대로 이어지고 있다는 점이다. 예컨대, '시카고 외교협회'에서 수행한 한 조사에 따르면 중국의 경제 규모가 미국만큼 커지는 것에 대해 "대체로 긍정적"이라고 본 미국인의 비중은 9(2006),

〈표 3-9〉 중국의 군사력 증대에 대한 미국인의 인식(%)

연도	긍정적으로 평가	부정적으로 평가	모름/무응답
2005	13	78	9
2007	15	68	17
2008	8	82	10
2010	12	79	10
2011	11	79	10
2012*	15	82	4

주: *2012년의 선택 항목은 "very serious problem," "somewhat serious"를 합쳐 부정적 평가로 환산하였고, "not too serious," "not a problem at all" 항목을 합쳐 긍정적 평가로 환산한 것임.

출처: Pew Research Global Attitudes Project (해당 연도) (http://www.pewglobal.org/database). 2012년 결과는 2012 US-China Security Perceptions Project가 출처임.

6(2008), 8(2010), 9(2012)퍼센트에 불과했던 반면, 이를 "대체로 부정적"이라고 간주한 미국인의 비율은 동 기간 무려 33, 42, 38, 40퍼센트에 이르렀기 때문이다.[38] 이러한 결과는 2011년 '해리스 인터액티브'가 수행한 조사 결과와도 일맥상통하는데, 중국 경제의 급속한 성장이 미국에게도 이롭다고 본 미국인의 비율은 22퍼센트에 그친 반면, 그와 상반된 부정적 인식의 비중은 39퍼센트에 달했다.[39]

중국의 경제적 부상에 대한 인식에 더해, 중국의 군사력 증강에 대한 미국인들의 인식은 훨씬 더 부정적인 동시에 심지어 우려의 측면까지 내포하고 있는 것으로 평가된다. 2005-2012년의 기간 동안 '퓨 글로벌'이 수행한 조사(〈표 3-9〉 참조)에 따르면 중국의 군사력 강화에 대한 미국인들의 인식은 '부정적 평가'가 조사 대상인 6년 평균 78퍼센트로 나타나 '긍정적 평가'의 평균치(12.3%)를 압도하고 있기 때문이다.

〈표 3-10〉은 미국인들이 인식하는 '가장 적대적인 국가'(greatest

38 *Global Views 2012*.
39 Harris Poll #29, March 3, 2011—Table 3

〈표 3-10〉 미국인들이 인식하는 '최고 적대국'(%)

연도	No. 1	No. 2
2001	이라크(38)	중국(14)
2005	이라크(22)	북한(22)
2006	이란(31)	이라크(22)
2007	이란(26)	이라크(21)
2008	이란(25)	이라크(22)
2011	이란(25)	중국(16)
2012	이란(32)	중국(23)
2014	중국(20)	이란/북한(16)

출처: Gallup Poll (http://www.gallup.com/poll/1627/China.aspx).

enemy)에 대한 순위를 갤럽(Gallup) 조사결과에 근거해 정리한 것이다. 조사가 실시된 2001년부터 2014년까지의 기간 중 대부분에서 중국이 아닌 다른 국가들(대표적으로 이라크와 이란)이 최고의 적대국으로 뽑혔지만, 소위 '공세적 외교'의 행태를 보이기 시작한 2010년 이후인 2011년 조사부터는 중국이 2위의 적대국가로 부상했으며, 급기야 2014년에는 이란과 북한을 누르고 최고 적대국의 자리에 오르게 된다. 최근 들어 미국인들의 인식 속에서(〈표 3-1〉과 〈표 3-2〉 내용 포함) 중국의 총체적 형상(image)이 조금씩 더 부정적·비우호적으로 바뀌고 있음을 보여주는 주요한 단초라고 하겠다.

5. 미-중 관계와 세력전이에의 함의

이상에서의 논의를 평가할 때, 2000년대 말까지와는 달리 2011년 이후부터는 미국의 대중국 호감도 및 비호감도에 있어서 유의미한 변화가 있음을 알 수 있다. 아마도 이것은 미국의 '상대적 쇠퇴'와 중국의 '급격한 부상'이 현실화되면서 소위 "따라잡기"의 과정을 통해 미국의

〈표 3-11〉 미-중 관계에 대한 중국인들의 평가, 2014(%)

설문	응답률(A)	응답률(B)
2013-2014년의 중-미 관계를 어떻게 평가하는가?	마찰 위주임: 98	상호신뢰 위주임: 2
수교 후 35년 간의 중-미 관계를 어떻게 평가하는가?	그리 이상적이지 않음: 93	대체로 만족함: 7

출처: 『環球時報』, 2014년 7월 8일자; 2014년 9월 5일자.

조급함 또는 점증하는 전략적 우려가 드러나는 것으로 볼 수 있다.[40] 뿐만 아니라 군사적 개입이나 무역 행위 등을 평가하는 규범의 영역에서도 미-중 간 인식의 차가 작지 않다는 것을 알 수 있었다. 무엇보다도 미래를 바라보는 인식에 있어 양국 간에 큰 편차가 있음을 확인한 것은 상당히 의미 있는 수확이었다. 중국인들뿐 아니라 상당수의 미국인들조차 향후 중국으로의 세력전이가 일어날 가능성을 높게 평가하는 상황에서 중국의 부상, 특히 중국의 군사력 증대에 대한 미국인들의 인식이 부정적으로 변하고 있는 것이 그 가장 중요한 본질이라고 할 것이다. 중국을 '최고의 적대국'으로까지 인식하기 시작한 상황에서 과연 양국 사이에 '전략적 신뢰의 적자'(deficit of strategic trust) 문제가 온전히 해결될 수 있을지, 또 소위 '투키디데스의 덫'에 걸리지 않기 위해 중국이 제시한 '신형대국관계'의 정립은 순탄히 이뤄질 것인지 역시 그리 확실하지 않기 때문이다.

예컨대 2014년 『환구시보』에 게재된 두 개의 서베이 데이터를 한번 살펴보자(〈표 3-11〉 참조). 중국인들이 평가하는 미-중 관계는 그 시간의 폭을 단기적(최근 1년)으로 잡거나 혹은 장기적(미-중 수교 이후 35년

40 현 시점에서의 다양한 역량 평가를 감안할 때, 사실 미국의 '조급함'이 조금은 시기상조인 것으로 보이며, 오히려 그러한 행태가 미국의 '상대적 쇠퇴' 관점을 보다 강화시키는 것이 아닌가라는 생각을 하게 된다.

의 기간)으로 보더라도 그리 긍정적이지 않다. 단기적으로는 양국 관계가 주로 마찰 위주의 관계라고 보는 비중이 압도적(98%)이었으며, 장기적인 평가에서도 미-중 관계가 그리 이상적이지 않다는 관점이 무려 93퍼센트에 달했기 때문이다.

이러한 인식을 배경에 두고 중국은 기존 질서에 대한 불만을 우선은 경제·금융영역에서 표출하는 것으로 보인다. 예컨대, 오랜 동안 국제통화기금(IMF)에 대한 개혁을 요구해온 것이나 많은 논란 속에서 아시아인프라 투자은행(AIIB)을 출범시킨 것, 그리고 BRIC's 주도의 '신개발은행'(NBD) 설립 등이 그 범주에 속한다. 미-중 간 상호인식이 악화되면 될수록 양국 간 전략적 경쟁은 기능별로나 지역적으로 보다 치열해질 수밖에 없을 것으로 보인다.

시간이 갈수록—즉, 미, 중 양국 간의 국력 차가 줄어들수록—서로간의 군사적 '기싸움'이 지속되고 있으며 그 빈도 또한 높아지고 있다는 점이다. 이미 널리 알려진 것처럼 '임페카블'(Impeccable), '카우펜스'(Cowpense)호 등 양국 전함들 사이에서 벌어진 해상 충돌에 준한 상황에 더해 양국 전투기의 근접 위협 비행 등 일촉즉발의 상황들이 속속 벌어지고 있기 때문이다.[41] 일반 국민들의 인식이 대체로 실제의 구조적 변화보다 앞서 나가는 상황하에서 현실은 심히 불확실해질 수밖에 없다. 10퍼센트를 상회하는 미국인들이 중국이 이미 미국을 따라잡았다고 믿고 있고, 1/3에 가까운 미국인들이 향후 중국의 미국 추월이 확실하다고 간주하는 상황(〈표 3-8〉 참조)에서, 미국 내에서 중국에 대한 위협 인식 및 견제정책에 대한 지지는 점점 더 늘어갈 수밖에 없을

41 "China Warplane Made 'Dangerous' Pass at US Aircraft: Pentagon," August 23, 2014 (http://www.channelnewsasia.com/news/world/china-warplane-made/1326204.html).

것이기 때문이다. 이와 같은 상황은 세력전이이론에서 얘기하는 '대등성' 확보 직전의 가장 위험한 인식 구조의 대두와 유사한 것으로 평가할 수 있다.[42]

미국인들의 대중국 인식이 점차 부정적으로 바뀌면서 미국 정부의 대중국 전략 역시 일정 부분 영향을 받을 수밖에 없을 것이다. 시카고 외교협회가 2010, 2012, 2014년의 세 번에 걸쳐 수행한 조사에 따르면 "중국과의 관계 악화에도 불구하고 아시아의 전통적 동맹관계를 강화해야 한다"는 응답(58, 53, 59%)이 그 반대의 경우("전통적 동맹관계의 약화를 무릅쓰고라도 대중국 관계를 강화해야 한다"는 응답(31, 40, 33%)보다 상당히 높게 나타난 것이 그 주된 예이다.[43] 중국이 명시적으로 불만을 표시하고 있음에도 불구하고 미국이 '아시아로의 회귀' 또는 '재균형'을 견지하면서 일본, 호주, 인도를 위시한 국가들과 대중국 견제망을 짜고 있는 배경도 바로 이와 같은 여론의 향배와 연관이 있다.

세력전이이론이 제시하는 예측이 정확하다면 힘의 '대등성'(미-중 간 국력의 격차가 거의 없어지는 상태)이 생기게 될 경우 양국 간 분쟁의 가능성은 보다 높아질 수밖에 없다. 특히 중국 역시도 다양한 분야에서 미국과의 직접적인 이익의 충돌을 예상하고 있는 상황에서—실제로는 중국이 그리 수정주의적 국가가 아닐지라도—구조의 변화 자체로부터 도출되는 전략적 불확실성이 커질 수밖에 없을 것으로 보인다.[44]

42 즉, 부상국은 '이제 처음으로 패권국과 한번 맞붙을 만하다'는 평가를 하게 되고, 패권국은 패권국대로 '이번이 부상국을 누를 수 있는 마지막 기회'라는 계산 속에서 상호 분쟁의 가능성이 매우 높아진다는 의미이다.

43 Chicago Council on Global Affairs, *Global Views 2012*; CCGA's *2014 Survey of American Public Opinion and US Foreign Policy*. 또 Bill Powell, "In Washington, a Strategic Shift on China-Toward Containment," *Newsweek*, April 29, 2015를 참조하라.

44 최소한 8가지 영역(글로벌 리더의 지위, 영토문제, 환율·화폐, 노동문제, 우주, 자원, 환경보호, 가치관)에서 비록 정도는 각각 다를지라도 미-중 간 이익의 충돌

핵 억지가 유지되고 있는 현재의 상황이 앞으로도 지속된다고 가정할 때, '공포의 균형'하에서 미-중 사이 전면적인 군사 충돌이 일어날 개연성은 비교적 낮다고 할 것이다. 그러나 제1차 세계대전의 발발 요인에서 보았듯이 '사소한 일의 중요성'(significance of little things)이 여전히 유효하다면 불확실성은 곧 위험으로 치환될 수도 있다.[45] 또 궁극적으로 지역 국가들이 취할 수 있는 행위 선택의 범위가 좁은 상황에서 이 같은 추세는 국제관계를 상당 부분 '영합적 게임'(zero-sum game)으로 변형시켜, 전쟁까지는 아니더라도 전략적 경쟁·대립 위주의 소위 "차가운 평화"(cold peace)를 지속시키는 그리 이상적이지 않은 결과를 초래할 수 있어 향후 추이가 주목된다고 할 것이다.

이 일어날 것으로 중국 측은 보고 있다. 이와 관련한 유용한 작업으로 周天勇, "未來中美國家利益衝突的可能性分析," 『理論動態』, 1936호(2012년 9월 30일), pp. 13-18을 보라.

45 Richard N. Rosecrance, "Contingencies as a Cause (or Little Things Mean a Lot)," in Richard N. Rosecrance and Steven E. Miller (eds.), *The Next Great War: The Roots of World War I and the Rise of US-China Conflict* (Cambridge, MA: MIT Press, 2015), Ch. 14.

4장

미-중 간 국제규범의 상호인식과 세력전이

김헌준

1. 들어가며

21세기 국제정치에 있어 미국과 중국이 가장 중요한 두 행위자라는 사실에 대해서는 반론이 없다. 2008년 금융위기 이후 광범위하게 퍼진 미국 쇠퇴론에도 불구하고, 미국의 전 세계적 영향력은 정치, 경제, 군사 및 문화 등 여러 영역에서 지속되고 있다.[1] 하지만 중국의 부상 역시 무시할 수 없는 현실이고, 최근 중국이 아시아와 세계에서 드러내는 외교, 경제 및 군사영역에서의 도전적이고 단호한 모습은 중국이 미국 주도의 세계질서에 도전할 수 있는 충분한 잠재력과 의지를 갖고 있음을 보여준다.[2] 중국은 이미 국내총생산(GDP) 기준으로 2010년 세계 2위

1 Fareed Zakaria, *The Post-American World* (New York: Norton, 2008); Josef Joffe, "The Default Power: The False Prophecy of America's Decline," *Foreign Affairs*, Vol. 88, No. 5 (2009), pp. 21-35; George Freedman, *The Next 100 Years: A Forecast for the 21st Century* (New York: Anchor, 2010); Michael Beckley, "China's Century? Why America's Edge Will Endure," *International Security*, Vol. 36, No. 3 (2012), pp. 41-78.

2 Randall L. Schweller and Xiaoyu Pu, "After Unipolarity: China's Visions of International Order in an Era of U.S. Decline," *International Security*, Vol. 36, No. 1 (2011), pp. 41-72.

국가인 일본을 따라잡았으며, 2014년에는 국내총생산 구매력 환산 지수(PPP)로 이미 미국을 넘어섰다. 군사적으로 중국은 현재 최소한 동아시아 지역에서 미국의 중요한 경쟁자로 부상하였으며, 2035년에는 전세계적 경쟁자로 부상할 것이라는 전망까지 나오고 있다.[3] 그러므로 미국의 주도와 중국의 도전이란 국제질서 구도는 적어도 21세기 중반까지 지속될 전망이다.

최근 미-중 관계는 세력전이이론(power transition theory)에서 패권국과 부상국의 관계로 파악된다.[4] 세력전이이론은 국제정치질서가 근본적으로 위계적인 체제(hierarchical system)라고 파악한다. 이 위계질서 내에는 패권국(dominant power), 강대국들(great powers), 중견국들(middle powers), 약소국들(small powers)들이 피라미드 형태로 존재한다.[5] 세력전이이론은 이러한 체제 내에서 전쟁의 발생을 두 가지 변수를 이용하여 설명한다. 첫째 변수는 패권국과 부상국 간의 상대적인 국력(relative power)이고, 둘째 변수는 현존하는 질서에 대한 패권국과 부상국의 만족도이다. 즉, 국력의 정도(degree of power)와 만족도의 정도(degree of satisfaction)가 국제질서에서 가장 중요한 전쟁과 평화를 결정짓는 요인이라는 주장이다. 국제정치에서 전쟁은 부상국이 현재 상태(status quo)에 만족하지 못하면서 동시에 그 현상을 바꿀만한 능력이 있다고 믿을 때, 그리고 실제로 현재 상태를 바꾸려는 시도가 있을 때 일어난다.

3 Martin Jacques, *When China Rules the World: The Rise of the Middle Kingdom and the End of the Western World* (New York: Penguin, 2009).

4 Steve Chan, *China, The U.S. and the Power-Transition Theory: A Critique* (New York: Routledge, 2008); Steve Chan, "Is There a Power Transition between the U.S. and China?: The Different Faces of National Power," *Asian Survey*, Vol. 45, No. 5 (2005), pp. 687-701; Ronald L. Tammen and Jacek Kugler, "Power Transition and China-US Conflict," *Chinese Journal of International Politics*, Vol. 1 (2006), pp. 35-55.

5 A. F. K. Organski, *World Politics* (New York: Alfred A. Knopf, 1958), p. 326.

세력전이이론은 국제정치에서 극성(polarity)의 변화 및 극의 구성 요소의 변화를 뜻하는 체제변화(systemic change)가 어떻게 일어나는가를 설명한다.[6] 이는 다음 네 과정을 거쳐 일어난다. 첫 번째, 위기의 상황을 극복하거나 전쟁을 거쳐 패권국이 등장하고 그 패권국은 자국의 이익을 극대화할 수 있도록 국제 체제를 개편한다. 두 번째, 새로운 질서 내에서 필연적으로 현재 상태에 불만을 품은 다른 국가, 즉 부상국이 생겨난다. 이는 국제적으로 경쟁적인 체제에서 살아남기 위해 많은 국가들이 패권국의 모델을 경쟁적으로 모방(emulation)하고 학습(learning)하는데, 이 과정에서 필연적으로 후발주자의 장점인 성장속도의 편차(uneven rate of development)가 작용하기 때문이다. 세 번째, 이러한 상황은 국제정치적 세력배분의 변화를 가져오며 국제 체제에 위기가 발생한다. 이 위기는 대부분 패권국 주도의 예방전쟁이나 혹은 부상국 주도의 현상타파 전쟁, 혹은 제3국 간의 대리전(proxy war)과 같은 형태의 전쟁을 통해 해소된다. 마지막 과정으로는, 전쟁을 통해 기존의 패권국이 자신의 패권을 재확인하거나, 부상국이 승리하여 새로운 패권국이 되어 다시 자국의 이익에 유리하게 국제 체제를 개편하는 첫 번째 과정으로 돌아가 반복한다. 이런 점에서 세력전이이론은 정적(static)인 이론이 아니라 항상 변화(constantly in flux)하는 이론이다.[7]

이 이론을 미-중 관계에 적용시켜보면 첫째 변수, 즉 국력의 정도에 대해서 많은 학자들이 미국과 중국이 곧 대등(parity)해지리라고 예측한다.[8] 세력전이이론에 있어 국력은 주로 인구의 크기, 국내총생산

6 Robert Gilpin, *War and Change in World Politics* (Cambridge: Cambridge University Press, 1981).

7 Ronald L. Tammen, "The Organski Legacy: A Fifty-Year Research Program," *International Interactions*, Vol. 34 (2008), p. 320.

8 물론 이에 대한 반론도 존재한다. 대표적인 반론으로 Beckley, "China's Century? Why America's Edge Will Endure"; David Shambaugh, *China Goes Global: The*

으로 대표되는 생산력, 그리고 정치적 능력(political capacity)으로 측정되는데 이 중 정치적 능력은 "변덕스럽고 정확한 예측이 어렵기 때문에" 주로 인구와 생산력 두 요인으로 측정된다.[9] 대부분의 세력전이 이론가들은 이러한 인구와 생산력은 군사력으로 변성(metamorphose)될 가능성이 농후하기 때문에 중요하다고 본다.[10] 오르간스키는 이미 1958년 그의 책(*World Politics*) 초판에서 새로운 도전자로 중국을 지목하고 있다.[11] 그는 풍부한 자원과 인구를 가진 중국이 산업화에 성공한다면 러시아 이후의 주된 도전자가 되리라고 지목하였다. 같은 이유로 인도가 중국에 주요한 도전자가 되리라고 내다보았고, 이러한 아시아의 부상으로 인해 미국과 서구 유럽은 그 주도권을 잃어버릴 것이라고 예측하였다.[12]

하지만 세력전이이론이 미-중 관계에서 있어 가장 측정하고 예측하기 어려운 부분이 둘째 변수인 만족도의 정도이다. 세력전이이론에 있어 만족도는 "분쟁의 주요 결정자"(major determinant of conflict)라고 불릴 정도로 중요한 핵심 변수이다.[13] 탬먼(R. L. Tammen)과 쿠글러(J. Kugler)는 미-중 관계에 있어 만족도에 대해 다음과 같이 중요성을 부여한다.

균형의 관점에서 볼 때 가장 중요한 질문은 21세기 말 중국이 국제정치에

Partial Power (Oxford: Oxford University Press, 2013).

9 Jacek Kugler and Ronald L. Tammen, "Regional Challenge: China's Rise to Power," in *Asia-Pacific Region in Transition* (Honolulu: Asia-Pacific Center for Security Studies, 2004), p. 39.

10 Tammen and Kugler, "Power Transition and China-US Conflict," p. 45.

11 Organski, *World Politics*, p. 321.

12 Tammen, "The Organski Legacy."

13 Kugler and Tammen, "Regional Challenge."

있어 패권국이 될 것인가가 아니라, 패권국이 되는 중국이 현존하는 국제 레짐에 공개적으로 도전할 것인가 아니면 현존하는 국제 공동체에 참여하고 이를 이끌어나갈 것인가 하는 점이다.… 안정에 있어서의 핵심은 부상국이 현재 상태(status quo)에 얼마나 만족하고 있는가이다.[14]

이렇듯 만족도가 세력전이에 있어 중요함에도 불구하고 아직까지 구체적으로 이 만족도에 대한 체계적인 측정 및 분석은 나오지 않고 있다.[15] 세력전이 이론가조차도 "그 중요성에도 불구하고 무엇이 만족도를 결정하는가에 대해서는 알려진 바가 거의 없다"고 인정한다.[16] 일부 학자들은 만족도를 객관적으로 측량하기 위해 동맹 포트폴리오의 유사성을 계량화한 S-statistics를 이용한다. 하지만 이는 아주 거친 측정법으로 정작 동일한 이론가들의 미-중 관계의 분석에서도 이용되지 못하는 한계가 있다.[17] 많은 세력전이 이론가들은 이 만족도를 측정하기 위해 군비 증강, 동맹의 형성, 경제나 안보정책의 조율, 국내정치구조, 상호 간 신뢰 등 다양한 방법을 제시하였다.[18]

특히 미-중 관계에서의 만족도를 보기 위해서 탬먼과 쿠글러는 다음 다섯 가지 정도를 보아야 한다고 제시한다. 첫째, 미-중 간 영토 분쟁이 있는가, 둘째, 양국의 군비 확장이 양국 간 군비 경쟁으로 번질 조짐이 있는가, 셋째, 중국이 현재 국제정치의 규칙에 불만이 있는가, 넷째, 미-중 간 심각한 이데올로기의 대립이 있는가, 마지막으로 미-

14 Tammen and Kugler, "Power Transition and China-US Conflict," p. 46.
15 Tammen, "The Organski Legacy," p. 322.
16 Brian Efird, Jacet Kugler, and Gaspare M. Genna, "From War to Integration: Generalizing Power Transition Theory," *International Interactions*, Vol. 29 (2003), p. 297.
17 Tammen and Kugler, "Power Transition and China-US Conflict."
18 Tammen, "The Organski Legacy," p. 322

중 간 교역과 협력에 있어서 구속력이 있는 패턴이 나타나는가 하는 점이다.[19] 하지만 이 중 첫 번째와 두 번째 방법은 종속변수와 독립변수가 유사한 현상을 측정하므로 순환논리에 빠지기 때문에 미-중 간 분쟁 가능성을 보기 위한 방법으로는 부적절하다. 즉, 만족도를 독립변수로 전쟁과 평화를 종속변수로 보는데, 만족도 자체를 측정하기 위해 종속변수와 밀접한 연관이 있는 영토 분쟁과 군비 경쟁을 보는 것은 독립변수와 종속변수가 동일한 동어반복(tautology)일 뿐이다. 결국 나머지 세 가지 요인, 즉, 현존 규칙에 대한 만족도, 이데올로기에서의 갈등, 그리고 제도화된 협력이 중요한데, 이 세 측면은 모두 국제규범 연구의 연구 대상이기도 하다. 이런 점에서 이 장은 국제규범에서의 미-중 간 상호인식을 분석하고 이를 통해 미-중 간 세력전이에 미치는 함의를 찾으려는 데 그 목적이 있다.

이 장에서는 다음 세 가지 질문을 던진다. 첫째, 국제규범이란 무엇이고 최근까지 어떠한 연구와 접근법이 있는가? 이 부분에서는 국제규범의 정의, 기존의 연구와 접근법을 간략하게 개괄하고 국제규범과 세력전이의 연결고리를 밝힌다. 더 나아가 영-미 간 세력전이 과정에서 어떠한 국제규범에서의 갈등이 있었고 어떠한 상호인식이 형성되었는가를 살펴본다. 둘째, 최근 미-중 간 국제규범을 둘러싸고 어떠한 갈등이 있었고 어떠한 상호인식이 형성되었는가? 이 부분에서는 인권, 민주주의, 보호책임, 비동맹, 글로벌 거버넌스(global governance), 그리고 발전규범에서의 미-중 간 갈등을 개괄하고 이를 토대로 형성된 인식의 차이를 살펴본다. 셋째, 이러한 국제규범에서의 갈등과 그로 인한 상호인식이 세력전이에 줄 수 있는 함의는 무엇인가? 이 부분에서는 인식의 차이가 가지고 올 수 있는 만족도의 차이를 고찰하고 이것이 세력전

19 Tammen and Kugler, "Power Transition and China-US Conflict," pp. 46-50.

이에 주는 함의를 영-미 간 사례와 미-중 간 사례를 비교해 고찰한다. 마지막으로는 향후 연구에서 더 다루게 될 방향에 대해 고찰한다.

2. 국제규범과 상호인식

(1) 국제규범과 상호인식

국제규범(international norm)이란 국제관계에서 '정체성을 고려할 때 무엇이 적절한 행위인지 아닌지에 관한 구성원들의 집단적 기대'(collective expectations for the proper behavior with a given identity)이다.[20] 이는 국제정치에 있어 특정 행위가 적절 혹은 적절치 못한가, 수용 가능한가 혹은 불가능한가, 정당한가 혹은 부당한가에 대한 암묵적 혹은 명시적인 가치체계(value system)이다. 현재 국제정치에 직간접적 영향을 미치는 많은 국제규범이 존재하지만, 대표적인 것으로는 주권, 정전(just war), 반핵, 반노예제, 반아파르트하이트(anti-Apartheid), 탈식민주의, 인권, 환경, 자유무역, 경제자유화 등이 있다. 현재 미국과 중국은 군사 및 경제 전략뿐만 아니라 인권, 비동맹, 민주주의, 발전, 반부패, 언론 자유, 종교 자유, 법치, 인도적 개입, 국제원조, 보호책임, 금융 및 통화정책, 기후변화 등 다양한 영역에서 마찰과 갈등을 보이고 있다.

21세기 초반 미국과 중국 간 패권국-부상국 관계가 19세기 말에서 20세기 초 영국과 미국의 관계와 다른 점 중 특징적인 부분은 양국 관계가 서로 다른 문명 간의 상호작용이라는 점이다. 영-미 간의 관계

20 Peter J. Katzenstein (ed.), *The Culture of National Security: Norms and Identity in World Politics* (New York: Columbia University Press, 1996), p. 5.

가 앵글로-색슨 문명 내에서 패권 이전(transfer)의 형태인 반면, 미-중 관계는 다른 문명 간의 도전과 응전의 모습을 보인다.[21] 현재 국제정치 시스템은 16세기에 태동되고, 18세기 완성된 모습을 갖춘 유럽 국제정치질서의 전 세계적 확산으로 인해 형성되었다.[22] 이런 이유에서 근대 국제정치의 태동 이후 대부분의 세력전이가 모두 유럽 문명 내에서 이루어졌다. 하지만 19세기 구미열강과 중국 및 인도 문명의 첫 충돌 과정을 고려하면, 미-중 간 패권 이전은 여전히 매우 이질적 문명 간의 관계이기 때문에 더 많은 충돌의 요소를 지닐 것으로 예상된다. 이는 미-소 갈등이 첨예하게 나타났던 냉전기에도 소련을 '슬라브 문화'(Slavic culture)로 규정하고 광범위한 의미에서 서구문명권 안에 포함시킨 것과는 매우 대조되는 현상이라 더 주목할 필요가 있다.[23]

중국이 근대국제질서로 편입된 이후, 구미국가와 중국 사이에 규범과 가치관의 교류 및 충돌은 항상 있어왔다.[24] 이러한 관계의 특수성으로 인해 미-중 관계는 영-미 관계 혹은 미-소 관계에서 비교적 중요한 변수가 아니었던 세계관, 신념 등 다양한 '관념의 층위'에서의 갈등이 중요한 요인으로 부각될 전망이다. 그러므로 전환기 미-중 관계를 보기 위해서는 전통적인 외교, 안보, 그리고 경제의 영역도 당연히

21 Peter J. Katzenstein (ed.), *Anglo-America and Its Discontents: Civilizational Identities beyond the West and East* (New York: Routledge, 2012).

22 Hedley Bull and Adam Watson (eds.), *The Expansion of International Society* (Oxford: Oxford University Press, 1985).

23 Peter J. Katzenstein (ed.), *Sinicization and the Rise of China: Civilizational Processes beyond East and West* (New York: Routledge, 2012).

24 Gerrit W. Gong, *The Standard of 'Civilization' in International Society* (Oxford: Clarendon Press, 1984); John M. Hobson, *The Eastern Origins of Western Civilisation* (Cambridge: Cambridge University Press, 2004); Shogo Suzuki, *Civilization and Empire: China and Japan's Encounter with European International Society* (London: Routledge, 2009); David Kang, *East Asia before the West: Five Centuries of Trade and Tribute* (New York: Columbia University Press, 2013).

보아야 하지만, 그러한 요소만큼 중요성을 갖는 가치관, 규범, 지식, 정보와 문화, 기술, 환경 등 새로운 영역에 대한 고찰이 필요하다. 이 장에서 중요하게 다루는 것은 국제규범의 존재 그 자체가 아니라 그것이 어떻게 양국 간에 인식되는가 하는 점이다.

이러한 다양한 영역에서의 상호작용은 양국 간 인식에 영향을 미친다. 국제정치에서의 인식의 문제에 대해 깊은 고찰을 한 저비스(R. Jervis)에 따르면 인식에서의 가장 중요한 요인은 일관성(consistency) 추구라는 원칙인데, 이는 논리적 일관성뿐만 아니라 비논리적인 일관성의 추구까지 포함한다. 즉, 인식은 항상 일관성과 균형을 유지하려고 하고, 이런 이유에서 지속적인 혹은 다양한 방면에서의 갈등 상황은 상대에 대한 부정적 혹은 적대적인 인식을 형성하고 공고화하며 새로운 영역에까지 재생산한다.[25] 가치나 규범에서의 이질성은 상대에 대한 부정적인 인식을 강화하거나 재생산하기 좋은 토양을 제공한다.[26] 따라서 미국과 중국이 현존하는 국제규범에 있어 과거에 어떠한 충돌 양상을 보였고, 현재는 어떠한 상태인가 파악하는 것은 매우 중요하다. 더 나아가 이들 두 국가가 현존하고 또한 앞으로 지속적으로 변화·발전할 국제규범 중 어떤 영역에서 충돌이 예상되는지 파악하는 것 또한 양국 관계를 이해하는 데 있어 필수적이다. 하지만 이를 보기에 앞서 평화로운 세력전이를 이룬 영-미 간에 어떠한 국제규범에서의 갈등이 있었는지, 그리고 그로 인해 어떠한 인식 차이가 생겼는지를 우선 살펴본다.

25 Robert Jervis, *Perception and Misperception in International Politics* (Princeton, NJ: Princeton University Press, 1976).

26 *Ibid.*, p. 121.

(2) 영–미 간 국제규범의 상호인식

영-미 간 전환기에 어떠한 국제규범을 둘러싸고 상호작용과 인식이 있었는가? 이 질문에 답하기 위해 우선 시기적으로 구분하고 분석 영역을 설정할 필요가 있다. 우선 영국과 미국 간 패권의 전환기는 남북 전쟁(1861-1865) 이후 미국이 경제적으로 발전하고 인구도 많아지면서 시작되었다고 볼 수 있다. 또한 그 전환이 마무리되는 시기는 제1차 세계대전 이후이므로, 시기적으로는 19세기 중반에서 20세기 초반을 살펴보아야 한다. 하지만 영-미 간 패권 이전에 대한 중요한 결정은 이미 19세기에 대부분 이루어졌기 때문에 이 시기를 중심으로 보기로 한다.[27] 다양한 국제규범 중에서도 노예제·무역, 민주주의(정치 체제), 자유무역규범을 둘러싼 인식에 초점을 맞춘다. 영국과 미국 사이에 평화적인 세력전이가 가능했던 이유에 대해서 일부 학자들은 미국이 영국 주도의 국제질서를 대체로 존중 및 인정했으며, 미리 대안적 질서를 제시하지 않았음을 강조한다. 하지만 국제규범을 둘러싼 영-미 간의 상호작용과 인식을 살펴보면 꼭 그렇지만은 않음을 알 수 있다.

첫째, 영국은 1807년 노예무역법(Slave Trade Act)을 통해 제국 내 노예무역을 금지하고 다른 유럽 국가들에게도 노예무역을 금지하도록 압박을 넣었다. 하지만 이는 노예제 자체를 금지하지는 않고 노예무역을 금하는 조치였다. 1833년 노예폐지법(Slavery Abolition Act)을 통해 노예제 자체를 폐지하기에 이른다.[28] 즉, 영국은 이를 자국이 추진하고 표방하는 국제규범으로 삼고 옹호하였다. 물론, 미국도 1777년 메릴랜

27 이 책의 1장, "19세기 영국의 대미국 인식" 참조.

28 Edward B. Rugemer, "The Southern Response to British Abolitionism: The Maturation of Proslavery Apologetics," *The Journal of Southern History*, Vol. 70, No. 2 (2004).

드 주를 시작으로 1804년에 이르면 모든 북부의 주에서 노예제가 폐지된다. 하지만 미국 남부는 19세기 초반 높은 이윤을 내는 면화 산업의 발달로 인해 노예제가 유지되었고, 또한 냇 터너(Nat Turner) 노예반란(1831)을 계기로 더욱 엄격한 노예관리 체제를 유지한다. 이러한 남부의 노예제는 영국 대중과 정치지도자에게 부정적인 인식을 심어주었다. 특히, 노예제 폐지문제는 당시 영국의 중앙과 지방의 엘리트에게 자신이 얼마나 올바르고 정의로운 사람인가를 드러내주는 지표 같은 역할을 했기 때문에 이를 공식적으로 옹호하거나 지지하는 것은 어려운 일이었다.[29]

미국의 노예제와 무역에 대한 영국의 인식은 남북 전쟁 시기 영국의 대외정책에 중요한 영향을 미친다.[30] 우선, 독립혁명(1775-1783)에서 남북 전쟁의 시기에 영국은 미국을 위협으로 인식하였고 미국을 봉쇄하려는 정책을 추구했다. 남북 전쟁은 영국이 미국의 성장을 억제할 수 있고, 남부가 독립을 이루면 이미 산업이 부흥해서 영국에 위협이 되고 있던 북부를 견제할 수 있기 때문에 전략적으로 매우 바람직한 상황이었다. 전쟁 중에 남부와 북부 모두 영국의 협조가 필요한 상황에서 영국은 북부보다는 여러 면에서 남부에 친밀감을 느끼고 있었다. 또한 대부분의 정치인들은 전쟁이 어떤 형태로 끝나게 되든지 상관없이 남부의 노예제는 폐지될 것이라고 보았고, 그런 점에서 링컨이 노예제 폐지를 전면에 내세우는 것은 진실성이 없고 정치적인 의도가 있다고 보았다. 그럼에도 불구하고, 영국은 노예제문제로 인해 남부를 적극 지원하지 못하고 중립을 선언한다. 물론 당시 영국에서는 북부와

29 David Brion Davis, "Reflections on Abolitionism and Ideological Hegemony," *The American Historical Review*, Vol. 92, No. 4 (1987), p. 805.

30 Douglas A. Lorimer, "The Role of Anti-Slavery Sentiment in English Reaction to the American Civil War," *The Historical Journal*, Vol. 19, No. 2 (1976).

남부를 각각 지지하는 세력이 있었다. 특히 상류층의 일부는 남부를 지지하였고, 대중은 북부를 지지하였다. 하지만 양자 모두 '노예제에 대한 보편적인 확신'이 있었고 이로 인해 전략적인 유리함에도 불구하고 남부를 지원하지 못하였다.[31]

둘째, 19세기 당시 영국은 매우 제한적인 의회 민주주의를 시행하고 있었다. 당시 영국은 형식적으로는 군주제를 실시하고 있었지만 대부분의 중요한 결정은 의회에서 이루어지고 있었다. 하지만 소유권에 묶인 참정권으로 인해 당시 20세 이상 성인 인구의 5퍼센트 정도만이 선거권이 있는 매우 제한된 의회 민주주의 시스템이었다. 특히 19세기 초반 산업혁명으로 새로운 사회 계층이 등장했지만 당시 정치 시스템이 이 새로운 계급을 정치에 수용하지 못했다. 이에 비해 미국은 이미 1792년 켄터키 주를 시작으로 백인에 한정해서 소유 재산이 없어도 선거권을 주는 '보통사람에 의한 선거'(election by common man)가 시작되어 보다 광범위한 정치 참여가 이루어지고 있었다.

영국과 미국이 당시 상호 정치 체제에 대해 부정적 인식이나 반감을 가졌다고 판단하기는 어렵다. 단지 영국에게 있어서 미국의 잭슨 민주주의(Jacksonian democracy)는 선거법 개정으로 참정권을 확대하기 이전까지 이질적이지만 유럽이 나아가야 할 방향인 정치 체제라고 인식되고 있었다. 예를 들어, 선거법 개정 시기 영국에게 있어 미국의 민주주의가 중요한 논쟁점이 되었는데, 휘그당과 과격파들은 미국의 체제를 옹호하였고 반대로 보수집단은 미국의 '독특성'(uniqueness)을 주장하며 이를 부정적으로 인식하였다.[32] 하지만 이러한 상황은 일련의

31 Lorimer, "The Role of Anti-Slavery Sentiment in English Reaction to the American Civil War."

32 Frank Prochaska, *Eminent Victorians on American Democracy: The View from Albion* (Oxford: Oxford University Press, 2012), p. 19.

선거법 개정으로 개선된다. 이 중 가장 중요한 것은 1832년 선거법으로, 이를 통해 유권자 수가 성인 인구의 7퍼센트 정도로 증가했을 뿐만 아니라 신흥 산업계층에게 선거권 및 피선거권이 부여되었다. 그럼에도 불구하고, 아직까지 노동자 계급은 선거권을 얻지 못했는데 이들은 1867년 선거법, 농민 계층은 1884년 선거법을 통해 선거권을 얻게 된다.

셋째, 19세기 영국은 자유무역을 견지하였다. 특히 나폴레옹 전쟁 이후, 자유무역에 대한 신념이 영국에 팽배해있었고 정치 담론을 지배하였다. 이는 산업 및 교역에 있어서는 자유무역을, 통화·금융정책에 있어서는 금본위제를 고수하는 형태로 나타났다.[33] 미국은 남북 전쟁 이후 철도 산업을 중심으로 급속히 발전했고, 국내총생산에 있어 영국을 따라잡기 시작한다. 동시에 미국은 강력한 산업보호정책을 추진하였고 이러한 미국의 보호무역과 그로 인한 발전으로 인해 19세기 후반 영국은 경제적으로 타격을 입게 된다. 이에 따라 내부에서는 자유무역을 지속하려는 '소영국주의'와 식민지와 함께 경제 블록을 구성해서 보호무역을 해야 한다는 '대영국주의' 양 진영으로 나뉘게 된다. 특히 19세기 말 경기 침체로 인해 보호무역을 주장하는 다양한 단체들이 생겨나고 보호무역조치를 적극적으로 요구하게 된다. 즉, 미국의 보호무역정책으로 인해 영국 내에서 미국에 대한 부정적인 인식이 증가했음을 보여준다.

하지만 이러한 내부적 반발에도 불구하고 영국은 기존 원칙인 자유무역정책을 고수한다. 이는 영국이 가지고 있던 자유무역에 관한 강한 신념이 기반이 되었기 때문에 가능한 일이기도 하지만, 두 가지 더

33 이 책의 2장, "20세기 영국과 미국의 금융패권 경쟁과 상호인식" 참조.

중요한 요인들이 있었다.[34] 첫째, 영국이 비록 산업 분야에서는 미국의 위협을 받고 있지만 금융에서는 우위를 갖고 있고 이것이 지속될 것이라고 믿었던 당대 금융자본가의 자신감과 그들이 가진 정계에서의 영향력이다. 둘째, 이 시기 영국에게 있어 비록 미국이 경제적으로 도전하고 있었지만 더 시급한 사안은 독일과 러시아의 위협이라고 보았다. 이러한 일련의 상황은 영국 내 미국에 대한 부정적 인식이 생겨나고 이를 정책적으로 실천하기 위해 논의하려는 시점에서 자유무역 원칙과 그러한 정책을 고수하는 세력에게 힘을 더해주었다.

특히 흥미로운 점은 이 시점에 오면 영국과 미국은 자유무역-보호무역의 차이를 제외하고 다른 규범적인 측면에서는 상당히 동질적인 모습을 띠고 있다는 점이다. 우선 가장 큰 인식과 관행의 격차가 있었던 노예제와 노예무역의 문제는 미국 남북 전쟁에서 북부의 승리로 해소되었다. 또한, 양국의 정치 체제의 모습에 있어서도 영국은 일련의 선거법 개정으로 미국의 정치 시스템과 상당히 유사해졌다. 즉, 19세기 후반 영-미 관계에 있어 이제까지 대립하고 차이가 있던 규범이 해소되었기 때문에 자유무역과 보호무역이라는 새로운 갈등이 더욱 두드러져 보인 측면이 있다. 노예제 폐지에 있어서 미국이 영국의 규범을 따르고, 참여 민주주의의 경우 영국이 미국의 모델에 가까이 간 것으로 더 이상 이 분야에서의 갈등은 없고 남은 영역, 즉 산업과 금융에서 유일한 갈등양상을 보이게 된다.

요약하면, 당시 영-미 간 국제규범에서도 상이한 발달 수준과 인식을 보인다. 19세기 영국은 노예제와 노예무역의 폐지, 정치적으로 참정권을 상당히 한정된 국민에게만 주는 제한적 민주주의, 또한 경제적으로 자유무역주의를 강하게 믿고 추진하였다. 이에 비해 미국은

34 이 책의 1장, "19세기 영국의 대미국 인식" 참조.

(특히 남부의 특수한 상황이라는 이유로) 노예제 잔존을, 정치 체제로는 보다 참정권이 확대된 형태의 대중 민주주의를, 또한 경제적으로는 보호무역을 추진하였다. 물론, 이러한 국제규범들이 미국이 국제적으로 옹호하거나 추진한 규범은 아니지만 미국은 당시 패권국 영국이 추구하던 가치와 신념과는 다른 원칙들을 표방함으로써 영국의 대미국 인식에 영향을 미쳤다는 점에서 그 중요성을 가진다.

3. 미-중 간 국제규범 충돌의 국제정치

그렇다면 미국과 중국은 21세기에 어떠한 국제규범의 영역에서, 어떠한 양상의 갈등과 충돌이 예상되는가? 이 질문에 답하기 전에 우선 미-중 간 충돌해왔고, 또 충돌 가능성이 있는 규범을 개괄할 필요가 있다. 다양하고 중요한 이슈 영역(issue areas)을 우선 국제정치학의 분석수준(levels of analysis)을 적용하여 나누어 볼 수 있다.[35] 분석수준이란 국제정치학의 설명도구(heuristic tool)로서 국제정치현상을 설명하는 데 있어 개인 및 공동체 등 국가 하위 수준, 개별 국가의 수준, 그리고 국가 상위 수준으로서의 국제관계수준으로 나누어 접근하는 것을 말한다. 단순화를 위해 세 수준을, 국가수준과 국제관계수준 두 가지로 분류하고 또한 각 국제규범영역이 어느 시기, 즉 20세기와 21세기 중 언제, 핵심문제로 등장했는가를 나누어 보면 〈표 4-1〉과 같다.

물론, 국제정치현상이라는 것이 복잡하게 얽혀 있고, 다층다면적인 영역 간의 상호작용이기 때문에 각 이슈 영역과 분석수준, 그리고

35 Kenneth Waltz, *Man, the State, and War* (Chicago, IL: Chicago University Press, 1959).

〈표 4-1〉 분석수준과 시기로 본 국제규범

분석수준	시기 구분	
	20세기	21세기
국제관계수준	비동맹주의, 인도적 개입, 국제원조, 국제경제질서, 통상, 핵 확산	보호책임, 유엔개혁, 개발협력, 재난대응, 기후변화, 반테러리즘
국가수준	인권, 주권, 개발, 민족주의, 민족자결주의, 군축	민주주의, 발전, 반부패, 거시경제, 금융, 분리주의

시기에 따라 선명하게 구분된다고 볼 수는 없다. 그러므로 각 사례 사이, 그리고 시기 간 약간의 중복은 불가피하지만, 〈표 4-1〉은 이러한 복잡한 규범영역 간의 관계를 이해하는 데 도움을 준다. 21세기 미-중 관계에 주요할 변수로 인권, 민주주의, 보호책임, 비동맹, 글로벌 거버넌스, 그리고 경제발전에 관한 국제규범 등을 들 수 있다. 이러한 다양한 영역 중, 통상, 주권, 국제원조, 개발 등은 이미 많은 연구가 되어 있다. 특히, 미-중 간 군사력의 사용, 거시경제정책, 핵 확산, 기후변화, 금융규제를 분석한 풋(R. Foot)과 월터(A. Walter)의 연구, 그리고 미-중 간 외교, 거버넌스, 경제, 문화, 안보영역을 다룬 샴보(D. Shambaugh)의 연구는 매우 중요하다.[36] 따라서 이 장에서는 이미 심도 깊은 연구가 이루어진 분야보다는 비교적 집약된 연구가 없거나 혹은 앞으로 충돌 가능성이 있는 사례에 집중하며, 이러한 이유에서 미-중 간 상호인식에 있어 의견이 수렴되는 부분을 보기보다는 미-중 간에 잠재적인 갈등이 있을 수 있는 영역에 집중한다. 필자는 미-중 간 인식이 수렴되는 공간이 적었거나 없었다는 주장을 하는 것이 아님을 미리 밝혀둔다. 미-중 수교 이후 미국과 중국의 관계를 역사적으로 살펴보면, 미-

36 Rosemary Foot and Andrew Walter, *China, the United States, and Global Order* (Cambridge: Cambridge University Press, 2010); Shambaugh, *China Goes Global*.

중 간 상호인식이 냉전 초기 극심한 대립에서 상호공존과 존중으로 수렴되는 과정이었다고도 볼 수 있다. 1950년대와 60년대와 비교해서 볼 때 1990년대와 2000년대의 미-중 관계는 상호갈등의 영역보다는 경제영역을 중심으로 한 상호협력의 모습이 두드러졌다.

(1) 인권

일반적으로 미국과 중국의 인권갈등은 흔히 1989년 천안문 사태 이후로 나타났다고 알려져 있지만 그 뿌리는 훨씬 깊다. 특히, 양국은 이미 1948년 세계인권선언이 채택될 당시부터 갈등이 있어왔다. 미국과 영국은 제2차 세계대전 중에는 인권의 증진을 전쟁의 목표로 설정하고 옹호했지만, 전쟁이 끝나가는 시점에서는 국내에서 인권과 주권의 관계를 어떻게 설정해야 하는가에 대한 논쟁이 있었다.[37] 특히 미국의 경우, 인권보다는 주권을 앞세우는 강경파가 우세해 국무부에서는 덤버턴오크스(Dumbarton Oaks) 회의에 참여하는 대표들에게 인권에 대한 어떠한 언급도 자제하라는 지시까지 내렸다. 오히려 당시 중국은 이 회의에서 인종차별을 반대한다는 문구를 명시적으로 언급하기를 원했고, 그런 점에서 인권을 꼭 포함시킬 것을 주장하였다.

미-중 간 인권갈등은 한반도 문제에서 첨예하게 나타났다. 미국은 한국전쟁 당시 중국과 생화학무기의 사용 및 민간인 대량살상 등의 문제로 대립하였다. 중국은 1951년 위생부 부장이 국제적십자연맹에 보낸 서한을 통해 미국이 북한에서 생화학무기를 사용하고 있다고 폭로했다. 유엔에서는 이 문제에 대해 국제적십자연맹에 특별조사팀 파

37 Paul Gordon Lauren, *The Evolution of International Human Rights: Vision Seen* (Philadelphia, PA: University of Pennsylvania Press, 1998).

견을 요구했고, 이듬해 미, 중 양국 외교부 수장의 상호 비난성명까지 나오게 된다. 저우언라이 외교부 부장은 공식적으로 "미국 정부가 생물학 무기를 이용해서 중국 인민을 학살한 것에 대해 강력하게 항의한다"고 미국을 비난하였고, 이에 대해 애치슨 국무장관은 "유엔군은 과거에도 현재에도 모든 종류의 생화학무기를 사용하지 않았고 사용하지 않는다"라고 반박하였다. 이 문제는 이듬해 국제적십자연맹이 생화학무기 사용의 증거를 찾지 못해 수면 아래로 내려갔지만 이 사례는 향후 양국 간 인권규범을 둘러싼 갈등의 전조를 보여준다.

1960년대에도 미국과 중국은 인권규범에서 갈등을 보이는데 그 대표적인 예가 마오쩌둥의 1968년 미국의 시민권 운동 지지 사건이다. 마오쩌둥은 이 운동이 한창이던 1968년 4월 16일 성명서를 통해 미국에서 차별받는 유색인종의 투쟁을 지지하는 성명서를 발표하였다. 이는 흔히 미-중 관계에서 시민적·정치적 권리에 대해 논할 때 미국이 공격을 하고, 중국이 방어를 하는 입장과 상반되는 역사적 경험이라는 사실 때문에 흥미롭다. 미국과 중국은 1979년 공식 수교 이후 10여 년 동안 전반적으로 갈등이 잦아드는 시기를 맞는다. 하지만 미국과 중국의 이 밀월관계는 1986년 이후 인권분야에서부터 점차 잡음이 나오게 된다. 1986년 미 의회에서는 다양한 채널을 통해 중국의 인권 개선을 촉구하였고,[38] 이듬해 미국 내 중국 연구가를 중심으로 중국의 진보지식인 탄압에 대한 비판성명이 나온다. 이에 대해 덩샤오핑은 미 국무장관과 회담에서 "중국은 개방정책을 지속할 것이나 완전한 서구화는 있을 수 없다"고 언급하고 미국 하원에서 티베트 문제에 관한 결의안을

38 예를 들어, 1986년 6월 25일 미 하원 외교위원회는 중국에 대해 정치권과 인권 확대를 촉구하는 결의안을 채택하였고, 미 상원 외교위원회도 같은 해 중국의 경제 및 정치제도 개선을 촉구했다.

통과시킨 것은 분명한 내정간섭이라고 적극적으로 항의하였다.

이러한 미-중 간 갈등은 1989년 천안문 사태로 그 정점을 찍는다. 이미 양국은 그해 5월 이전에도 티베트에서의 시위에 대한 중국 정부의 무력진압에 관해 상호 비난성명을 주고받았다. 1989년 부시 대통령이 중국을 방문한 다음 달, 미 국무부는 성명을 발표해 중국의 무력진압을 비난하였고, 이에 대해 중국 정부는 "티베트 문제는 중국의 국내문제이며 외국 정부, 조직, 개인의 어떠한 간섭도 받지 않는다"는 덩샤오핑의 주장을 재확인하였다. 천안문 사태에서 미국은 1968년 마오쩌둥이 그랬던 것처럼, 부시 대통령이 시위대를 지지하며 정부의 무력진압을 비난하는 성명을 발표한다. 곧이어 미국은 중국에 대한 무기 판매 동결, 미-중 국방회담 연기, 모든 고위급 접촉 중단, 세계은행과 국제통화기금에서 중국에 대한 신규 차관을 중단하는 제재 등 매우 강력한 조치를 취한다. 이후 미-중 관계의 핵심은 중국의 최혜국대우를 인권 상황과 연계할 것인가 하는 문제로 집중되었다. 하지만 이 문제는 부시 행정부에서도 의회와 행정부 간에 갈등이 있었던 문제이고,[39] 공식적으로는 1994년 클린턴 행정부에서 상호 연계하지 않기로 결정하면서 일단락이 난다.[40] 이에 대해, 일부 학자는 이 사례가 미국에서 인권규범이 경제논리에 의해 좌우된 대표적인 사례로 보고 인권규범의

39 부시 행정부 내에서는 중국 인권에 대해 강경한 목소리를 내는 것이 미국의 국익에 맞지 않는다는 주장이 꾸준히 있어왔다. 예를 들어, 1990년 1월 중국이 계엄령을 해제하자 퀘일 부통령은 "계엄령 해제 결정이 인권을 향한 진전"이라는 긍정적 판단이 담긴 주장을 하였고, 3월 2일 부시 대통령은 중국과 무역에 있어 최혜국대우를 인권 상황과 연계하는 법안에 대해 거부권을 행사하였을 뿐만 아니라, 최혜국대우를 1년간 더 연장하기도 하였다.

40 1991년 중국 최혜국대우 갱신 조건으로 인권 상황의 개선을 포함하는 법이 통과되었으나 이듬해 클린턴 대통령은 "중국의 최혜국대우에 어떠한 조건을 부가하는 행위도 받아들일 수 없다"고 발표하였다. 최종적으로 1994년 클린턴 대통령은 인권문제와 최혜국대우를 별개의 문제로 고려하기로 결정하였다

독자성에 의구심을 표하기도 한다.[41] 하지만 이는 그 이후 미-중 간에 나타나고 지속되는 인권에서의 첨예한 갈등 상황을 간과한 근시안적인 판단이라고 할 수 있다.

이렇듯, 인권문제는 최혜국대우의 문제가 연계는 되었지만 외교정책의 집행에 있어 실현되지는 않았다. 하지만 천안문 사태를 둘러싼 미-중의 갈등은 다양한 영역에서, 다양한 모습으로 표출되었다. 우선 미국은 이후 인권문제를 양자외교의 차원에서 다자외교의 차원으로 옮기며 중국에 대한 압박을 가한다. 특히 앞서 언급한 유엔 총회 및 인권이사회 등 인권 체제에서 중국을 압박하는 정책을 추구했다. 미국은 1995년부터 중국의 인권 상황을 비판하고 변화를 촉구하는 유엔 결의안을 상정하고 채택을 유도했다. 이후 10여 년 정도 인권규범을 둘러싼 미-중 관계는 이 유엔 결의안을 상정하려는 미국과 이를 어떠한 방법을 사용해서라도 막으려는 중국의 첨예한 대립이었다고 볼 수 있다.[42] 일부 학자는 이 시기 중국의 가장 중요한 인권정책이 중국의 인권 상황을 비판하거나 어떤 형태로든 언급하는 결의안 상정과 채택을 막는 것이었다고도 주장한다.[43]

미국은 동시에 양자외교에서도 압박의 강도를 심화하고, 또한 영역을 넓히며 중국을 압박하는 정책을 채택하였다. 대표적인 것이 1996년 미 하원 국제관계위원회 산하 인권소위원회에서 실시한 천안문 사태 관련 공개청문회이다. 미국의 이러한 중국에 대한 공세는 단지 일회성의

41 James Peck, *Ideal Illusions: How the US Government Co-opted Human Rights* (New York: American Empire Project, 2012).

42 이는 중국이 자국의 국제적 이미지와 명성을 매우 중요하게 생각하기 때문이라는 주장도 있다. Rosemary Foot, *Rights beyond Borders: The Global Community and the Struggle over Human Rights in China* (Oxford: Oxford University Press, 2000), p. 18.

43 Sonya Sceat with Shaun Breslin, *China and the International Human Rights System* (Chatham House, 2012).

청문회로 끝난 것이 아니라 미국의 이민 및 망명자정책에서도 드러났다. 특히, 중국의 반체제 운동가들의 망명 요청을 적극적으로 받아들이거나 중국 유학생의 미국 이민 비율을 지속적으로 증가시킨 것은 인권과 최혜국대우를 연계하는 것만큼의 압박을 중국에 가했다. 이에 더불어 미국은 매년 발표되는 국무성의 각국 연례인권보고서를 통해서도 중국의 인권 상황, 특히 정치적·시민적 권리의 침해에 대해 비판했다. 이에 대해 중국은 꾸준히 미 국무부의 인권보고서가 악의적인 거짓말과 왜곡으로 가득 차 있다고 꾸준히 비판해왔고, 이는 미국과 중국이 매년 주고받는 연례행사가 되어버렸다. 더 나아가 중국은 2005년부터 미국의 인권 상황에 대한 자체 연례보고서를 경제, 사회, 문화권을 중심으로, 또한 미국의 해외에서의 인권 침해 사례를 중심으로 기술하여 발표하고 있다. 미국은 또한 집중적으로 중국의 종교의 자유 탄압, 티베트와 신장의 소수민족 탄압, 파룬궁 수행자의 탄압, 사형수의 장기매매 등 문제를 부각하며 중국에 압박을 가하고 있다.

물론 중국은 현재 대부분의 국제 인권규범을 수용하며 공식적으로는 세계인권선언 및 다양한 인권 관련 국제법을 받아들이고 있다. 즉, 개혁개방 이후 중국은 다양한 다자기구에 참여하면서 국제사회에 기여하려 하고 있고, 인권 분야도 예외는 아니다. 특히, 중국은 유엔 총회나 인권이사회를 통해 인권의 신장과 보호를 추진하고 있으며, 안전보장이사회를 통한 인권 가치의 실현에는 유보적인 입장이다. 이렇듯 중국은 자국의 이익과 상충되지 않는 한 대부분의 국제인권규범을 준수하려는 입장이지만 그렇다고 해서 이는 중국이 '수동적 규범 수용자'(passive norm-taker)라는 것은 아니다.[44] 중국은 아직까지는 인권 분야에 있어 자국의 의지를 관철시키려고 적극적인 입장을 표명하지는 않았지만, 이러한 경향도 최근 변화의 조짐을 보이고 있다. 특히, 인권이사회에서 일어날 수 있는 중국의 인권 상황에 대한 비판이나 비난에 대해서는 선제적·공세적인 입장을 견지하고 있다.

(2) 민주주의

20세기 미국과 중국 간 갈등은 인권갈등이라고 하여도 부족함이 없을 정도이다. 이러한 인권문제는 또한 더 나아가 민주주의, 소수민족문제, 그리고 불간섭을 토대로 하는 주권의 문제 등과 밀접하게 연관되어 있어 더욱 중요하다고 볼 수 있다. 최근 국제규범의 특징 중 하나는 다양한 규범들이 상호작용을 하며 연결되어 추진되고 확산되는 경향이다. 인권규범은 21세기에 들어 두 가지 방향성을 잡고 새롭게 변화·발전하고 있다. 우선, 인권규범의 확산과 민주주의 규범의 확산이 동시에 진행되고 있다. 특히 2001년 9/11 사태를 계기로 미국의 외교정책은 반테러리즘과 위협 요인에 대한 선제공격뿐만 아니라 인권과 민주주의의 보호와 신장을 그 목표로 삼고 있다. 이러한 미국의 정책은 여러 서구 국가들의 지지를 받고 있지만 동시에 중국, 남미, 그리고 중동 국가들의 의구심을 사고 있다.

21세기 현재 중국은 형식적으로는 많은 국제 인권규범을 수용하고 있으나 실질적으로는 경제, 사회, 문화권 및 개발권에 초점을 두고 있으며 국제인권의 실질적인 적용에 있어서는 미국이 주장하는 보편성보다는 개별 국가의 상황을 고려해야 한다는 특수성을 내세우고 있다. 이러한 주장은 1990년대 싱가포르에서 시작된 '아시아적 가치'(Asian value) 논의에서 여실히 드러난다. 또한 이는 1993년 세계인권회의에서 채택된 방콕 선언을 보면 그 차이가 여실히 드러난다. 중국을 중심으로 한 아시아, 아프리카 국가들은 인권이 각 국가의 종교,

44 *Ibid.*

문화, 지역, 역사에 따라 개별적으로 추구되어야 할 가치임을 천명하였다. 이 논쟁은 최근 국제사법재판소가 아프리카의 정부 수반만을 편중해 조사를 진행하고 기소를 한다는 최근 아프리카 연합의 성명에서도 드러난다. 이러한 주장은 미국 및 유럽 국가의 보편적 인권 논리에 상반되는 주장으로, 현재까지는 미, 중 양국 간 큰 갈등은 없지만 향후 중국의 부상과 함께 갈등 양상이 심화될 전망이다. 특히 인권의 문제가 민주주의의 문제가 연결되면 그 갈등이 폭은 더 커질 것으로 예상된다.

민주주의 영역은 최근 이라크 전쟁과 아랍의 봄(Arab Spring) 사례에서 보듯이 미-중 간 갈등이 점증하는 양상을 보이고 있다. 더 나아가 미국이 최근 국제적인 민주주의의 증진과 확산을 공공연한 외교 및 안보 목표로 삼고 있어, 그 갈등은 더 깊어질 것이다. 이라크 전쟁은 민주주의와 인권 증진이라는 명분으로 추진되었고, 미국과 유럽 국가 주도의 리비아 국제 개입 또한 민주주의와 민간인 보호라는 명분으로 진행되었다. 이는 최근 자유주의 국제정치학의 주요 발견이라고 할 수 있는 민주평화론(democratic peace theory)과도 연결되어 있다. 즉, 역사적으로 민주주의 국가들 간에는 전쟁이 적으며, 그런 의미에서 세계평화를 위해서는 민주주의의 확산을 그 목표로 해야 한다는 주장이다. 하지만 이는 미국의 자유민주주의와 보편적 일반선거제도를 거부하는 중국의 정치 체제와 상반된 입장이다, 그러므로, 미국이 민주주의의 증진을 외교목표로 함에 따라 미국식 민주주의를 거부하는 중국과 이 분야에서의 갈등은 더 깊어질 전망이다.

(3) 보호책임

인권규범의 확산은 이제까지의 전 지구적, 그리고 다양한 이슈 영역으로의 수평적 확산을 넘어서, 수직적 심화 단계에 이르고 있다. 즉, 이제까지의 인권규범이 다양한 국가들을 인권규범을 수용하도록 설득하면서, 또한 시민권, 정치권, 경제권, 문화권, 아동, 여성, 난민, 이주민 등으로 그 외연을 넓혀갔다고 본다면, 최근의 경향은 이 인권규범이 실질적으로 효과를 발휘하도록 하는 데 중점을 두고 있다. 이를 위해 국가와 국제기구, 그리고 다양한 비정부기구는 책임을 강조하며 인권규범의 실질적인 집행을 강조하는 쪽으로 변모하고 있다. 이렇듯, 현재 인권, 민주주의, 그리고 보호책임은 상당히 혼재된 양상을 보이며 발전하고 있는데 이 과정에서의 미-중 간 충돌이 예상된다. 보호책임은 2000년 이후 급속하게 발전한 국제규범이고 유엔 주도하에 발전 양상을 보이고 있다. 보호책임은 주권이란 것이 신성불가침의 절대적인 것이 아니며, 자국민의 기본적인 인권을 보호하는 데에 그 목적이 있다는 가정에서 출발한다. 이런 이유에서 국가는 자국민을 제노사이드, 전쟁 범죄, 반인륜적 범죄 등 극심하고 체계적인 인권 침해로부터 보호해야 하고 국제사회도 이에 대한 책임이 있음을 강조한다.[45]

중국은 이미 1990년대 이후 유엔 평화유지(peacekeeping)활동에 적극적으로 참여해 활발한 활동을 하고 있다. 중국은 2015년 기준으로 3,000여 명의 인력을 평화유지활동에 보내고 있고, 이는 유엔 안전보장이사회 5개 상임이사국 중에 가장 많은 평화유지군 병력이다.[46] 중

45 Alex J. Bellamy, *Global Politics and the Responsibility to Protect: From Words to Deeds* (New York: Routledge, 2011).

46 Miwa Hirono and Marc Lanteigne, "Introduction: China and UN Peacekeeping," *International Peacekeeping*, Vol. 18, No. 3 (2011), pp. 243-256.

국은 2009년 이후 재정 지원도 활발해져서 현재는 유엔 평화유지활동 예산 중 6.6퍼센트 정도의 자금을 지원하고 있고 이는 현재 6위 정도의 수준이다.[47] 지난 20여 년간 중국은 평화유지활동에 대한 부정적 인식에서 탈피했고 이를 적극적이고 긍정적으로 수용하였다. 예를 들어, 1990년 이후 2010년까지 중국은 18개의 다양한 작전에 1만 5,000여 명의 군사를 파견하였다. 중국은 최근 등장한 보호책임규범에도 초기에는 반대하였으나, 최근에는 보호책임을 "동의를 기반한 유엔 평화유지활동"(consent-based UN peacekeeping)으로 인식하면서 보다 긍정적으로 받아들이고 있다.[48]

물론 정치적으로 민감한 시리아의 사례에서는 보호책임이 큰 영향력을 발휘하지는 못하고 있긴 하지만, 리비아의 경우 보호책임규범이 실현되었고 국제적으로 중요한 선례를 남겼다.[49] 특히 미-중 간에 있어 북한의 유사시에 보호책임을 적용할 것인가 아닌가의 문제는 향후 갈등 요인이 될 가능성이 있다. 최근 유엔 인권이사회 산하의 북한인권위원회에서 보고서를 채택하면서 보호책임규범과 중국의 책임을 명시한 것은 그 첫걸음이라고 볼 수 있고, 이 위원회의 활동에 대한 중국의 지속적이고 격렬한 비난과 협조 거부는 앞으로의 갈등의 잠재적 전조라고도 볼 수 있다. 보호책임 원칙이 명백하게 명시된 북한인권위원회의 보고서는 중국이 포함된 인권이사회를 다수결로 힘들게 통과하였다. 더 나아가 2014년 4월, 유엔 안보리는 러시아와 중국의 부재에도 불구하고 이 사안에 대해 아리아 형식(Arria-Formular)의 비공식적·비공

47 United Nations General Assembly, *Implementation of General Assembly Resolutions 55/235 and 55/236*, A/67/224/Add.1 (2012).

48 Sarah Teitt, "The Responsibility to Protect and China's Peacekeeping Policy," *International Peacekeeping*, Vol. 18, No. 3 (2011), pp. 298-312.

49 *Ibid*.

개 회담을 개최하였다.[50] 결국 이 회의는 유엔 안보리에서 2014년 12월 북한 인권과 보호책임문제의 최초 공식 브리핑으로 이어졌다.[51]

중국은 1999년 5월 베오그라드에 대한 나토(NATO)군의 인도적 개입 작전 도중 미군에 의해 주유고슬라비아 중국대사관이 폭격을 당해 3명이 사망하고 27명이 부상한 사건을 겪었다. 이와 같이 중국은 보호책임의 전례라고 할 수 있는 인도적 개입에서 미국과 첨예하게 대립한 사례가 있어 이러한 역사적 경험이 향후 미국과의 보호책임 적용 논의에 있어 어떻게 작용할 것인가는 중요한 질문이다. 북한의 사례에 있어서도, 중국은 꾸준히 인권과 인도주의적 개입, 그리고 보호책임의 가장 중요한 행위자는 해당 국가라는 원칙을 고수하고 있다. 최근 강조되는 논의에 따르면 보호책임의 세 요소(three pillars)로서, 우선 본국이 자국민을 보호해야 할 책임, 둘째, 본국이 스스로 보호할 능력이 없을 때 국제사회가 도와야(assist) 할 책임, 셋째, 본국이 자국민을 보호할 수 없거나 실패했을 경우, 국제사회가 강제적으로 경제제재나 개입조치를 취할 책임을 강조한다. 중국은 이 중 첫 번째 요소에 방점을 찍으며 인도주의적 개입이나 군사적 개입의 가능성을 차단하려고 시도한다.

(4) 비동맹과 글로벌 거버넌스

1955년 반둥 회의(Bandung Conference) 이후 비동맹 외교노선은 냉전기 미, 소 양국의 적대 관계와 함께 국제정치질서의 한 축을 이루었고 지

50 Nick Cumming-Bruce, "Rights Panel Seeks Inquiry of North Korea," *New York Times* (March 28, 2014).

51 Rick Gladstone, "U.N. Council Takes Up Questions of Rights in North Korea," *New York Times* (April 17, 2015).

금까지도 중국 외교정책의 근간을 형성하고 있다. 탈냉전 이후에도 비동맹노선은 '신안보개념'이란 형태로 부활하여 미국 주도의 안보동맹 외교와 달리 국가 간의 대화와 협의를 강조하는 중국 특유의 외교노선을 형성하였다. 이는 최근 시진핑 정부의 주변 외교 강화정책에서도 명백히 드러난다. 일본, 베트남, 필리핀의 경우와 같이 중국의 핵심이익에 도전하는 국가들에게는 철저히 적대하면서도, 중앙아시아 및 기타 아시아 국가에는 유화적인 태도를 취하는 이중적인 외교노선을 보이고 있다.[52] 중국은 반둥 회의 이후 유엔 등 주요한 다자기구에서 아시아, 아프리카, 남미 국가를 선도하며 기존 서구 중심의 국제경제 및 정보질서에 도전하며 다양한 개혁을 요구해왔다. 또한 중국은 정부 주도의 다양한 연구기관을 통해 동남아시아, 서남아시아, 그리고 아프리카 연구를 활발하게 해오고 있고, 이들 국가군은 중국의 외교정책을 설정하는 데 있어 중요한 위치를 차지한다.

또한 중국의 이러한 노선이 국제정치에 있어 중요한 세력인 남미 국가나 인도, 인도네시아의 외교노선과도 일치한다는 점에서 더 영향력을 발휘할 것으로 예상된다. 남미나 남아시아 국가들은 전통적으로 주권의 원칙, 주권 국가 간 평등의 원칙, 그리고 국가 간 불간섭의 원칙을 중요하게 생각해왔다.[53] 이런 점에서 중국의 외교노선은 경제력과 군사력의 상승과 더불어 남미나 아시아, 아프리카의 요구 및 주장

52 이러한 중국의 이중성은 다자외교의 측면에서도 드러난다. 즉, 중국은 자국의 핵심이익에 득이 되는 국제질서에 있어서는 지속적으로 미국이 짜놓은 규범을 따르며 그 체제를 유지하려고 한다. 단, 이 제도하에서 미국이 중심인 분배의 문제를 지적하면서 미국의 행태에 대해 비판하는 역할을 자임할 가능성이 크다. 대표적인 것이 국제경제규범이다. 하지만 그렇지 않은 영역에서 중국은 새로운 질서와 규범을 제시하고 그를 둘러싼 첨예한 대립이 예상된다. 특히 구체적인 게임의 법칙이 만들어지지 않은 환경규범과 같은 경우가 그렇다.

53 Kathryn Sikkink, "Latin American Countries as Norm Protagonists of the Ideas of International Human Rights," *Global Governance*, Vol. 20 (2014), pp. 389-404.

과 공명(resonance)할 가능성이 많다는 점에서 중요하다. 역사적으로 중국은 주권과 불간섭 원칙을 둘러싸고 미국과 첨예한 갈등을 보였다. 이는 1955년 중국이 반둥 회의에 참여하면서부터 시작되는데, 이 또한 한국전쟁을 둘러싼 미-중 갈등과 유사하게 큰 주목을 받지 못한 영역이다. 1955년 저우언라이 총리는 암살 시도라는 큰 사건에도 불구하고 반둥 회의에 참여하였으며, 특히 그가 제시한 평화공존 5원칙(영토와 주권에 대한 상호존중, 상호불가침, 상호불간섭, 평등과 상호이익, 평화공존)은 반둥 선언의 핵심 요소가 되었다. 특히, 중국은 1960, 70년대 인도차이나 반도에서 캄보디아, 라오스, 베트남에 대한 미국의 지속적인 개입과 공습을 비난하였고, 더 나아가 1965년 도미니카공화국 내전 개입 등도 비난하면서 내정 불간섭과 주권 존중이라는 규범을 앞세우며 명분을 쌓아갔다.

이러한 비동맹 외교노선과 맞물려 향후 중요성을 띨 규범으로는 글로벌 거버넌스가 있다. 글로벌 거버넌스란 '국제수준에서의 공통의 문제에 대한 집단적 관리'이다.[54] 탈냉전 이후 핵 확산, 국제범죄, 보건, 환경, 재난, 평화유지 등 다양한 문제를 어떠한 제도와 과정으로 해결할 것인가 하는 논의가 많이 진행되었다. 글로벌 거버넌스의 핵심적 제도 장치로는 유엔, 특히, 안보리가 있고 국제통화기금과 세계은행, 그리고 세계무역기구 등 다양한 국제경제기구가 존재한다. 안보리에 관해서는 2005년 코피 아난 당시 유엔 사무총장 주도로 상임이사국의 증가와 이들의 거부권을 일부 제한하는 개혁안이 제시되었다. 이에 대해 미국은 현상유지를 추진하고 있고 중국은 개혁에 대해 전반적으로

54 National Intelligence Council and European Union Institute for Security Studies, *Global Governance 2025: At a Critical Juncture* (Washington, D.C.: National Intelligence Council, 2011).

전향적인 입장을 보이고 있다. 이에 못지않게, 중국은 미국과 유럽 주도의 국제경제기구와 지역경제제도에 대해서도 끊임없이 도전을 시도하고 있다. 이러한 국제제도와 기구에 대한 개혁 요구와 도전은 중국의 경제, 군사력의 증가와 함께 더 빈번하고 단호해질 전망이다.

(5) 발전 모델

경제 발전이란 무엇이고 그것을 어떠한 방식으로 이룰 것인가 하는 발전 모델의 규범에서 미-중은 큰 차이를 보인다. 특히 2008년 세계 경제위기 이후 중국 내부에서는 국가자본주의와 사회주의가 결합된 형태인 중국식 발전 모델의 우수성이 입증되었다는 인식이 강하다.[55] 이와 함께 미국의 자유주의 경제 모델의 대안으로서 중국적 발전 모델에 관한 논의가 심화되었다. 또한, 최근 국제협력 및 발전기구의 설립이 미국이나 유럽이 아닌 1918년 쑨원의 저작으로부터 기초했다는 주장이 있다. 즉, 쑨원이 중국의 발전에 대해 논하는 저서에서 국제기구를 수립해 해외원조를 관리해야 한다고 주장하고, 이 주장을 1919년 파리강화회의에 제출하였다는 것이다.[56] 최근 이러한 논의는 워싱턴 컨센서스의 대안으로서의 베이징 컨센서스에 관한 논의와 담론으로 잘 나타난다.[57] 이는 대내적으로 정부 주도의 단계적이고 점진적인 발전 정책을, 대외적으로는 다른 국가의 주권을 존중하고 내정을 간섭하지 않는 평화적 발전(peaceful rise) 외교정책을 의미한다. 중국의 발전 모델은

55 Shambaugh, *China Goes Global*.

56 Eric Helleiner, "Southern Pioneers of International Development," *Global Governance*, Vol. 20, No. 3 (2014), pp. 375-388.

57 J. C. Ramo, *The Beijing Consensus* (London: The Foreign Policy Centre, 2004); Stefan Halper, *The Beijing Consensus: How China's Authoritarian Model Will Dominate the Twenty-First Century* (New York: Basic Books, 2010).

이렇듯 국내의 발전과 국제평화 간의 연계, 그리고 유엔 헌장과 평화공존 5원칙에 부합하는 국제질서의 구축이라는 국제적인 요인을 중시한다.[58] 이런 점에서 발전 모델에 관한 규범은 중국이 추진하는 비동맹외교노선과도 밀접하게 연결되어 있다.

발전규범은 중국이 중시하는 아시아, 아프리카, 남미의 국가들과의 관계에서 중요하다. 평화공존 5원칙으로 대변되는 비동맹주의와 함께 중국의 발전규범은 중국의 대표적인 연성권력이다.[59] 또한 중국의 급속한 성장과 그로 인한 경제력의 축적은 이 연성권력을 더욱 효과적이고 매력적으로 만드는 요인이기도 하다. 연성권력에 관한 연구는 국내외적으로 많은 관심을 끌고 있으며 특히 학문의 실용성을 중시하는 외교정책 연구에서 많이 논의된다.[60] 연성권력의 중요성은 날로 커지고 있으며, 중국 또한 전 세계적으로 공자 학원(Confucius Institute)을 설립하고 다양한 민간 및 공공외교(public diplomacy)를 펼치고 있다. 최근 연구에 따르면 중국인 전문가의 대부분이 미국의 연성권력이 쇠퇴했다고 보고 있고 중국이 대안적 규범을 만들 수 있다고 생각한다. 그중 대표적이고 가장 효과적인 규범이 이 발전규범이다. 하지만 이 규범은 미국이 구축한 자유주의적 경제 체제, 그리고 최근 구축하고 있는 반부패, 민주주의와 경제원조의 연계 원칙과 상반되어 충돌 가능성이 큰

58 Gerald Chan, "Global Governance with Chinese Characteristics? A Preliminary Analysis," *Copenhagen Journal of Asian Studies*, Vol. 26, No. 2 (2008), pp. 82-96; Matt Ferchen, "Whose China Model Is It Anyway? The Contentious Search for Consensus," *Review of International Political Economy*, Vol. 20, No. 2 (2012), pp. 390-420.

59 Joseph Nye, *Soft Power: The Means to Success in World Politics* (New York: Public Affairs, 2005).

60 Mingjiang Li (ed.), *Soft Power: China's Emerging Strategy in International Politics* (Lanham: Lexington Books, 2009); Jian Wang (ed.), *Soft Power in China: Public Diplomacy through Communication* (New York: Palgrave Macmillan, 2011).

규범이다. 대표적인 예로, 중국의 남미나 아프리카 국가에 대한 무상 개발원조의 확대정책과 최근 위안화를 세계 기축통화로 만들기 위해 벌였던 다양한 전략 등이 있다.

4. 미-중 간 세력전이에의 함의

이상에서 보면 다양한 영역의 국제규범에서 갈등과 충돌로 인해 미-중 상호 간 인식은 전반적으로 부정적임을 알 수 있다. 특히, 더욱 심각한 점은 이 중 대부분이 인권과 민주주의, 발전규범과 같이 미국과 중국이 국제적으로뿐만 아니라 국내적으로 동일한 입장을 취하는 규범이어서 쉽게 바뀔 수 없거나 혹은 비동맹, 보호책임(인도적 개입)과 같이 역사적으로 오랜 관행으로 인해 이미 고착화되어 바뀌기 힘든 규범이라는 점이다. 전문가들은 미-중 간 이러한 규범에서의 차이와 그로 인해 부정적인 인식이 형성되리라는 점에 대해서는 동의한다.[61] 중요한 점은 이러한 차이가 미-중 간 도전과 응전의 모습으로 나타날 것인가 하는 점이고, 이런 이유에서 전문가들은 중국의 목적이나 의도를 집중적으로 보아야 한다고 주장한다.[62] 중국이 새로운 질서에 도전할 것인가에 대해서는 현재까지도 논의가 진행 중이다. 일부는 중국이 근본적으로 질서를 변경할 것이라고 보는 반면,[63] 다른 일군의 전문가

61 Foot and Walter, *China, the United States, and Global Order*; Shambaugh, *China Goes Global*.

62 Yongjin Zhang, "'China Anxiety': Discourse and Intellectual Challenges," *Development and Change*, Vol. 44, No. 6 (2013), pp. 1407-1425.

63 Amitav Acharya, *The End of American World Order* (Cambridge: Polity Press, 2014); Mark Leonard, "Why Convergence Breeds Conflict: Growing More Similar Will Push China and the United States Apart," *Foreign Affairs* (September/October

들은 중국이 국제규범의 근본적인 변화를 바라지 않거나, 혹은 시도를 하더라도 성공하지 못할 것이라고 예상한다.[64] 이 절에서는 이러한 논의를 배경으로, 미-중 간 규범에서의 인식의 차이가 세력전이 과정에 미치는 함의에 대해 (1) 인식의 독자성, (2) 인식의 내구성, (3) 국가 상호 간 만족도에 미치는 영향을 중심으로 고찰한다.

(1) 국제규범과 인식의 독자성

골드스타인(J. Goldstein)과 코헤인(R. Keohane)은 아이디어의 독자성과 중요성을 주장하며 로드맵으로서의 역할, 포컬 포인트(focal point)로서의 역할, 그리고 제도에 내포(embedded)된 형태로의 역할, 이 세 가지 인과 기제를 제시한다.[65] 영-미 간 국제규범에 대한 상호인식과 그것이 세력전이 과정에 미친 영향을 보면 그 영향이 전혀 없다고 단정하기 어렵다. 또한 다양한 가치관과 규범에서 영-미가 보인 양상이 일률적이지 않고 그러한 상호인식이 세력전이 과정에 미친 영향 또한 균일하지 않은 복잡한 양상을 보인다. 특히 노예제 및 노예무역과 관련해서 흥미로운 점은 영국이 적극적으로 천명하고 추진한 가치가 영국이 후일 미국에 대해 전략적 선택을 하는 데 저해 요인으로 작용했다는 점이다. 영국은 당시 노예제문제로 인해 남부를 적극 지원하지 못하고 중립을 선언한다. 당시 대중과 엘리트 모두에게 '노예제에 대한 보편적인 확신'이 있었고, 이로 인해 장기적으로 유리한 전략적인 선택을

2013).

64 Shambaugh, *China Goes Global*.

65 Judith Goldstein and Robert O. Keohane, "Ideas and Foreign Policy: An Analytical Framework," in Judith Goldstein and Robert O. Keohane (eds.), *Ideas and Foreign Policy: Beliefs, Institutions, and Political Change* (Ithaca, NY: Cornell University Press, 1993), p. 11.

하지 못하게 된다.[66] 가치관과 규범은 단지 영-미 관계에서 전략적 선택의 부수현상(epiphenomena)인 것만이 아니다.

이는 현재 미-중 간 상이한 가치관과 규범이 앞으로 미-중이 상호 전략적 선택을 할 때 그 선택의 폭에 영향을 미칠 수 있음을 암시한다. 현재 중국은 인권과 민주주의, 발전 등 다양한 규범에 있어 미국이 옹호하고 주장하는 규범과는 상당히 다른 국내적 가치체계를 가지고 있다. 이는 영-미 관계에서 미국의 경우에서와 마찬가지로 아직까지는 국제적으로 천명되고 주장되는 규범체계는 아니다. 하지만 중국의 경제적·물리적 힘의 투사와 함께 이러한 가치도 해외로 투사되고 있다. 예를 들어 중국이 추진하는 발전 모델의 경우, 중국 기업이 해외로 진출하면서 많은 지역에서 서구의 부정부패 방지, 평화건설 노력 등과 상충하고 있다. 그 대표적인 예가 미얀마이다. 2015년 3월 미얀마에서의 카친 독립군(Kachin Independent Army)과 미얀마 정부 간 내전으로 중국 남서부 국경지역에 5만 명 정도의 난민이 발생하였다. 이는 미국을 중심으로 한 서구 유럽이 미얀마의 평화협상을 유도하는 중에 벌어진 일로, 그 원인에는 중국 기업의 해외 진출 사업이 있다. 즉, 미얀마의 풍족한 자연자원을 개발하는 댐, 파이프라인, 광산 등 사업을 중국이 주도하고 있으며, 이는 이권의 분배를 둘러싼 인종 간 갈등을 촉발하고 있다.[67] 이러한 양상은 동남아시아뿐만 아니라 아프리카, 남아메리카에서도 나타나고 있다.

최근 미-중은 많은 군사·경제전략적 차원에서의 갈등을 보이고 있다. 최근 미국이 주도하는 나토의 리비아 공습에 대한 중국의 강한

66 Lorimer, "The Role of Anti-Slavery Sentiment in English Reaction to the American Civil War."

67 Matthew Smith, "How China Fuels Myanmar's Wars," *New York Times* (March 4, 2015).

반발, 아프리카와 아시아에서의 중국의 조건 없는 개발원조에 대한 미국의 반발, 아시아 지역에서 미국의 환태평양 경제동반자협정(TPP)과 중국의 아시아인프라 투자은행(AIIB) 간 대립, 그리고 미국의 전략무기인 고고도 미사일 요격 시스템(THAAD)의 한반도 구축을 둘러싼 미-중의 첨예한 갈등은 그 대표적인 예이다. 이러한 다양한 영역에서의 충돌과 갈등은 미국의 대중국 인식에 부정적인 영향을 미치고 있다. 즉, 양국이 몇 가지 중요한 핵심 이익이 아닌 전 방위적 갈등 양상을 보인다는 사실로 인해 이러한 부정적 인식은 강해지고 있고, 이는 전략, 경제에서 형성된 인식을 강화하고 확고화하는 효과가 있다. 이는 영-미 관계에서 보듯이 향후 미-중 관계에서 경성갈등이 일어나거나 혹은 미국이 전략적 선택을 함에 있어서 외교정책의 운신의 폭을 좁힐 수 있는 개연성이 충분히 있다.

(2) 국제규범과 인식의 내구성

영-미 관계에서 자유무역규범의 양상을 보면 가치관과 규범이 다른 전략적 혹은 경제적 이해관계에 의해서도 쉽게 변하지 않는 내구성(persistence)이 있음을 알 수 있다. 즉, 영-미 관계를 분석해보면 힘의 논리나 경제의 논리가 강조하는 '결과의 논리'(logic of consequences)가 작용하지 않고 가치나 규범이 당위성을 갖고 독자적인 역할을 하는 '적절성의 논리'(logic of appropriateness)가 작용하는 부분이 있음을 알 수 있다. 그 대표적인 예가 영국의 자유무역 원칙의 지속적인 고수이다. 이는 한번 받아들여진 가치와 규범은 실질적인 이해관계에 변화가 있더라도 쉽게 바뀌지 않는 내구성이 있음을 보여준다.

이는 특히 영국의 금융세력과 같이 그러한 가치와 규범을 유지함으로써 이익을 보는 집단이 지속적으로 그 규범을 주장하기 쉬운 여건을 마련해준다. 즉, 특정 가치와 규범을 유지하고자 할 때, 그것을 유지하려는 세력에게 입증 책임(burden of proof)이 있는 것이 아닌, 그 규범을 바꾸려는 세력에게 입증 책임이 있기 때문에 강력한 충격(shock)이 발생하지 않는 이상, 내재화(internalized)된 규범은 지속적으로 유지되려는 관성이 있다는 점이다. 특히 가치, 원칙, 규범이라는 것이 행위자가 자신이 이익을 관철시키기 위해 사용하는 다양한 도구라는 점 때문에 더 강력하다고 볼 수 있다.[68]

이에 대해서는 미-중 간 세력전이 과정도 중요한 시사점을 준다. 가치관과 규범은 오랜 시일에 걸쳐 형성된다. 흔히 미-중 간 규범과 가치관의 충돌이 중국의 경제적 부상이 있은 2000년 이후에 이루어졌다고 생각하는 경향이 있다. 하지만 이 양상은 제2차 세계대전 직후부터 냉전기 동안에도 지속되어왔다. 그 예로 1955년 중국이 적극적으로 참여한 반둥 회의는 비동맹운동(nonalignment)으로 이어졌고, 이는 이후 신국제경제질서(New International Economic Order)와 유엔 개혁 요구 등으로 발전되었다.[69] 물론, 이러한 갈등은 1980년 개혁개방으로 중국이 본격적으로 세계질서에 편입되고 급속한 경제성장을 이루어내면서 더욱 심화되었다.

특히, 중국 내부에는 인권, 민주주의, 반부패, 환경 등에 대한 규범을 서구적으로 바꾸려는 세력이 있어왔고 현재까지도 그 노력을 하고 있다. 하지만 오랜 세월에 걸쳐 형성된 규범과 가치를 바꾸려는 시도는 두 가지 점에서 어렵다. 첫째, 전술한 규범의 내구성과 입증 책임

68 Stephen D. Krasner, "Westphalia and All That," in Goldstein and Keohane (eds.), *Ideas and Foreign Policy*, p. 238.

69 Hedley Bull, *The Anarchical Society: A Study of Order in World Politics* (New York: Columbia University Press, 1977); Amitav Acharya, *Whose Ideas Matter? Agency and Power in Asian Regionalism* (Ithaca, NY: Cornell University Press, 2009).

때문이다. 현재 중국이 표방하는 인권, 주권, 민주주의에 관한 관념들은 역사적으로 구성·천명된 원칙이다. 따라서 그 규범을 바꾸려는 세력은 타당하고 정당한 입증 책임을 져야 하는 부담이 있다. 이러한 부담은 두 번째 요인인 새로운 서구적 사상에 대한 중국 공산당과 정부의 의도적이고 체계적인 방어 때문에 어렵다. 최근 고위간부에게 내린 지침에서 중국 공산당은 서구의 일곱 가지 체제전복 성향의 아이디어—서구적 민주주의, 인권이란 보편적 가치의 추구, 언론의 자유와 시민적 참여, 신자유주의적 시장개혁, 그리고 공산당의 트라우마적 과거사에 대한 허무주의적인 비판—를 배격할 것을 지시하고 있다.[70] 이는 중국 공산당이 자신의 규범과 가치를 내부에서 바꾸려는 시도에 대해 좌시하지 않겠다는 강한 의지를 보여준다. 이러한 경향은 최근, 문화, 교육영역까지 포함하는 안보 개념을 천명한 국가보안법의 제정, 그리고 기자, 여성운동가, 변호사에 대한 체계적인 탄압의 경우에서도 드러난다.[71]

이러한 내부적 억압과 동시에 중국의 가치관과 규범을 만들고 그것을 확산하려는 모습도 있다. 중국이 국제사회에서 제시하는 규범은 핵의 선제 사용 금지(no first use)와 같이 상당 부분 정당성을 지니고 있고, 내정 불간섭과 불개입, 주권의 원칙의 철저한 존중과 같이 현재 제3세계 국가들의 주장과 공유되는 부분도 많아 설득력을 갖고 전파될 가능성이 있다. 또한 중국은 점차 '중국적 특색'(Chinese characteristics)

70 Chris Buckley, "China Takes Aim at Western Ideas," *New York Times* (August 19, 2013).

71 Edward Wong, "China Approves Sweeping Security Law, Bolstering Communist Rule," *New York Times* (July 1, 2015); Verna Yu, "Heavy Hands vs. The Power of Words: China Cracks down on Rights Lawyers," *South China Morning Post* (July 16, 2015).

을 지닌 다양한 규범을 개발·전파하려고 한다.[72] 중국은 이미 중국적 특색을 발견해 적용하려는 시도를 경제 개발, 발전, 민주주의, 글로벌 거버넌스, 그리고 다양한 학문 분과 등에서 이미 시도하고 있다.[73] 최근 중국의 문화권력 및 연성권력을 적극적으로 추진할 인사인 류오슈강 당선전부 부장을 문화부 부장에 임명했다는 점도 간과할 수 없는 부분이다.[74] 또한 최근 외교부 내에 15명의 학자와 전문가로 구성된 국제법자문위원회를 신설하여 현존하는 국제질서를 분석하고, 확장하는 중국의 영향력에 따른 다양한 문제들을 해결하려는 시도를 하고 있다.[75] 이런 점에서 볼 때 미국과 중국은 다양한 규범영역의 갈등을 어느 한 방향으로 해소하기보다는 현존하는 가치와 원칙들의 정당성의 원천을 찾아내고 지지 세력을 모아 강화할 가능성이 더 크다고 볼 수 있다.

72 정재호, 『중국의 부상과 한반도의 미래』(서울대학교출판문화원, 2011); Foot, *Rights beyond Borders*.

73 Yasheng Huang, *Capitalism with Chinese Characteristics: Entrepreneurship and the State* (Cambridge: Cambridge University Press, 2008); David M. Lampton, *The Three Faces of Chinese Power: Might, Money, and Minds* (Berkeley, CA: University of California Press, 2008); Kellee S. Tsai, *Capitalism without Democracy: The Private Sector in Contemporary China* (Ithaca, NY: Cornell University Press, 2007); Xuetong Yan, *Ancient Chinese Thought, Modern Chinese Power* (Princeton, NJ: Princeton University Press, 2011); Lai-Ha Chan, Pak K. Lee, and Gerald Chan, "Rethinking Global Governance: A China Model in the Making?" *Contemporary Politics*, Vol. 14, No. 1 (2008), pp. 3-19.

74 Pinghui Zhuang, "Beijing Names New Cultural Chief to Drive Soft-Power Push," *South China Morning Post* (December 29, 2014).

75 Teddy Ng, "China Eyes International Law Expertise to Help Return Fugitives and Ease Territorial Disputes," *South China Morning Post* (April 30, 2015).

(3) 만족도에의 영향

마지막 시사점은 양국 간 상호인식이 세력전이이론에서 다루고 있는 만족도(level of satisfaction)에 영향을 미친다는 점이다. 영-미 관계에 있어 군사, 전략 및 경제에서 상호인식만이 아니라 노예제, 정치 체제, 자유무역 등 규범에서의 상호인식 또한 앞에서 살펴본 것처럼 직간접적으로 불만 수준에 영향을 미친다. 세력전이이론에 있어 불만 수준은 중요한 변수이다. 특히 패권국과 부상국 간 현상 유지란 양국 간 공통의 만족(joint satisfaction)을 의미하고, 더 나아가 양국 간 현재 국제질서에 대한 만족도가 분쟁의 주요 결정자(major determinant of conflict)라고까지 주장한다.[76] 인식은 바로 이 만족도에 직접적인 영향을 미친다. 저비스는 그의 책에서 인식의 중요성에 대해 언급하며 "만약 어떤 사건이 일어나기를 기다리면, 그 사건은 반드시 일어난다"(If you are waiting for one, it will come along)라는 흥미로운 통찰을 하였다.[77]

이는 인식의 독자성을 주장한 것으로, 저비스는 그의 책 전반에서 인식의 독자성과 그 인과 메커니즘에 대해 입증한다. 특히 오인식을 가져오는 가장 큰 원인으로 합리성을 뛰어넘어 가치관과 규범과 밀접하게 연결되는 감정(emotion)이 있다고 주장한다.[78] 그는 합리적인 국가 간 상호작용을 넘어 적대감(antagonism)을 일으킬 수 있는 대표적인 사례로 냉전기 초기 미-중 관계의 예를 든다. 미국은 중국의 한국전 개입이 자국 안보 확보라는 합리적인 정당성이 결여되었다고 보았고, 그런 이유에서 중국을 호전적인 적대국으로 보기 시작했다고 주장한다.

76 Kugler and Tammen, "Regional Challenge."

77 Jervis, *Perception and Misperception in International Politics*, p. 14.

78 *Ibid.*, p. 55.

이렇게 형성된 인식은 합리적 혹은 비합리적 일관성(consistency) 추구라는 기제를 통해 강화되고 고착화된다. 규범의 인식에서 알 수 있는 것은 정당성 혹은 도덕성이라는 것이 인식에 미치는 중요성이다. 영-미 관계에서 보듯이 정당성이라는 것이 노예제의 경우처럼 명백한 국가이익의 추구를 저해하기도 하고, 19세기 말 영국의 자유무역 원칙 고수처럼 산업과 금융으로 나뉘어 국가이익이 명백하지 않을 때는 국내 세력 중 특정 세력이 주도권을 차지하도록 지원하는 역할을 한다.

특히 미-중 관계에서 인식의 중요성은 미-중 간 문화나 문명뿐만 아니라 가치나 규범에서 이질성이 발견된다는 점에 있다. 저비스는 합리적 일관성(rational consistency)의 예로 인지-애착 균형(cognitive-affective balance)을 제시한다. 즉, 국가 간 선호도가 국가의 정책 간 차이의 간극에 의해 결정될 수도 있다는 것으로, 일관성을 추구하려는 경향 때문에 한 가지 부분에 대해 상대국을 좋게 평가하면 논리적으로 일관성이 없는 다른 분야에서도 좋게 평가할 가능성이 높다는 주장이다.[79] 이는 양국 간 선호와 적대가 확대 재생산될 수 있는 가능성을 주장한 것으로 미-중 관계에서 중요한 함의를 지닌다. 앞에서 살펴본 바와 같이 미국과 중국은 많은 분야에서 차이를 보이고 있고, 이는 최근 '중국 불안심리'(China anxiety)까지 일으키고 있다.[80] 최근 중국의 부상은 중국의 등장 자체가 위협적이라기보다는 중국의 부상이 서구 중심의 국제정치질서의 매우 중요한 철학적 가정과 정치적 신념에 도전하기 때문이라는 흥미로운 주장이 있다.[81] 즉 중국의 부상이 서구에게 불편한 이유는, 첫째는 권위주의적 강대국의 부상이기 때문이고, 둘째는 이로

79 *Ibid.*, p. 121.
80 Zhang, "'China Anxiety': Discourse and Intellectual Challenges."
81 *Ibid.*

인한 기존의 자유주의적 세계질서가 흔들릴 수 있기 때문이라는 주장이다.

5. 맺으며

세력전이 과정에서 국제규범의 중요성은 부상국에 대한 지배국의 행위에서도 나타난다. 최근 세력전이 이론가들은 미국이 부상국인 중국을 둘러싸고 "국제적 의무, 관계, 그리고 공통의 이해의 망을 씌우는"(wrap a web of international obligations, relationships, and common understandings) 전략을 구사하고 있다고 주장한다.[82] 대표적인 경우가 최근 중국의 국제무역기구 가입으로, 지배국인 미국이 부상국인 중국을 자신이 선호하는 규칙과 규범으로 구성된 국제 체제에 '사회화'(socializing)시킨 것이다. 하지만 앞서 살펴본 것처럼 강한 국내적 기반과 또한 역사적 뿌리를 가진 중국의 규범이 쉽게 미국의 규범에 그렇게 쉽게 사회화당할지는 의문이다.

물론 미-중 간 공통의 규범과 가치관이 형성될 가능성이 전혀 없다고 할 수는 없지만 이는 상당히 어려운 문제이고 단기간에 이루어질 수 없다.[83] 규범과 가치관은 오랜 시간에 걸쳐 형성되며 정치, 외교뿐만 아니라 사회, 경제, 문화적인 요인 및 역사적 경험이 결합하여 형성된 것이므로 변화가 쉽지 않다. 또한 일단 변화가 시작되더라도 그 규범과 가치관을 자국의 것으로 습관화하고 내재화하는 데 오랜 시간과

82 Tammen, "The Organski Legacy," p. 321.
83 Foot and Walter, *China, the United States, and Global Order*.

노력이 필요하다.[84] 1776년 등장한 미국이 그 가치를 전 세계적인 규범으로 만들기까지 오랜 시간이 걸렸다. 중국 또한 정책 목표를 설정하고 방향을 설정할 때 상당히 긴 시간을 염두에 둔다. 2050년을 목표로 시작한 1979년 중국의 개혁개방정책은 70년이라는 오랜 기간을 상정한 정책이었다. 이 점은 또한 최근 시진핑 주석의 중국의 꿈을 말할 때 언급되는 '두 가지 백 년' 목표에서도 잘 드러난다. 이런 점에서 미-중이 현재 보이는 규범과 가치관에서의 갈등은 미래에도 지속될 가능성이 높다.

현재 중국이 만들어내고 있고, 일부 아시아, 아프리카 국가들에 전파하려는 가치와 규범에 미국이 적극적인 대응을 하지 않고 있다는 시각도 있다. 하지만 시간이 흘러 미국과 중국이 경제, 군사적인 부분에서 균형이 이루어진 시점에도 미국이 현재와 같은 소극적인 모습을 보일지는 미지수이다. 미-중 관계는 현재진행형이라는 점에서 더욱 중요하다. 미-중 간 규범과 가치관 문제에서의 갈등은 현실적인 힘의 정치에서의 갈등이 심화됨에 따라 더욱 고조될 전망이다. 또한 중국이 제시하는 규범과 가치관이 국제사회에서 다른 국가들의 주장 및 원칙과 공유되는 부분도 많기 때문에 충분한 설득력을 갖고 전파될 가능성이 있다. 가치관과 규범은 전략 수정에 비해 그 변화가 느리고 어렵기 때문에 과거와 현재의 미-중 간 상호인식이 상당 기간 지속될 것이며 그 인식을 바탕으로 21세기 미-중 관계가 펼쳐질 가능성이 크다.

84 Thomas Risse, Stephen C. Ropp, and Kathryn Sikkink (eds.), *The Power of Human Rights: International Norms and Domestic Change* (Cambridge: Cambridge University Press, 1999).

5장

영-미 간 세력전이의 21세기 미-중 관계에의 함의

김헌준, 박종희, 안두환, 정재호

1. 영-미 간 세력전이 읽기(1): 19세기
2. 영-미 간 세력전이 읽기(2): 20세기
3. 21세기 미-중 관계에의 함의

20세기 전반부 들어 영국과 미국 사이에서 세력전이가 평화적으로 이뤄진 후 처음으로 미국과 중국 간에 또 한 번의 세력전이가 일어날 가능성에 대한 논쟁이 세계 각처에서 빈번히 이뤄지고 있다.[1] 심지어 제1차 세계대전 발발 100주년을 맞아 그와 같은 엄청난 비극의 재연 가능성에 대한 평가까지 활발히 내려지고 있는 상황이다.[2] 2000년대 초부터 중국이 줄곧 '화평굴기'(和平崛起)—즉, 중국의 강대국화는 평화로울 것이며 전쟁을 유발하지 않을 것이라는—의 주장을 견지해왔고, 미국과도 '새로운 대국관계'(新型大國關係)의 정립이 필요함을 강조하면서 평화로운 세력전이 가능성을 암시하고 있음을 감안할 때, 19세기의 영-미 간 전례(前例)의 고찰을 통해 21세기에 대한 함의를 살펴보는 것은 학술적으로나 정책적으로 그 의미가 크다 할 것이다.

1 이들 논쟁과 관련해서는 Jae Ho Chung, "Assessing China's Power," in Jae Ho Chung (ed.), *Assessing China's Power* (New York: Palgrave, 2015), pp. 2-3을 참조하라.

2 예컨대 Richard Rosecrance and Stevene Miller (eds.), *The Next Great War? The Roots of World War I and the Rise of US-China Conflict* (Cambridge, MA: MIT Press, 2015); Daniel M. Kliman, *Fateful Transitions: How Democracies Manage Rising Powers, from the Eve of World War I to China's Ascendance* (Philadelphia: University of Pennsylvania Press, 2015)를 보라.

1. 영-미 간 세력전이 읽기(1): 19세기

19세기 영국의 자유무역주의 정신에 반하는 보호무역주의의 고전인 『정치경제의 국민적 체제』가 1841년에 출간되었다. 이 책의 저자인 프리드리히 리스트(Friedrich List)는 독일을 위시한 유럽 대륙 국가들의 급속한 경제 성장과 나날이 늘어나던 이들 사이의 협력 시도에 대해 영국이 품었던 전략적 우려와 관련하여 다음과 같은 흥미로운 정책적 제안을 내놓은 바 있다. 리스트의 제안은 향후 미국이 지역패권을 넘어 영국을 전반적으로 대체할 전 지구적 패권으로까지 성장할 것이라는 다음과 같은 평가를 전제로 하고 있었다.

> 아마도 다음 세기 안에 미국은 마치 초라한 네덜란드를 현재 영국이 앞서고 있는 수준으로 산업과 부, 그리고 힘의 영역에서 공히 영국을 능가하게 될 것이다. 다음 세기까지 미국의 인구는 자연스럽게 1억 명에 달할 것이고, 최근 인접한 멕시코 지역에서 그러했듯이 미국인들은 중남미로 뻗어나가며 자신들의 제도와 문명, 그리고 정신을 전파하게 될 것이다. 결국 미국은 그 모든 땅을 지배하게 될 것이며, 수억에 달하는 인구 증대를 통해 그 넓이와 자연자원에 있어 유럽 대륙을 완전히 뛰어넘는 수준의 발전을 이루게 될 것이다. 마치 서반구의 해안과 강들이 영국의 그것들을 완전히 뛰어넘고 있는 것처럼 해군력에서도 영국의 역량을 크게 능가하게 될 것이다.
>
> 따라서 프랑스와 독일이 영국의 패권에 맞서기 위해 대륙 동맹을 체결해야 했듯이, 매우 가까운 미래에 영국은 미국의 패권에 맞서기 위해 유럽 동맹을 체결할 필요가 있다. 그때가 오면 영국은 미국 패권으로부터의 보호와 안전, 그리고 보상을 유럽연합의 지도국이라는 지위와 위상으로부터 찾고 구하게 될 것이며, 이를 통해 잃어버린 패권의 상당 부분을

보상받을 수도 있을 것이다. 그러므로 그 시기가 오기 전에 영국은 먼저 양보하는 법을 배워야 할 것이다. 자신이 [지배자가 아니라] '대표자'(first among equals)에 지나지 않는다는 사실을 인정하고 필요할 때 반드시 양보할 줄 알아야만 영국이 유럽 대륙의 열강들과 [그때를 대비해] 우호를 쌓을 수 있기 때문이다.[3]

리스트가 예상한 그대로 19세기 중반 이후 미국은 순차적으로 인구와 산업, 그리고 해군력에 있어 영국을 압도적으로 추월하게 된다.[4] 뿐만 아니라 중남미 전역이 미국의 영향 아래 놓이게 되는 것까지도 리스트의 예견처럼 정확히 들어맞았다. 그러나 흥미롭게도 그로부터 반세기가 지난 후 영국은—리스트의 조언과는 상반되게—독일이 아니라 오히려 미국과 손을 잡게 된다. 그렇다면 리스트는 과연 무엇을 어떻게 잘못 파악했던 것일까? 반세기 동안 도대체 무슨 일이 어떻게 다르게 벌어진 것인가?

오르간스키(A. F. K. Organski)에 따르면, 영-미 간의 세력전이가 평화적으로 이뤄질 수 있었던 것은 (1) 당시 미국이 세계패권을 추구하지 않았던 것, (2) 영국을 크게 위협하지 않는 범위 내에서 이루어진 미국의 영토 팽창 및 산업 성장, (3) 영국과 프랑스 주도의 당시 국제질서에 대한 미국의 수용적인 태도, (4) 영국과 미국의 공통된 언어, 문화 및 역사, 그리고 (5) 미국의 부상에 대한 영국의 상대적으로 늦은 인지로 인해 가능했다고 한다. 제2차 산업혁명에 따른 국제정치질서

3 Friedrich List, *The National System of Political Economy*, trans. Samson S. Lloyd (London: Longmans, 1909), pp. 339-340.

4 보호무역주의에 기인한 미국의 산업 성장에 대한 리스트의 당시 견해는 Friedrich List, *Outlines of American Political Economy* (Philadelphia: Samuel Parker, 1827)에 명시되어 있다.

의 변화에 천착했다는 점에서 오르간스키의 세력전이이론은 리스트의 후발 산업국가의 발전전략에 대한 논의를 국제정치적으로 독해한 시도라고 볼 수 있다. 따라서 위에서 제기한 질문에 대한 해답은 일정 부분 영-미 간 평화적인 세력전이에 관한 오르간스키의 해석에 대한 비판이라 할 수도 있다.[5]

우선 미국의 전략적 도전에 대처하기 위해 향후 영국이 독일과 협력해야만 한다는 리스트의 주장이 백일몽만은 아니었다. 모국을 두 차례나 배반했던 식민지 미국과 달리, 프러시아는 1756년 '외교 혁명'(Diplomatic Revolution) 이래 모든 주요 전쟁—7년 전쟁, 미국 독립전쟁, 프랑스 혁명 전쟁, 그리고 나폴레옹 전쟁—에서 프랑스에 맞서 영국과 함께 싸운 혈맹이었기에 리스트의 모국인 프러시아에 대해 영국은 상대적으로 많은 호감을 갖고 있었다.[6] 1815년 이후에도 영국은 전후 러시아의 세력 확장을 견제해줄 조력자를 찾게 되고, 프러시아를 그 대상으로 최종 선택하게 된다. 프러시아 또한 당시 러시아가 주도하던 신성 동맹에 속하기는 했지만, 오스트리아에 비해 덜 친러적이었다.[7] 혁명의 실패에도 불구하고 1848년 이후 프러시아는 크리미아 전

5 A. F. K. Organski, *World Politics*, 2nd ed. (New York: Alfred A. Knopf, 1968), pp. 362-363. 관련해서 이 책의 1장, "19세기 영국의 대미국 인식"도 참조하라.

6 P. M. Kennedy, "Idealists and Realists: British Views of Germany, 1864-1939," *Transactions of the Royal Historical Society*, Vol. 25 (1975), pp. 139-140. 1688년 이래 영국의 전통적인 반프랑스 동맹국이었던 오스트리아가 중세 이래 핵심 적대국이었던 프랑스와, 그리고 영국이 프러시아와 동맹을 맺은 것을 '외교 혁명'이라 부르는데, 이의 역사적 함의에 대해서는 David B. Horn, "The Diplomatic Revolution," J. O. Linsay (ed.), *The New Cambridge Modern History*, Vol. 7: *The Old Regime, 1713-1763* (Cambridge: Cambridge University Press, 1957), pp. 440-464를 보라.

7 1815년 이후 제국 유지를 위한 오스트리아의 대러시아 정책에 대해서는 Paul W. Schroeder, *Metternich's Diplomacy at Its Zenith, 1820-1823* (New York: Greenwood Press, 1962); *The Transformation of European Politics, 1763-1848* (Oxford: Clarendon Press, 1994), pp. 637-804를 보라.

쟁을 거치며 오스트리아를 대신해 러시아의 팽창 저지를 위한 영국의 협조자로 자리를 잡는다.[8] 비스마르크의 독일은 보오 전쟁과 보불 전쟁에서의 승리를 통해 유럽 대륙에서 세력 균형의 중추로 자리 잡게 되고, 비스마르크의 동맹 체제 구축에 기인한 대륙 질서의 안정은 궁극적으로 영국으로 하여금 전 지구적 제국의 팽창에 매진할 수 있도록 만드는 효과를 낳았다.[9]

반면, 영국과 미국 사이의 관계는 1812년 전쟁 이후 개선의 기미가 별로 보이지 않았으며, 영국 정부는 특히 캐나다 국경문제로 골머리를 앓고 있었다. 미국과 캐나다 사이의 국경은 자연 국경이 아니었기에 만일의 사태를 대비해 막대한 국방비가 지속적으로 들어갔는데, 이는 19세기 중반 이래 철도 산업의 발전에 힘입어 미국이 급속히 서진(西進)함에 따라 캐나다 방위가 영국 해군의 영향권을 벗어난 것에도 기인했다.[10] 뿐만 아니라 19세기 중반 이후 대서양과 태평양을 잇는 운하의 건설로 인해 영-미 관계는 한층 더 악화되었다. 오르간스키의 평가와는 사뭇 다르게, 미국의 중남미로의 팽창은 중국을 포함한 태평양 시장만이 아니라—1823년 먼로 독트린의 선포에도 불구하고—영국 해군력에 의해 유지되던 남미 시장에 대한 영국의 독점적 지위를

8 크리미아 전쟁에 따른 유럽 열강 간의 관계 재편에 대해서는 Paul W. Schroeder, *Austria, Great Britain, and the Crimean War: The Destruction of the European Concert* (Ithaca: Cornell University Press, 1972), pp. 392-427을 보라.

9 영국 식민제국의 팽창에 있어 안정적인 중부 유럽 질서의 중요성에 대해서는 Brendan Simms, *Europe: The Struggle for Supremacy from 1453 to the Present* (New York: Basic Books, 2013), pp. 176-306을 보라. 특히 비스마르크의 동맹 체제에 대한 영국의 입장에 대해서는 W. N. Medlicott, *Bismarck, Gladstone, and the Concert of Europe* (London: The Athlone Press, 1956)을 보라.

10 참고로 대륙 횡단 철도는 1869년 완공되었으며, 남북 전쟁 이래 철도의 부설과 미국 전쟁능력의 제고에 대한 논의로는 Robert G. Angevine, *The Railroad and the State: War, Politics, and Technology in Nineteenth-Century America* (Stanford: Stanford University Press, 2004)를 보라.

직간접적으로 위협했기 때문이다.[11] 영국의 대미국 전략은 19세기 내내 캐나다와 서인도 제도의 식민지를 통한 봉쇄정책이었으며, 따라서 1861년 발발한 남북 전쟁이 영국에게는 미국 견제를 위한 절호의 기회였다. 당시 독일 못지않게 인구와 산업생산력이 폭발적으로 증가하고 있던 잠재 도전국 북부 미국을 독립된 남부가 견제해줄 수만 있다면 유럽에서와 같이 북미 대륙에서도 영국이 세력균형의 큰 득을 볼 수 있었기 때문이다.[12]

규범적 측면에서 보더라도 영-미 간에는 당시 상당히 상이한 수준의 인식을 보인 것으로 평가된다. 19세기 영국은 노예제와 노예무역의 폐지, 한정된 참정권을 부여하는 제한적 민주주의, 그리고 경제적으로는 자유무역을 강하게 추진했던 반면, 미국은 노예제의 잔존, 참정권이 보다 확대된 형태의 대중 민주주의, 그리고 경제적으로는 보호무역을 추진했기 때문이다. 특히, 노예제와 노예무역을 둘러싼 영-미 간 인식의 간극은 매우 컸다. 영국이 1807년 대영제국 내 모든 노예무역을 금지하고 1833년 노예제 자체를 폐지한 반면, 미국에서는 북부 일부를 제외하곤 1870년대 이전까지 노예제와 노예무역에 의존하는 경제가 심화되었다. 노예제문제는 당시 영국의 엘리트에게는 자신의 도덕성을 드러내는 바로미터와 같았기에 미국에 대한 반감은 심할 수밖에 없었다.[13] 영국은 1867년의 선거법 개정을 통해 노동자에게로 참

11 1898년 쿠바 사태로 초래된 미서 전쟁 전후 서인도 제도와 운하문제를 포함한 미국의 지역패권정책에 대한 논의로는 Lars Schoultz, *Beneath the United States: A History of U.S. Policy toward Latin America* (Cambridge, MA: Harvard University Press, 1998), pp. 59-175를 참고하라.

12 19세기 영국 외교정책의 기조로 작동한 세력균형의 지적 기원에 대해서는 Paul W. Schroeder, "'The Balance of Power' System in Europe, 1815-1871," *Naval War College Review* (March-April 1975), pp. 18-31을 보라.

13 David Brion Davis, "Reflections on Abolitionism and Ideological Hegemony," *The American Historical Review*, Vol. 92, No. 4 (1987), p. 805; Edward B. Rugemer,

정권을 확대했고 미국 역시 남북 전쟁 후에 노예제를 폐지함으로써 영국과 미국은 상당 부분 서로의 가치관에 가까이 다가간 셈이 되었다. 그러나 경제·통상영역에서는 영, 미 각각이 선호했던 자유무역과 보호무역이라는 규범의 차이가 여전히 크게 남아있었다.

또한 이를 문화적 차원에서 살펴보더라도 상당히 유사한 평가가 가능한 것으로 보인다. 즉 오르간스키의 설명과는 달리, 19세기 후반까지 동일한 인종과 같은 언어, 그리고 유사한 문화의 공유라는 것이 미국과 영국의 관계 개선 또는 우호적 인식의 형성에 별다른 도움이 되지 못했다는 의미이다. 일례로, 1896년에 미국의 한 논자는 "언어가 다르면 오해와 전쟁이 쉽게 일어난다는 주장이 있는데 … 영국과 미국은 동일한 언어를 사용함에도 불구하고 지난 세기 내내 갈등을 전혀 피할 수 없었다"라고 평가하고 있다.[14] 역설적인 것은 미국 총인구의 30퍼센트 이상이 미국에서 태어났거나 부모 중 한 명만이 유럽 이민자로 구성되게 되는 1900년대 이후에 가서야 소위 '앵글로-색슨'(Anglo-Saxon)이라는 인종적 동질성에 대한 강조가 본격적으로 이뤄졌다는 점이다. 즉, 양국 간 오랜 외교적 갈등이 어느 정도 해소된 이후에서야 비로소 같은 인종과 동일한 언어, 그리고 공유된 문화에 대한 인식과 강조가 이루어졌다는 것이다.[15]

한편 미국의 대중문화와는 달리 독일의 고급 예술은 영국의 지식

"The Southern Response to British Abolitionism: The Maturation of Proslavery Apologetics," *The Journal of Southern History*, Vol. 70, No. 2 (2004).

14 *The Fortnightly Review*, Vol. 8, No. 22 (August 1896), p. 339.

15 Paul A. Kramer, "Empires, Exceptions, and Anglo-Saxons: Race and Rule between the British and United States Empire, 1880-1910," *The Journal of American History*, Vol. 88, No. 4 (2002), pp. 1315-1353; W. S. Woytinsky and E. S. Woytinsky, *World Population and Production: Trends and Outlook* (New York: Twentieth Century Fund, 1953), p. 83; Srdjan Vucetic, *The Anglosphere: A Genealogy of a Racialized Identity in International Relations* (Stanford: Stanford University Press, 2011), pp. 22-53.

인들로 하여금 독일을 영국과 프랑스에 이은 문명국으로 간주하고 존중하도록 만들었다.[16] 게다가 영-독 관계는 리스트의 『정치경제의 국민적 체제』가 출간되기 1년 전인 1840년에 빅토리아 여왕과 작센-코부르크-고타 대공 알버트(Prince Albert of Saxe-Coburg-Gotha) 사이의 결혼을 통해 더욱 공고해졌다.[17] 따라서 앞에서 언급했던 리스트의 제안은 당시의 영-미 관계와 영-독 관계를 함께 고려할 때 결코 터무니없는 제안이 아니었다고 할 수 있다.

사후적 설명의 관점에서 볼 때, 앞서 언급한 리스트의 제언은 최소한 다음의 세 측면을 제대로 평가하지 못했던 것으로 보이며, 또 이 세 가지 측면에서 오르간스키의 주장도 비판의 여지가 있는 것으로 판단된다. 첫째, 당초 리스트는 비스마르크식 대륙 균형의 모색을 전제로 했지만 1890년 빌헬름 2세의 즉위를 기점으로 독일의 외교정책이 급변할 것을 예견하지는 못했다. 즉, 1889년에 시작된 독일의 대양함대 건설이 당시 대양에서는 아직 영국 해군의 적수가 아니었지만, 지리적으로 근접한 영국 해협과 북해에서는 직접적인 위협이 되었기 때문이다.[18] 게다가 시베리아 대륙 횡단철도의 부설에 힘입은 러시아의 팽창으로 영국 해군에 과부하가 걸린 상황에서 독일 해군의 증강은 영국 안보의 중대한 위협이 아닐 수 없었다.[19] 따라서 빌헬름 2세의 '신

16 Kennedy, "Idealists and Realists," pp. 139-140.

17 이는 제1차 세계대전 때까지 영국의 외교정책 결정 과정에 있어 왕실과 귀족 계급의 영향력이 막대했다는 사실을 고려할 때 더더욱 그러했다고 할 수 있다. 20세기 초 이전 영국 외교정책 결정 과정의 폐쇄적 성격에 대해서는 Zara S. Steiner, *The Foreign Office and Foreign Policy, 1898-1914* (Cambridge: Cambridge University Press, 1969)을 보라.

18 Paul Kennedy, *The Rise of Anglo-German Antagonism, 1860-1914* (London: Allen & Unwin, 1980).

19 당시 영국 방위전략의 고려 대상에는 보불 전쟁 이후 독일에 대한 보복을 위해 군사력 증강에 매진하던 프랑스 역시 포함되어 있었다. John Gooch, *The Prospect of War: Studies in British Defence Policy, 1847-1942* (London: Routledge, 1971), pp. 1-34 참조.

외교'(Neuer Kurs, New Course)는 1865년 파머스턴의 사후 영국이 줄곧 유지해온 유럽 열강에 대한 유화적 정책의 한계를 시험하는 것이었다고 해도 과언이 아니다. 인구와 산업생산력의 증대를 중심으로 국가의 내적 발전에 따른 국제정치질서의 거시적 변화에 주목한 오르간스키의 세력전이이론 또한 리스트와 같이 주요국의 외교정책에 있어서의 미시적인 변화는 포착해낼 수 없었던 것이다.

둘째, 리스트는—이와 관련해 오르간스키 역시—영국과 미국 사이의 지리적 거리가 주는 전략적 함의를 충분히 고려하지 않았던 것으로 보인다. 리스트가 지적했듯이, 미국의 부상은 독립 이전부터 일정 부분 예견된 일이었으며 이로 인해 가장 먼저 또 가장 크게 영향을 받을 지역이 중남미의 스페인 식민지와 북중미의 영국 식민지라는 점 또한 충분히 예상할 수 있는 것이었다. 실제로 전자는 그 영토를 이미 상실했고, 후자는 영토를 잃을 위협에 지속적으로 처해 있었다. 하지만 당시 스페인과 영국이 미국의 팽창에 제대로 대응하지 못했던 가장 근본적 이유는 무엇보다도 대서양이라는 지리적 장벽으로 인한 천문학적 방어 비용 때문이었다. 따라서 미국 남부의 독립 선언은 영국으로서는 적극 환영할 일이 아닐 수 없었다. 하지만 노예제문제가 영국의 발목을 잡았으며, 나폴레옹 전쟁 이후 영국의 정치담론을 지배해온 자유무역에 대한 신념이 국내의 반전 여론과 맞물리면서 남부를 지원하려던 영국 정부로 하여금 중립을 취할 수밖에 없도록 만들었다. 결과론적으로 리스트는 1903년 9월 전쟁청(War Office) 회의에서 내려진 "모든 유럽 해양열강의 중립이 확실히 보장되지 않는 한 미국과 전쟁을 하는 비상사태는 어떻게든 피해야만 한다"는 결론을 예상치 못했던 것이다.[20] 리스트가 제안했던 영국, 독일, 프랑스 주도하의 반미국

20 "Memorandum on the Standards of Defence of the Naval Bases of Halifax,

유럽연합은 독일에 맞서 치른 양차 대전이 다 끝난 후에야 비로소 독일의 부활과 소련의 팽창을 견제하기 위한 목적으로 미국의 지원하에 만들어지게 된다.

끝으로, 리스트는 19세기 중반 이후 획기적인 발전을 이루게 된 금융 산업의 국제정치적 의미를 예견하지 못했다. 남북 전쟁이 끝난 후 소위 '재건 시대'(Restoration Era)를 거치며 미국은 강력한 산업보호 정책을 채택해 영국 내 반미 감정을 고조시켰다. 이에 '공정 무역 연맹'(Fair Trade League)과 '제국 연방 연맹'(Imperial Federation League) 등의 단체가 영국의 산업이익을 적극적으로 수호하고자 결성되었고, 여러 식민지와의 결속 강화를 통해 거대한 경제 블록 구축으로 미국에 맞서야 한다는 목소리가 거세졌다. 그러나 이 또한 애덤 스미스(A. Smith)까지로 거슬러 올라가는 자유무역에 대한 오랜 신념과 더불어 영국 정계를 촘촘한 인적 관계로 꿰고 있던 런던 금융계의 반대를 넘어서기에는 역부족이었다.

1870년대 이후 누적되던 영국의 무역 적자가 해외투자를 통한 수익으로 대부분 벌충되었으며, 미국과 독일이 금본위제를 채택한 1873년 이래 런던은 명실공히 국제금융의 중심지가 되었다. 19세기 말 영국제국 운용의 중핵은 무역보다 금융에 있었으며, 이는 곧 영국에서 미국으로의 세력전이에 있어 가장 중요한 마지막 난관은 금융패권의 이전이 될 것이라는 의미이기도 했다.[21] 오르간스키와 유사한 논지를 폈

Bermuda, Jamaica, and St. Lucia (September 17, 1903)," CAB 38/3/67, WO.

21 세계체제론적 분석 또한 금융패권의 이전을 국제정치질서 변환 과정에 있어 최종 단계로 파악하고 있다. Giovanni Arrighi, *The Long Twentieth Century: Money, Power and the Origins of Our Times*, New and updated ed. (New York: Verso, 2010); Giovanni Arrighi, Po-keung Hui, Krishnendu Ray, and Thomas Ehrlich Reifer, "Geopolitics and High Finance," in Giovanni Arrighi and Beverly J. Silver (eds.), *Chaos and Governance in the Modern World System* (Minneapolis: University of

던 톰슨(William R. Thompson)의 분석처럼 미국에 투자된 막대한 영국 자본을 중심으로 한 양국 간 상호 경제의존도의 심화가 영-미 간 무력 충돌을 방지한 측면도 분명 있었겠지만, 국제금융을 둘러싼 양국의 격돌을 궁극적으로 방지한 것은 사실 양차 대전의 발발이었다.[22] 따라서 어찌보면, 영국에서 미국으로의 세력전이는 엄밀히 말해 그 성격이 평화적이었기 때문에 예외적이라기보다는 양차 대전으로 인해 그것이 완결되었기에 더 예외적이었다고 평가할 수 있다.

2. 영-미 간 세력전이 읽기(2): 20세기

1920년대 미국의 최대 과제는 제1차 세계대전을 통해 얻게 된 영국에 대한 일시적 우위를 영구화하는 것이었으며, 이를 위해 미국은 해군력 증강과 금융 및 통화영역의 발전을 주목표로 정했다.[23] 특히 당시 미국이 해결해야 했던 핵심 문제는 세계무역과 산업생산 전반에서 당시 미국이 점하고 있던 지위를 제대로 반영해줄 수 있는 새로운 금융 및 통

Minnesota Press, 1999), pp. 37-96 참조.

22 William R. Thompson, "The Evolution of a Great Power Rivalry," in William Thompson (ed.), *Great Power Rivalries* (Columbia: University of South California Press, 1999), pp. 201-221.

23 Kathleen Burk, "War and Anglo-American Financial Relations in the Twentieth Century," in Fred M. Leventhal and Roland Quinault (eds.), *Anglo-American Attitudes: From Revolution to Partnership* (Aldershot: Ashgate, 2000), pp. 243-275. 1차 대전 이후 미국의 해군력 증강의 초점은 대서양보다 태평양에 있었으며, 이를 통해 영국과의 직접적인 마찰을 피할 수 있었다. William R. Braisted, "The Evolution of the United States Navy's Strategic Assessments in the Pacific, 1919-1931," in Erick Goldstein and John Maurer (eds.), *The Washington Conference, 1921-1922: Naval Rivalry, East Asian Stability and the Road to Pearl Harbor* (London: Frank Cass, 1994), pp. 102-123.

화질서의 구축이었다. 1920년대 미국은 이미 국제무역과 산업생산에서 영국을 추월했지만 무역 관련 금융 업무에서는 미국 기업들 거의 모두가 런던에 의존하고 있었다. 어음인수(acceptances)에서도 런던계 은행들이 주도적 역할을 하고 있었고, 무역과 자본거래 및 준비금 구성에서도 영국의 파운드가 중심통화였기 때문이다. 당시 달러는 국제통화로서의 지위를 누리지 못했으며 이로 인해 미국 기업가들과 금융인들은 매년 엄청난 액수의 '조공'(tribute)을 영국계 은행에 바치고 있다고 한탄할 정도였다.[24]

금융시장의 성장과 달러의 지위 격상이라는 미국의 도전에 직면한 1920년대의 영국이 내린 전략적 선택은 노골적 갈등보다는 경쟁, 그리고 비공식적인 채널을 통한 협력 모색이었다. 당시 영국과 미국이 협력적 관계를 선택해 세력전이를 평화적으로 이룰 수 있었다는 관점의 이면에 소위 문화적·인종적 유대감이 중요한 작용을 했다는 통념이 존재한다. 그러나 이러한 평가는 20세기 이전의 양국 관계에서와 마찬가지로 사뭇 위험한 생각일 뿐 아니라 사실적 타당성도 상당히 취약해 보인다. 1920년대 영국 외교정책 결정에 참여했던 이들의 대미국 인식을 연구한 매커셔(B. J. C. McKercher)에 따르면, 깊은 문화적·인종적 유대감에도 불구하고 영국과 미국은 서로를 매우 심각한 위협으로 인식하고 있었다.[25] 매커셔는 자신이 편집한 『1920년대 영-미 관계:

24 Barry Eichengreen and Marc Flandreau, "The Federal Reserve, the Bank of England, and the Rise of the Dollar as an International Currency, 1914-1939," BIS Working Papers, No. 328 (2010), p. 4.

25 B. J. C. McKercher, *Transition of Power: Britain's Loss of Global Preeminence to the United States, 1930-1945* (New York: Cambridge University Press, 1999); "'The Deep and Latent Distrust': The British Official Mind and the United States, 1919-1929," in B. J. C. McKercher (ed.), *Anglo-American Relations in the 1920s: The Struggle for Supremacy* (Edmonton: University of Alberta Press, 1990), pp. 209-238.

패권 경쟁』의 서문에서 다음과 같은 두 개의 인용문을 통해 양국 관계에 대한 문화결정론적 시각을 통렬히 비판하고 있다.

그중 첫 번째는 유럽 문제와 관련해 우드로 윌슨의 외교정책 자문역을 담당했던 하우스(Edward M. House) 대령이 1919년 7월 30일 윌슨에게 보낸 편지 내용을 담고 있다.

> 대영제국은 영토와 인구에서 미국을 압도하고 국부의 규모 역시 미국보다 크기는 하지만 우리[미국]의 지전략적 위치는 훨씬 더 나아 보입니다. 바로 이러한 이유로 양국 관계는 전쟁[1차 대전] 직전의 영국과 독일 간 관계와 점차 유사한 형태를 갖게 될 것입니다.[26]

두 번째 인용문은 1927년 9월 15일 영국 외무성의 미국 담당 부서장이던 밴시타트(Sir Robert Vansittart)가 영국 외무성 장관 체임벌린(Austen Chamberlain)에게 보낸 메모에서 발췌한 것이다.

> 미국과의 전쟁은 실로 무용하고 말도 안 되는 일입니다. 그러나 그렇다고 해서 전혀 '생각할 수 없는 것'(unthinkable)도 아닙니다. 우리[영국]는 우리가 쓰는 어휘로부터 그 단어를 삭제함으로써 오히려 전쟁을 더 확실히 피할 수 있을지도 모릅니다. 양국이 영원한 적(enemies)으로 남는다고 생각하는 것이 어리석은 것이라면, 양국이 영원한 우방(friends)이라는 주장에 모든 것을 거는 것 역시 우둔한 일일 것입니다. 더구나 양국이 아직 단 한 번도 진정한 우방이 되어본 적이 없다는 점에서 더욱 그렇습니다.[27]

26 House to Wilson, July 30, 1919 in C. Seymour, *The Intimate Papers of Colonel House*, Vol. IV (London, 1928), p. 510. McKercher, "Introduction," *Anglo-American Relations in the 1920s*, p. 1에서 재인용.

27 Vansittart minute, September 15, 1927, Austen Chamberlain MSS (Foreign Office

이러한 두 인용문을 통해 비록 수면 위로 확실히 드러나지는 않았지만 양국 공히 서로를 잠재적 위협으로 생각하고 있었던 인식을 분명히 감지할 수 있다. 그렇다면 이와 같은 실질적 위협 인식에도 불구하고 영국과 미국이 서로를 주적으로 간주하지 않고 협력 대상으로 보았던 이유는 무엇이었는가? 이에 대해 매커셔는 영국 측 자료에 대한 집중적 연구를 통해 당시 영국 외교 엘리트 집단 내부에서 비교적 실용적이고 합리적 사고를 중시했던 '대서양파'(Atlanticism)가 주도권을 잡았던 것을 그 주된 요인으로 제시하고 있다.

1919년 이후 약 25년 동안 영국의 외교 엘리트는 크게 세 부류로 나뉘어 있었다. 우선 미국과 영국이 문화, 역사 및 언어를 공유하는 '자연적 동맹'(natural allies)이기에 '범앵글로-색슨주의'(Pan-Anglo-Saxonism)를 추구해야 한다는 '대서양파'가 있었으며, 그 반대편에는 소위 '제국주의 고립파'(Imperial isolationism)와 '세계패권파'(World-leadership)가 있었다. '제국주의 고립파'는 영국의 번영과 지위 유지를 위해서는 제국 내 협력을 증진하고 제국 외부에 대한 영국의 개입을 줄여야 한다고 주장하는 집단이었다. 반면 '세계패권파'는 영국이 전통적으로 패권국이었고, 따라서 그 위상에 걸맞은 전 지구적 활동과 전략을 지속적으로 추구해야 한다는 입장이었다.

매커셔의 주장에 따르면, 영국에 대한 미국의 도전이 거세지던 1920년대와 1930년대에 영국의 외교 엘리트 집단 내에서 미국 문제에 대한 주도권을 행사했던 것은 '대서양파'였다. 이들은 양국 관계의 평화적 유지를 위해 영국에게 다소 불리한 것으로 인식되던 미국과의 부채협상 결과를 수용할 것을 촉구했던 반면, 해군력 협상, 로카르노 조

Archives, Public Record Office, London) FO 800/261. McKercher, "Introduction," *Anglo-American Relations in the 1920s*, p. 1에서 재인용.

약, 해상봉쇄문제 등에 있어서는 영국의 국익을 지키기 위해 미국을 압박하는 태도를 보였다. 즉, 당시 영국의 외교정책을 주도했던 '대서양파'는 폐쇄적인 외교정책을 주장하는 '제국주의 고립파'의 주장을 배격하는 동시에 세계패권 추구의 지속을 강조했던 '세계패권파'와도 일정한 거리를 두었다. 미국과의 갈등을 피하면서도 미국 패권의 조속한 등장을 견제하고자 했던 것이 '대서양파'의 입장이었고, 이는 매우 실리적이고도 유연한 대미국 정책으로 드러났다.

미국 역시 당시 대영국 관계에 있어 상당 부분 합리적이고 실용적인 태도를 유지했던 것에 주목할 필요가 있다. 민주당을 물리치고 등장한 1920년대의 공화당 행정부는 윌슨 시대와는 다른 영-미 관계의 구축을 예고했다. '전쟁 이전 상태로의 복귀'를 슬로건으로 내걸고 당선된 공화당 행정부는 유럽 문제에 대한 '거리두기' 전략을 취하며 국제협력을 위한 미국 이익의 양보에는 매우 소극적이었다. 예를 들어, 미국이 요구하는 만큼만 채무국들에게 전쟁부채 상환을 요구할 것이라는 1922년 영국의 '벨포어 메모'(Balfour note)는 부채탕감에 대한 노골적 요구로 인식되어 공화당 행정부를 불쾌하게 만들었다. 이에 공화당 행정부와 의회는 부채와 배상금을 연계하려는 어떠한 시도도 공식적으로 수용할 수 없다는 강경한 입장을 견지하였다. 그러나 전쟁부채 문제를 놓고 영-미 관계가 급격히 악화되던 시기에도 유럽 경제 재건과 자유무역의 회복에 대해서는 양국의 견해가 일치했다.[28] 1920년대 공화당 행정부가 대체로 친영적 태도를 취하지 않고 고립주의 외교노선을 고집했음에도 불구하고 국제적 문제의 해결에서 협력을 꾀하고

28 1차 대전 이후 유럽의 막대한 전쟁부채를 둘러싼 영국과 미국 간의 갈등에 대해서는 Robert Self, *Britain, America and the War Debt Controversy: The Economic Diplomacy of an Unspecial Relationship, 1917-1941* (London: Routledge, 2006)을 보라.

금융 및 군비축소와 같은 민감한 문제에서 갈등을 피할 수 있었던 이유는 양국 비정부기관 간의 끈끈한 유대와 협조, 그리고 이들에게 준정부적 기능을 부여하고 승인해준 미국 공화당 행정부의 실용적인 태도에서 찾을 수 있다.[29]

유럽 재건이 미국 경제의 성장을 위해 매우 중요하다는 점에 대해 미 공화당 행정부는 매우 분명한 인식을 가지고 있었지만, 전임 윌슨 민주당 행정부에 대한 반감으로 인해 사적 부문에 대한 정부 개입과 유럽 문제에 대한 정부 차원의 공적 약속(commitment)을 하는 데는 주저했다. 유럽 재건의 필요와 정부 개입에 대한 거부감이라는 딜레마 앞에서 공화당 행정부의 해결책은 곧 민간부문을 통한 협력과 지원이었다. 민간부문에서의 협력이 가장 두드러진 것은 금융 및 통화영역이었으며, 그 중심에 영란은행과 뉴욕 연방준비은행, 그리고 국제적 네트워크를 가진 친영 성향의 미국 금융기관 모건그룹이 있었다. 예컨대, 국가 간 부채협상에서 진전이 보이지 않던 1924년 미국 국무부 장관 휴스(Charles Evans Hughes)는 모건그룹의 은행가들에게 전쟁부채와 배상금문제에 대한 해결책을 요청했고 그 결과로 '도스 위원회'(Dawes Commission)가 꾸려졌다.[30]

29 Michael J. Hogan, *Informal Entente: The Private Structure of Cooperation in Anglo-American Economic Diplomacy, 1918-1928* (Chicago: Imprint Publications, 1991); "Informal Entente: Public Policy and Private Management in Anglo-American Petroleum Affairs, 1918-1924," *Business History Review*, Vol. 48, No. 2 (Summer 1974), pp. 187-205.

30 하이퍼인플레이션으로 인해 심각한 경제위기에 처한 독일은 1923년 배상금에 대해 디폴트를 선언했고, 이에 따라 프랑스와 벨기에 군대가 독일의 루르 지역을 점령하면서 유럽에서는 다시 전운이 감돌게 되었다. 이 문제를 해결하기 위해 베르사유 조약에 의해 구성된 '연합군 전쟁 배상금 위원회'(Allied Reparations Commission)가 당시 시카고 출신 은행가 찰스 도스(Charles G. Dawes)를 위원장으로 도스 위원회라는 자문기구를 구성하게 된다. 도스 위원회가 제출한 도스 계획(Dawes Plan)에 따르면, 미국의 모건그룹(J. P. Morgan & Co.)이 중심이 된 컨

또 다른 예로는 영국의 금본위제 복귀에 대한 미국의 지원을 들 수 있다. 영국이 금본위제 복귀를 도모하던 1925년 당시 미국의 저명한 국제변호사이자 훗날 아이젠하워 행정부에서 국무부 장관을 맡게 되는 덜레스(John Foster Dulles)는 영국의 금본위제 유지를 위해 미국이 도와야 한다고 역설했다. 덜레스의 주장은 국제통화제도의 안정을 희구하는 미국 내 수출업자와 금융기관, 그리고 연방준비은행이 함께 공유한 인식이었다. 영국이 금본위제로 복귀하지 않을 경우 미국으로의 금 유입이 넘쳐날 것이고, 영국은 점차 제국 화폐(imperial currency)로 회귀해 미국이 세계무대에서 행사하는 영향력이 오히려 위축될 것이라고 보았기 때문이다.[31] 영국은 이러한 미국 민간부문에서의 협조가 금본위제로의 복귀에 핵심적인 것임을 정확히 인지하고 있었다. 1924년 총선을 통해 영국 총리가 된 볼드윈(Stanley Baldwin)은 이에 대해 다음과 같이 평가한다.

금본위제로의 복귀는 세계무역을 정상화함에 있어 매우 중요한 문제였는

소시엄 구성을 통해 독일에 새로운 자금을 대출해줘 경제위기를 막고 배상금 지불액은 순차적으로 늘려가며, 이와 동시에 루르 지역에 주둔한 프랑스와 벨기에 군대는 즉각 퇴각한다는 내용이었다. 이를 독일은 즉각 수용하였다. 도스 위원회와 영국의 금본위제 복귀를 둘러싼 영-미 간 협력에 대해서는 이 책의 2장, "20세기 영국과 미국의 금융패권 경쟁과 상호인식"을 참조하라.

31 Roberta Albert Dayer, "Anglo-American Monetary Policy and Rivalry in Europe and the Far East, 1919-1931," in Mckercher (ed.), *Anglo-American Relations in the 1920s*, p. 171. 1920년대 미국의 금융시장과 달러는 영국 런던의 금융시장과 파운드에 비해 그 국제적 평판이나 영향력이 왜소했다고 할 수 있다. 따라서 무역을 통해 급성장하던 당시 미국의 입장에서는 세계경제의 공공재라고 할 수 있는 안정된 국제통화의 공급을 영국이 당분간 맡아주는 것을 원했으며, 이런 측면에서 영국의 금본위제 복귀는 미국의 이익에 부합했던 것이다. 이는 마치 현재 미국 금융과 달러의 지위를 추격하고 있는 중국이 금융부문에서 미국을 추월하기 전까지는 미국 달러와 금융이 세계경제의 공공재 제공자 역할을 계속 해주기를 바라는 것과 같은 맥락이라고 하겠다.

데, 그 복귀 과정에서 우리를 지원했던 미국인들을 생각하면 나는 재무부 장관 멜론, 연방준비은행장[벤저민 스트롱], 그리고 많은 모건그룹의 사람들(Messrs. Morgan)을 기억하게 된다. 나는 금융에서 이들보다 더 뛰어난 역량을 가지거나 도덕적으로 우월한 사람들을 상대해본 적이 없음을 확신에 찬 목소리로 얘기할 수 있다. 나의 이들에 대한 신뢰는 영국에서 금본위제 복귀를 직접 담당했던 영란은행 총재[몬터규 노먼]에 대한 신뢰와 전혀 다를 바 없다.[32]

대체로 1920년대와 1930년대의 영-미 관계는 비교적 합리적이고 실용주의 노선을 지향하는 정치세력에 의해 주도되었고, 이들의 지지를 받는 민간부문에서의 적극적 협력에 의해 양국 관계가 첨예한 대립보다는 선별적 협력으로 나아갔다고 볼 수 있다. 이러한 협력의 이중주(二重奏)가 가능했던 보다 근본적 배경에는 사실 영국과 미국이 구상하던 세계경제의 모습이 크게 다르지 않았다는 점이 위치해있었다. 즉, 1920년대 이전만 해도 영국과 미국은 고전적 자유주의에 기반하여 자유무역과 금본위제로의 복귀를 통한 세계경제의 회복을 이상적인 것으로 간주했으며, 금본위제로의 복귀가 사실상 불가능해진 1930년대 이후에 들어서는 환율의 평가절하를 통해 대공황의 충격으로부터 벗어나고자 했다. 영국과 미국의 경제질서에 대한 공유된 신념은 1940년대 중반, 전후 세계경제질서의 재편을 논의하는 시점에서 다시 한번 중요한 역할을 하게 된다.

자유무역의 회복을 위해 고전적 자유주의에 기반한 통화제도인

32 Morgan Grenfell, British Gold Standard Gold Credit—1925, Grenfell and Lamont to Morgan, 25/4615, May 5, 1925. Diane B. Kunz, *The Battle for Britain's Gold Standard in 1931* (New York: Croom Helm 1987), p. 17에서 재인용.

금본위제에 중대한 수정을 가하고자 했던 미국의 계획은 사실 영국의 경제학자 케인스로부터 큰 영향을 받은 것이었다. 자본통제(capital control)와 기축통화를 중심으로 한 브레튼우즈의 금태환본위제도(gold exchange rate system)는 1925년 제노아 회담에서 영국이 제안했던 국제통화제도와 매우 유사했다. 즉, 국제통화제도에 있어 영, 미 양국의 입장 차는 제도적 형식보다는 그 제도의 중심에 어떤 국가가 있어야 하는가에 있었던 것이다. 1920년대 영국은 기축통화의 지위는 파운드가 가져야 한다고 굳건히 믿었던 반면, 미국은 제노아 회담에 불참함으로써 영국의 이러한 요구를 외면했었다. 1944년 브레튼우즈 회의에서 미국은 달러가 기축통화가 되어야 한다고 주장했고, 영국은 이를 반대하지도 외면하지도 못했다.

그럼에도 불구하고 1920년대부터 1940년대까지 영국과 미국 간 금융부문에서의 협력에 있어 공통 언어, 문화적 유대감, 인종적 동일성이라는 요인들에 의해 설명될 수 있는 부분은 그리 크지 않아 보인다. 오히려 이 시기 동안 영-미 간의 협력은 (1) 독립성과 자율성을 가진 중앙은행의 존재와 이들 간의 협력을 보조해주는 미국의 친영 금융기관 모건그룹의 국제적 영향력, (2) 민간 기업들 사이에서 진행된 다양한 비공식적 협력 네트워크, (3) 민간부문에서의 협력을 통해 국제문제의 해결을 꾀했던 영국과 미국 정부의 의지, 그리고 (4) 국제경제질서의 운용 원칙에 대한 양국의 공유된 신념에 의해 가능했다고 보는 것이 타당할 것이다.[33]

33 1920년대 공화당 행정부의 실용적 태도는 초기 루스벨트 행정부의 고립주의적이고 국내정치 우선적인 태도와 대조를 이룬다. 그러나 2차 대전의 발발 이전까지의 영-미 관계 전반을 보면 비공식적 협약이 약화되었던 1930년대의 양국 관계는 1920년대에 비해 갈등적 요소가 더 강했다고 평가할 수 있다. 이 책의 2장에서 상술한 바와 같이 2차 대전의 발발과 진주만 공습으로 인해 영국과 미국이 중대한 안보적인 이익을 공유하는 동맹으로 등장하면서 1930년대 영국과 미국 사이의 갈

3. 21세기 미-중 관계에의 함의

19세기 후반부터 20세기 전반까지의 시기, 영국의 대미국 인식 및 정책이 어떠했는지를 보는 것은 세력전이의 관점에서 중국의 부상을 이해하고 향후 미-중 관계의 방향을 이해하는 데에 큰 도움이 된다. 특히, 미국의 GDP 규모도 아직 넘지 못한 중국이 소위 "공세적 외교"를 펴고 있는 것으로 이해되면서 미-중 간 협력보다는 전략적 경쟁·대립이 부각되고 있는 상황에서, 양국 간 평화적인 세력전이를 도모하는 데에 필요한 함의와 교훈을 모색하는 것은 시의적절한 동시에 유용한 것으로 평가된다. 여기서는 대체로 아홉 가지 정도의 함의를 생각해볼 수 있겠다.

첫째, 무엇보다도 중국이 미국을 실질적으로 대체할 패권국의 반열에 오르기 위해서는 오르간스키가 언급했던 단순한 국력 지표상 미국을 넘어서는 것만으로는 뭔가 부족해 보인다. 영-미 간의 세력전이 사례에서도 볼 수 있듯이, 진정한 패권국이 되기 위해서는 먼저 자신이 속한 지역 내의 패권을 장악해야 하기 때문이다.[34] 미국의 부상을 함께 저지함에 있어 몰락하던 스페인 제국으로부터 갓 독립한 멕시코, 베네수엘라, 쿠바를 제외하고는 제대로 된 지역 동맹국을 찾을 수 없었던 예전 영국과 달리, 현재 동아시아에서는 중국의 부상을 우려하는 국가들이 적지 않으며 이들의 상당수가 미국과의 안보 협력을 제고하

등은 양국 관계에서 상당 부분 사라지게 된다.

34 이와 연관되어 중국의 부상은 유럽 모델이 아니라 미국 모델을 따르고 있다는 '중국식 먼로주의'(Chinese Monroe Doctrine)에 대한 논쟁으로는 Stephen Walt, "Dealing with a Chinese Monroe Doctrine," *New York Times*, August 26, 2013; Roger Cohen, "China's Monroe Doctrine," *New York Times*, May 8, 2014; Peter Navarro, "China's Real Goal: A Monroe Doctrine in Asia?" *National Interest*, September 4, 2014를 보라.

려는 매우 상이한 상황이 연출되고 있다.[35] 대중국 견제에 가장 적극적인 일본뿐 아니라 인도, 호주, 러시아 및 동남아 국가들(필리핀, 싱가포르, 베트남)의 향배도 주목된다 할 것이다.[36]

둘째, 영국이 19세기 말 미국을 서반구의 지역패권으로 인정하고 "제국 유지를 위한 협조자"(imperial partner)로 간주할 수밖에 없었던 가장 중요한 요인은 대서양이라는 지리적 거리가 파생시키는 막대한 방위비용에 있었다. 19세기 후반 '과대 팽창된 제국'(overstretched empire)으로서의 영국에 대한 러시아와 독일의 압박은 1865년 이후 정립된 유화적 대외정책의 기조를 보다 강화시키는 쪽으로 작동했으며, 1898년 미서 전쟁을 기점으로 미국이 그 첫 수혜국이 되었다. 미국의 지역패권을 인정할 당시, 영국은 심지어 일본과도 동맹을 맺을 의향을 가질 만큼 전략적 부담이 컸기 때문이다.[37] 이와 비교할 때, 21세기의 진전된 군사기술은 지리적 거리의 중요성을 무색하게 만들었으며, 9/11 테러 이후 이슬람 극단주의자들에 맞선 '테러와의 전쟁'과 러시아의 군사적 부활 등에도 불구하고 미국이 중국의 동아시아에서의 지역적 패권을

35 Jae Ho Chung, "East Asia Responds to the Rise of China: Patterns and Variations," *Pacific Affairs*, Vol. 82, No. 4 (Winter 2009/2010), pp. 657-675; Robert Sutter et al., *Balancing Acts: The U.S. Rebalance and Asia-Pacific Stability* (Washington, D.C.: The Sigur Center for Asian Studies, 2013)를 참조하라.

36 소위 "일대일로"(一帶一路) 전략의 채택으로 향후 중앙아시아, 중동, 유럽 및 아프리카로의 관심 전환이 중국의 '앞마당' 동아시아의 전략형세에 어떤 변화를 가져오세 될지도 지켜볼 일이다.

37 영국은 러시아의 남하를 저지하기 위해 1902년 일본과 동맹 조약을 체결한다. 그로부터 2년 뒤인 1904년 영국은 독일을 견제하기 위해 프랑스와 '협상'(Entente Cordiale)을 맺으며 또 3년 뒤인 1907년 독일의 위협에 맞서 영국은 러시아와도 '협상'(Anglo-Russian Entente)을 체결하게 된다. 이로써 1882년 수립되어 1914년까지 지속된 독일, 오스트리아-헝가리, 이탈리아의 삼국 동맹(Triple Alliance)에 맞선 방어 체제가 탄생하게 된다. 20세기 초 영국 외교정책의 선회에 대해서는 C. J. Lowe and M. L. Dockrill, *The Mirage of Power, Vol. 1: British Foreign Policy, 1902-14* (London: Routledge, 1972)을 보라.

승인해야만 할 정도로 위급한 상황에 처해 있는지도 의문이 있을 수밖에 없다. 동맹전이이론이나 지역 위계에 대한 다양한 논의에도 불구하고 세력전이이론은 세계패권과 지역패권의 역동적 관계를 제대로 포착해내지 못하기에 미-중 관계를 이해하는 데 큰 도움이 되지 못한다는 레비(Jack S. Levy) 등의 비판은 새겨들을 만하다.[38]

셋째, 19세기 후반의 영국과 유사하게 현재 미국이 보유한 경제패권의 핵심은 산업이나 무역보다는 오히려 금융에 있다고 볼 수도 있다. 현재 미국의 달러는 국제기축통화로서, 그리고 뉴욕은 국제금융의 중심지로서의 역할을 담당하고 있기 때문이다. 미국 달러의 중심성을 확고히 한 브레튼우즈 체제가 1971년 닉슨 대통령의 금태환 중지 선언으로 종식되긴 했지만 지난 40여 년간 국제통화질서는 오히려 달러의 영향력을 더욱 공고히 하는 방향으로 진화해왔다. 급증하는 미국의 무역수지 역조와 재정적자가 달러의 약화를 초래하기보다는 달러 중심의 자본시장을 급성장시켰고, 주기적인 금융위기는 안전자산에 대한 선호를 가중시켜 달러 및 달러로 표시된 금융자산의 지위를 오히려 강화시키고 있기 때문이다. 2008년의 금융위기로부터 미국이 상당 부분 연착륙할 수 있었던 주요 요인도 역시 이러한 달러의 구조적 권력에 있었다고 볼 수 있다.

중국은 2000년대 말에 시작된 국제금융위기를 계기로 위안화의 국제화를 적극적으로 추진하고 있다. 위안화의 국제화란 곧 미국을 대체할 패권국으로서의 중국에 대한 국제적 지위 인정의 문제와 직결되

38 Jack S. Levy, "Power Transition Theory and the Rise of China," *China's Ascent*, pp. 11-33; Douglas Lemke, *Regions of War and Peace* (Cambridge: Cambridge University Press, 2002). 또한 William Moul, "Power Parity, Preponderance, and War between Great Powers, 1816-1989," *Journal of Conflict Resolutions*, Vol. 47, No. 4 (2003), pp. 468-489를 보라.

어 있다. 역사적으로 볼 때, 새로운 패권국에 대한 모든 국제적 인정은 신국제질서의 유지 또는 수립을 위한 대규모 전쟁과 그 '전리품 분배'의 결과였다고 볼 수 있다.[39] 19세기 초 나폴레옹 전쟁 이후 패권국으로 등장한 영국에 대한 국제적 승인이 그러했고, 20세기 전반부 양차 대전 이후 영국을 대신할 패권국으로서의 미국에 대한 국제사회의 인정 또한 그렇게 이뤄졌기 때문이다.[40] 그렇다면 과연 언제 무엇을 계기로 위안화가 국제기축통화로 자리 잡게 되고, 또 상하이가 국제금융의 중심지로 등극하게 될 것인가? 바로 이 부분이 지금으로서는 아직 그리 명확하지 않다고 하겠다.

흥미롭게도 '기축통화의 덫'(key currency trap)은 미-중 관계에서도 일종의 '비공식적 협약'이 작동할 수 있도록 해주는 모종의 가능성이라고 할 수 있다. '기축통화의 덫'이란 패권국의 기축통화를 대량으로 보유한 국가들이 그 규모로 인해 패권국 통화를 시장에 대량 매각하기 힘든 상황을 일컫는 말이다. 예컨대, 프랑스는 1920년대에 자국의 금본위제 규정에 따라 다량의 파운드를 준비금으로 보유하고 있었다. 1920년대 후반부터 파운드가 시장에서 공격을 받게 되자 프랑스 중앙은행은 파운드를 금이나 달러로 바꾸려 했지만, 그 보유량이 너무 많아 결국 영란은행이 파운드에 대한 금태환 공약을 포기토록 만드는 상황에까지 이르렀다. 소위 '스털링의 덫'(Sterling Trap)에 빠진 프랑스 중

39 예컨대 John Ikenberry, *After Victory: Institutions, Strategic Restraint, and Rebuilding of Order after Major Wars* (Princeton: Princeton University Press, 2000)를 보라.

40 18세기 초 네덜란드로부터 영국으로의 국제금융패권의 이전도 이와 유사한 과정을 거쳤다. Larry Neal, *The Rise of Financial Capitalism: International Capital Markets in the Age of Reason* (Cambridge: Cambridge University Press, 1990), pp. 1-61; Steve Pincus, *1688: The First Modern Revolution* (New Haven: Yale University Press, 2009), pp. 305-434. 17세기 네덜란드의 금융패권, 18세기 영국의 금융패권, 그리고 20세기 미국의 금융패권 성립에 있어 전쟁의 핵심 역할에 대한 체계적인 논의로는 Arrighi, Hui, Ray, and Reifer, "Geopolitics and High Finance," pp. 37-96을 보라.

앙은행은 영란은행과의 불편한 관계에도 불구하고 1931년 7월까지 파운드의 가치 유지를 위해 영란은행의 환율방어 노력을 지원할 수밖에 없었던 것이다.[41]

1930년대 프랑스-영국 간의 협력은 일견 '상호인질'(mutual hostage)의 상황하에서 강제된 '비공식적 협력'이었지만 그럼에도 불구하고 이것이 21세기 미-중 관계에 시사하는 바가 적지 않다. 중국은 2015년 4월 현재 약 1조 2,200억 달러 규모의 미국 재무성 채권을 외환준비금으로 보유하고 있다. 다양한 방식으로 달러에 대한 높은 의존도를 낮추길 원하지만 또 한편으로 안정적인 환율을 통해 고도성장을 유지하려는 중국에게 달러로 표기된 안전자산의 중요성은 무시하기 어려운 것이 사실이다. 유럽의 재정위기가 장기화되고 일본의 저성장이 지속되는 상황에서 달러 의존도를 낮추려는 중국의 노력이 무역결제수단 이외의 영역에서 그리 큰 성과를 만들기가 어려운 점도 있다. 양적 완화정책으로 인해 달러 가치가 약화되자 이에 중국 정부가 민감하게 반응한 것도 결국 당분간은 중국이 '달러의 덫'에서 쉽게 나오기 어렵다는 것을 방증한다. 따라서 미국과 중국이 함께 빠져 있는 '달러의 덫'은 두 국가가 당분간 통화영역에서만큼은 서로에게 위협적 선택을 하기 어렵다는 것을 의미한다. 그러나 여전히 남는 문제는 이와 같은 '달러의 덫'이 얼마나 오래 갈 것이며, 또 중국이 자국 자산가치의 급격한 하락에도 불구하고 달러에 대한 의존도를 낮출 가능성이 있는가이다. 특히 후자는 위안화가 향후 달러를 위협할 수도 있는 기축통화로 성장하고 있는 상황에서 중국이 통화정책을 안보 목적을 위한 수

41 Olivier Accominotti, "The Sterling Trap: Foreign Reserves Management at the Bank of France, 1928-1936," *European Review of Economic History*, Vol. 13, No. 3 (2009), pp. 349-376.

단으로 사용할 가능성을 가리키는 것이다.[42]

현재의 추세를 기반으로 예상하자면, 위안화의 국제화 노력이 단지 시장에서의 점진적 변화에 머물지만은 않을 것 같다. 예컨대 중국 정부는 위안화의 국제화를 위해 이미 다수 국가들과 '통화 스와프 협정'(currency swap agreements)을 체결했으며, 양자무역 결제에서도 달러의 비중은 줄이고 위안화의 비중을 높이기 위한 양자협정을 확대하고 있다(이미 무역결제에서는 세계 2위의 통화로 부상). 그 결과로 2015년 말 위안화가 국제통화기금(IMF)의 '특별 인출권 바스켓'(Special Drawing Rights basket)에 포함되게 되었다. 위안화의 국제화로 인해 현재 미국이 달러 중심성을 통해 누리고 있는 막대한 이익이 줄어들 것은 자명하기에 미국은 위안화의 국제화를 지체시켜야 할 것이며, 바로 여기에 미-중 대립과 갈등의 복선이 숨어 있는 것이다.[43]

넷째, 대체로 실용적이며 합리적인 외교노선이 미-중 간에 견지되고 있음에도 불구하고 21세기 초의 미-중 관계에서 1920년대 영-미 관계에서 볼 수 있었던 '비공식적 협력'을 찾기는 쉽지가 않다. 전문적인 지식과 정보, 광범위한 네트워크, 그리고 국제주의적 성향을 가진 경제행위자들이 미국과 중국에 다수 존재하는 것은 사실이지만 이들의 대외활동이 준정부적 기능을 가지도록 추인하고 인정하는 정치세력이 현재의 양국 관계에 큰 영향력을 미친다고 보기는 어렵기 때문이다. 미국의 연방준비은행과 중국인민은행(People's Bank of China) 공히 통화정책의 결정에 있어서 충분한 독립성을 가졌다고 보기 어려우며, 특히 인민은행이 공산당으로부터 독립성을 확보하는 것은 당분

42 중국이 향후 위안화의 국제화 및 금융영역에서 매우 공세적인 외교가 필요함을 역설한 것으로 李巍, "金融外交在中國的興起,"『世界政治與經濟』, 2期(2013年), pp. 77-97을 보라.

43 "China Meeting Highlights Currency Conflict," *Wall Street Journal*, April 1, 2011.

간 요원해 보인다. 양국의 중앙은행은—이 책의 2장에서 언급한 것처럼—1920년대 영-미 간에 노먼과 스트롱이 유지했던 긴밀한 협력관계와는 상이하게 상대국의 화폐가치 및 그 조작 여부에서까지 큰 의견차를 보이고 국제경제의 안정화 방안에서도 다른 견해를 가지고 있기 때문이다. 더 나아가 모건그룹과 같이 양국에 대해 호의적인 입장을 가지고 금융시장에서 리더십을 행사할 수 있는 국제적 금융기관도 현재로서는 찾기 어려운 것이 사실이다.

여기서 주목할 점은 전간기 초기 영-미 관계에서 일정한 협력을 가능케 했던 요인(즉, 금융 및 통화영역에서의 비공식적 협력)이 21세기 미-중 관계에서 반드시 동일한 형태로 재현될 필요는 없다는 것이다. 예를 들어 다국적기업(multinational corporations) 또는 국제적 네트워크를 가진 미국과 중국의 교역 중점 기업들이 국내적·국제적 요건을 구비한다면 경제의 안보화를 막을 수 있는 비공식적 협력의 산파가 될 수도 있다. 21세기에는 이미 완제품 교역이나 자원무역이 중심이던 '상품의 비교우위'(comparative advantage of goods) 시대를 지나 생산과정 각 단계가 최적의 입지를 찾아 분산되는 소위 '업무의 비교우위'(comparative advantage of tasks) 시대로 이행되고 있기 때문이다. 또 '전 지구적 가치사슬'(global value chains)이 중국을 핵으로 하는 동아시아로 이동하고 있기에 미-중 간 갈등의 심화는 곧 중국을 핵으로 삼아 발전되고 있는 전 지구적 가치사슬에서 미국 기업들이 배제될 수도 있음을 의미한다. 최근 중국이 '역내 포괄적 경제동반자 협정'(RCEP)을 제시하고 또 미국은 '환태평양 전략경제 파트너십'(Trans-Pacific Strategic Economic Partnership)을 적극적으로 추진하는 것 또한 국제무역의 이러한 구조적 변화 속에서 각국의 이익을 확보하기 위한 노력의 일부이기에 국제무역을 통해 많은 이익을 얻고 있는 미국과 중국 내 경제행위자들이 1920년대 미국과 영국의 금융가들처럼 갈등보다는 협력을 통해서 보다 많은 이익을 창출할 수 있다는 점을 인지할 필요가 있다.

다섯째, 영-미 관계에서 드러난 관건 중 하나는 국내에서 양국 관계를 규정하고 이끌어가는 다양한 세력의 존재와 그들 간의 건강한 긴장이라고 할 수 있다. 영국이 미국과 협력관계를 유지한 데에는 대서양파의 역할과 위치가 상당히 중요했다고 볼 수 있다. 중국 내에도 미국과의 관계를 포함한 대외관계에서의 중국의 입장을 설정하는 다양한 시각과 집단들이 존재한다.[44] 영국의 경우에서처럼 이 중 어떠한 정향이나 담론이 어떠한 사안에 있어 더 큰 영향력을 갖는가에 따라 미-중 관계의 모습도 상당히 달라질 개연성이 있다. 문제는 여러 학자들이 오랜 기간에 걸쳐 분석했듯이, 중국 내에서는 '본토주의적·위계적'(nativist/hierarchical)인 대외관계의 전통과 선호를 강하게 가지고 있기에 '다자적·세계주의적' 정향의 약화를 초래하고, 이것이 곧 패권국 미국과의 관계 악화를 가져올 가능성이 다분하다는 점이다.[45]

여섯째, 영-미 간 세력전이의 사례에 대한 앞의 논의를 통해 앵글로-색슨 문화 및 인종적 유대감이라는 것도 국가이익이 가장 중요할 수밖에 없는 냉혹한 국제관계의 틀 속에서는 그다지 큰 힘을 발휘하지 못했음을 여실히 보았다.[46] 영-미 간에서까지 그렇다면 하물며 미국

44 Bonnie S. Glaser and Phillip C. Saunders, "Chinese Civilian Foreign Policy Research Institutes: Evolving Roles and Increasing Influence," *The China Quarterly*, No. 171 (September 2002), pp. 597-616; David Shambaugh, *China Goes Global: The Partial Power* (Oxford: Oxford University Press, 2013), pp. 26-43을 보라.

45 Shambaugh, *China Goes Global*; Shih Chih-yu, *The Spirit of Chinese Foreign Policy: A Psychocultural View* (New York: St. Martin's Press, 1990), Ch. 5.

46 물론 영-미 간 규범영역에서의 상호작용과 인식의 공유가 세력전이 과정에서 전혀 영향을 미치지 않았다고 단정하기는 어렵다. 노예제와 관련해 흥미로운 점은 영국이 적극적으로 수호했던 규범·가치가 후일 미국에 대한 전략적 선택을 하는 데 저해 요인—즉, 당시 노예제문제로 인해 남부를 적극 지원하지 못하고 중립을 선언했던 것—으로 작용했다는 점이다. Douglas A. Lorimer, "The Role of Anti-Slavery Sentiment in English Reaction to the American Civil War," *The Historical*

과 중국 간에는 어떨 것인가? 중국의 '부상/부흥'이 세력전이의 가능성과 맞물려 큰 화두가 되고 있는 그 중심에 사실은 서구와는 너무나도 이질적인 중국 중심의 패권적 체제가 등장할지도 모른다는 서구 및 미국의 커져가는 불안과 불만이 내재되어 있다. 결국 새로운 국제정치 질서의 등장과 함께 기존 질서에 큰 '불안정성'(instability)이 파생될 수도 있다는 우려가 생기고, 서구와는 너무도 다른 문명·문화로서의 중국적 질서가 부상하는 데 대한 극심한 불안이 확산되는 것을 가리킨다. 국가들은 대체로 단순히 힘이 아니라 '위협으로 인식될 수 있는 힘'(threatening power)에 대해 균형(balancing)을 시도하려는 경우가 일반적이다. 세력전이가 평화적으로 일어나기 위한 핵심 조건 중 하나가 패권국-부상국 간 서로에 대한 평가와 관점이 '긍정적·선의적'(benign)이어야 한다는 것을 고려할 때, 상호인식은 문제의 관건이라고 해도 과언이 아니다.[47] 바로 이런 관점에서 평가할 때, 미국과 중국 사이의 이질성 및 그러한 이질성에 대한 깊은 인지가 향후 미-중 관계에 대해 적지 않은 우려를 낳게 하는 것이 사실이다.[48]

일곱째, 영-미 간의 사례가 제시하는 또 하나의 함의는 양국 간의 상호인식이 세력전이이론에서 얘기하는 '불만족도'(levels of dissatisfaction)에 영향을 미칠 수도 있다는 점이다. 군사, 전략 및 경제영역에서의 상호인식뿐 아니라 노예제, 정치 체제, 자유무역 등 규범영

Journal, Vol. 19, No. 2 (1976).

47 예컨대 Stephen Walt, *The Origins of Alliance* (Ithaca: Cornell University Press, 1990), Ch. 1; Charles A. Kupchan et al., *Power in Transition* (Tokyo: United Nations University Press, 2001), pp. 8-9, Ch. 2; David P. Rapkin and William R. Thompson, *Transition Scenarios: China and the United States in the Twenty-First Century* (Chicago: University of Chicago Press, 2013), pp. 102-103을 참조하라.

48 이 책의 3장, "패권국-부상국 간의 상호인식: 21세기 미-중 관계의 사례"를 참조하라.

역에서의 상호인식 또한 직간접적으로 불만 수준에 큰 영향을 미쳤기 때문이다. 19세기 영-미 관계에서 보았듯이, '정당성'이라는 것이 노예제의 경우에서처럼 국가의 명백한 전략적 이익 추구를 저해하기도 하고, 또 국가이익이 명백히 드러나지 않을 때 국내 특정세력 또는 집단이 그 주도권을 차지하도록 돕기도 한다. 특히 미-중 관계에 있어서 인식의 중요성은 양국 간 문화의 차이뿐 아니라 가치와 규범에서도 상당한 이질성이 발견된다는 점에 있다. 앞에서 이미 살펴본 바와 같이(이 책의 3장과 4장 참조) 미국과 중국은 다양한 영역에서 큰 사고의 차이를 보이고 있고 이는 최근 들어 소위 '중국 불안심리'까지 만들어내고 있다. 즉, 중국의 부상에 대한 우려는 중국의 등장 그 자체가 위협적이라기보다는 서구 중심의 기존 국제정치질서의 매우 중요한 철학적 전제와 정치적 신념에 대한 도전이 출현했기 때문이다.[49]

여덟째, 영-미 간의 세력전이는 미국이 GDP 규모로 영국을 앞선 1872년 이후에도 최소한 70년(1944년 브레튼우즈 체제의 구축을 기착점으로 볼 경우)을 상회하는 시간이 흐른 후에나 비로소 현실화되었다. 물론 그와 같은 상황이 21세기에도 반드시 반복된다고 볼 수는 없으나, 아직 중국이 GDP 규모로도 미국을 따라잡지 못한 상황에서 대중의 인식, 언론의 관심 및 전문가들의 우려가 현실의 진행속도보다 조금은 앞서 나가는 측면이 없지 않아 보인다. 미-중 간에 우호적 인식을 파생시킬 수 있는 '공통의 골칫거리' 또는 '공동의 적'이 아직 등장하지 않고 있고, 빠른 속도로 국력 차가 줄어들면서 서로 간에 '자기충족적 예언'(self-fulfilling prophesy)처럼 상대국을 '적국화'할 가능성이 높아질 경우, 상호협력 구축의 여지는 보다 줄어들 수밖에 없다.

49 Yongjin Zhang, "'China Anxiety': Discourse and Intellectual Challenges," *Development and Change*, Vol. 44, No. 6 (2013).

아홉째, 영-미 간에 세력전이가 일어났던 19세기 후반에서 20세기 전반은 핵무기가 없던 시기였기에 강대국 간의 전쟁이 항시 가능한 일이었지만, 21세기 미-중 관계의 맥락은 '공포의 균형'이 여전히 중심에 있는 상황이라고 평가할 수 있다. 물론 현재 천문학적 비용을 들여 진행되고 있는 '우주전쟁' 및 '미사일 방어'기술의 획기적인 진전이 일어난다면 이러한 균형 또한 한순간에 깨어질 수 있지만, 최소한 그 전까지는 미-중 간 직접적인 전면전의 가능성은 비교적 낮다고 평가할 수 있다.[50] 그럼에도 불구하고 역사의 많은 사례들은 우리에게 중요한 경고의 메시지를 하나 보내고 있다. 즉, 제1차 세계대전의 발발이 그랬듯이, 예상외의 '아주 작은 일들'(little things)이 강대국 간의 직접적인 충돌을 야기하고 이것이 걷잡을 수 없는 분쟁으로 이어질 수 있다는 점이다.[51]

큰 틀에서 양국 관계를 평화적이고 미래지향적으로 유지하고자 하는 실용적이고 합리적인 입장과 '불충돌 · 비대항, 상호존중, 그리고 합작공영'(win-win)을 원칙으로 하는 '새로운 대국관계'의 정립 필요성 천명에도 불구하고, 중국과 미국은 크고 작은 '기싸움'을 지속하고 있다.[52] 이미 널리 알려진 '임페카블, 카우펜스'호 등의 해상 충돌 일보 직전의 상황에 더해 이제는 공중에서까지 양국 전투기가 일촉즉발의 기 싸움을 벌이고 있기 때문이다. 과연 '아주 작은 일들'이 크게 확대

50 물론 이러한 상황은 역내 많은 국가들로 하여금 미-중 간 힘겨루기의 '대리경쟁'(proxy competition)에 연루되도록 하는 어려움을 만들어낼 가능성이 높다.

51 Richard N. Rosecrance, "Contingency as a Cause (or Little Things Mean a Lot)," in Rosecrance and Miller (eds.), *The Next Great War?* Ch. 14를 보라.

52 정재호, "미-중 관계의 진화(進化): "전략적 경쟁" 단계로의 진입?" 『중소연구』 37권, 4호(2014), pp. 43-44; "China Warplane Made 'Dangerous' Pass at US Aircraft: Pentagon," August 23, 2014 (http://www.channelnewsasia.com/news/world/china-warplane-made/1326204.html).

되지 않도록 하는 소통과 인내 및 위기관리의 기제가 양국 관계에 제대로 배태될 것인지, 또 이를 합리적으로 운용할 수 있는 리더십이 구축될 것인지 여부가 19-20세기 영-미 관계가 21세기의 미-중 관계에 주는 또 하나의 시사점이라고 할 것이다.

찾아보기

[ㄷ]

[ㄹ]

[ㅁ]

[ㅂ]

[ㅅ]

[ㅇ]

[ㅈ]

발간사

아시아의 시대가 열렸고, 동시에 아시아연구의 전성시대가 도래했습니다. 서울대학교 아시아연구소는 2009년 9월 출범한 이래 '지역과 주제를 결합한 아시아 연구의 글로벌 허브'를 목표로 아시아 연구 기반 구축 및 기초연구 활성화를 위해 노력해 왔습니다. 아시아연구소는 지난 10년여의 활동을 겸허히 돌아보며 '아시아의 미래, 교류와 협력, 그리고 지역 정보 공유'를 키워드로 '아시아와 세계를 잇고, 새로운 미래를 빛는 세계적 아시아 연구 플랫폼'이 되고자 합니다.

물론 아시아의 시대가 온다고 해서 아시아 사람들이 잘살고 평화롭게 협력하는 공동체가 이루어진다는 것은 아닙니다. 아시아 지역 혹은 국가 사람들이 어떤 공동체를 만들어 가고 싶은가, 아시아 공동체가 인류에게 어떤 도움이 되는 것인가를 꾸준히 질문하고 이에 대한 답을 찾아야 합니다. 서구 식민지 경험 이후 아시아 각국은 지속적인 내부 갈등과 적대, 민족주의와 인종차별, 혐오가 심해지고 있는 상황입니다. 아시아를 중심으로 교역, 이동, 그리고 협력이 꾸준히 증가하고 있음에도 불구하고 갈등 요인은 오히려 확대되고 있습니다. 이런 견지에서 서울대학교 아시아연구소는 아시아를 둘러싼 다양한 이슈와 도전 과제에 대한 이론적 연구는 물론 실천 및 정책적 대안을 제시하여 아시아 공동체를 형성하는 데 기여하고자 합니다.

서울대학교 아시아연구소는 이미 시작된 4차 산업혁명에 부응하는 지식의 생산과 공유, 그리고 후속세대 양성에도 책임을 다하고자 합니다. 이를 위해 이론적으로는 학문 간 융합, 교류, 미래 창발적 지식 창출에 힘을 다하며, 실천적으로는 아시아의 교류와 상호작용에 주목하고, 정책적으로는 아시아 지역 정보의 수집과 공유를 통해 적합한 정책 대안을 발굴하는 데 초점을 맞추고자 합니다.

이러한 연구 및 학술 활동 과정의 결실이 서울대학교 아시아연구소총서입니다. 지난 10년여의 연구 축적을 토대로 서울대학교 아시아연구소는 국내외 연구자 간 연구 협력을 적극적으로 지원하여, 여기서 양산된 우수한 연구 성과 및 결과물을 지속적으로 발간해 나갈 것입니다. 아시아연구소총서가 아시아의 새로운 미래와 아시아 공동체를 이루어 가는 데 중요한 밑거름이 되기를 기대합니다.

서울대학교 아시아연구소

필자 소개

김헌준

고려대학교 정치외교학과 조교수. 서울대학교 외교학과에서 학사, 미네소타 대학(University of Minnesota-Twin Cities)에서 정치학 박사학위(2008)를 받았다. 호주 그리피스 대학(Griffith University)에서 부교수와 그리피스 아시아연구소(Griffith Asia Institute)에서 선임연구원을 역임하였다. 국제규범과 제도, 국제인권, 이행기적 정의 및 국제윤리에 관하여 연구하고 있으며, 주요 논저로 *The Massacres at Mt. Halla: Sixty Years of Truth-Seeking in South Korea*(Cornell University Press, 2014), "Account and Accountability: Corruption, Human Rights, and the Individual Accountability Norm" (*International Organization*, 2014)이 있다.

박종희

서울대학교 정치외교학부 교수. 서강대학교 정치외교학과에서 학사, 미국 워싱턴 대학(Washington University in St. Louis)에서 정치학 박사학위(2007)를 받았으며, 미국 시카고 대학(University of Chicago) 정치학과 조교수(2007-2012)를 역임하였다. 핵심 연구 주제는 국제정치경제와 정치학방법론이며, 주요 논문으로는 "북한신년사(1946-2015)에 대한 자동화된 텍스트 분석"(2015), "Why Doesn't Asia Have European-Style Regional Integration? Inter-Core Relationships and Network Diffusion"(2015), "금융산업의 발전은 소득불평등을 증가시키는가?: 미국 상위소득계층의 소득비중 자료를 통한 역사적 정량연구"(2013), "Domestic Politics, Reputational Sanctions, and International Compliance"(2013), "What

Determines the Specificity of Subsidy?"(2012), "Structural Change in the U.S. Presidents' Use of Force Abroad"(2010) 등이 있다.

안두환

서울대학교 정치외교학부 부교수. 연세대학교 정치외교학과에서 학사, 서섹스 대학(University of Sussex)에서 사회정치사상 석사, 케임브리지 대학(University of Cambridge)에서 역사학 박사학위(2012)를 받았다. 핵심 연구 주제는 18세기 영국 지성사 및 외교사이며, 주요 논저로 마이클 하워드, 『유럽사 속의 전쟁』(역, 글항아리, 2015), *Fénelon in the Enlightenment: Traditions, Adaptations, and Variations*(편, Rodopi/Brill, 2014), "세력균형에서 협조체제로: 폴 슈뢰더(Paul W. Schroeder)의 근대 유럽 외교사"(2014), "From Greece to Babylon: The Political Thought of Andrew Michael Ramsay(1686-1743)"(2011), "European Great Power Politics in British Political Discourse, 1714-1763"(with Bredan Simms, 2010), "The Anglo-French Commercial Treaty of 1713: Tory Trade Politics and the Question of Dutch Decline"(2010) 등이 있다.

정재호

서울대학교 정치외교학부 교수. 서울대학교 국어교육학과에서 학사, 브라운 대학(Brown University)에서 역사학 석사, 미시건 대학(University of Michigan)에서 정치학 박사학위(1993)를 받았다. 홍콩과기대학(Hong Kong University of Science and Technology)에서 조교수와 브루킹스 연구소(Brookings Institution)에서 초빙연구원(CNAPS Fellow)을 역임했다. 1996년 서울대학교로 온 이후 국제문제연구소 소장, 중국연구소 소장을 거쳐 현재 아시아연구소 미-중 관계 연구센터 소장을 맡고 있다. 17권의 저서 및 편서를 출간했으며 *Centrifugal Empire*(Columbia University Press, 2016), *Between Ally and Partner: Korea-China Relations and the United States*(Columbia University Press, 2007), *Central Control and Local Discretion in China*(Oxford University Press, 2000)가 대표적이다. 2009년 서울대학교 학술연구상과 2012년 한국국제정치학회 학술상을 수상했다.

서울대학교 아시아연구소 미–중 관계 연구센터(PUCR)

2013년 서울대학교 아시아연구소 산하에 설립되었으며 미–중 관계만을 전문적으로 다루는 국내 최초의 연구 프로그램이다. '미–중 관계 월례 세미나'와 함께 다양한 워크숍의 개최를 통해 국내외 전문가들과 미–중 관계에 대한 혜안을 공유하고 있으며, 아시아연구소와 연구재단의 지원으로 매년 관련 연구작업을 수행하고 있다. 센터의 첫 저작으로 『미·중 관계 연구론』(서울대학교출판문화원, 2014)이 있으며, 이 책 『평화적 세력전이의 국제정치』(2016)가 센터의 두 번째 연구성과이다.

미 · 중 관계 연구론

정재호 편 | 2014 | 396쪽 | 28,000원

이 책은 최근까지 미-중 관계를 전문적으로 연구하는 기관이 하나도 없었던 한국의 풍토에서 2013년 5월에 발족한 서울대학교 아시아연구소 산하 '미-중 관계 연구센터'(PUCR)의 첫 번째 연구 결과물이다. 한국, 미국, 중국에서의 미-중 관계 관련 연구성과에 대한 한국 학계의 독자적인 평가 작업을 우선 담아내고자 하였다. 미국과 '21세기를 향한 포괄적 전략동맹'을, 중국과는 '전략적 협력동반자 관계'를 수립한 한국에 안겨진 지정학적 딜레마 속에서 제대로 된 정책제안의 기초가 될 뿐만 아니라, 관련 연구자나 학문 후속세대에게 미-중 관계 연구에 대한 기반을 체계적으로 다지게 하는 중요한 길잡이가 될 것이다.